GRAMMAIRE ANGLAISE

DE SIRET

DE L'IMPRIMERIE DE CRAPELET, RUE DE VAUGIRARD, 9.

LE NOUVEAU SIRET

MÉTHODE PRATIQUE

POUR APPRENDRE FACILEMENT L'ANGLAIS

OU

GRAMMAIRE ANGLAISE

DE SIRET

CORRIGÉE, AMÉLIORÉE ET AUGMENTÉE

PAR C. WITCOMB

PROFESSEUR D'ANGLAIS SUPPLÉANT DES COLLÉGES ROYAUX DE PARIS
PROFESSEUR D'ANGLAIS AU COLLÉGE SAINTE-BARBE

ET H. WITCOMB

PROFESSEUR D'ANGLAIS ADJOINT A L'ÉCOLE SPÉCIALE DU COMMERCE

AUTEURS DU NOUVEAU COURS DE THÈMES ANGLAIS
ADAPTÉ A LA MÉTHODE DE SIRET

PARIS

BAUDRY, LIBRAIRIE EUROPÉENNE

3, QUAI MALAQUAIS, PRÈS LE PONT DES ARTS

STASSIN ET XAVIER, 9, RUE DU COQ

1846

La *Grammaire* de Siret jouit depuis si longtemps de la faveur du public, la réputation en est si bien établie, que nous en avons cru devoir conserver en entier le plan, le caractère pratique, qui en est assurément le premier titre aux suffrages qu'elle a obtenus. Ce plan existe dans cette édition tel que Siret lui-même l'a conçu. Le but que nous nous sommes proposé en entreprenant ce travail, sur l'invitation de l'éditeur, a été d'en améliorer les détails, d'ajouter ce qui manquait, de retrancher ce qui était superflu, et de corriger les nombreuses fautes contre le génie de la langue anglaise que nous avons rencontrées partout dans les exemples, faits en grande partie par Siret lui-même, qui n'avait pas une connaissance suffisamment pratique de la langue. Ces fautes ont toujours subsisté. Dans le nombre des commentateurs qui ont travaillé à cette Grammaire, quelques-uns ont ajouté aux incorrections qui s'y trouvaient déjà, d'autres, en voulant les faire disparaître, les ont rendues plus saillantes. Bien peu d'entre eux ont apporté de véritables et d'importantes améliorations au livre. Nous avons conservé de leurs notes tout ce qui nous semblait bon ; nous n'en avons rejeté que ce qui nous paraissait mauvais.

Bien que le plan général de l'ouvrage subsiste en entier,

les changements de détail que nous y avons apportés justifient le titre de *Nouveau Siret* que l'éditeur a voulu donner à ce livre.

Nous avons séparé les règles, trop entassées les unes sur les autres, et subdivisé les thèmes qui servaient d'application à toutes ces règles réunies, de manière à les rattacher directement à chaque règle particulière. Ces règles, nous les avons simplifiées et modifiées toutes les fois qu'elles nous ont paru confuses ou inexactes.

Nous avons ajouté au commencement du livre quelques observations sur l'accent, qui joue un rôle très-important dans la prononciation anglaise, et que Siret avait entièrement négligé. Ces observations ne forment du reste qu'un aperçu très-rapide et très-concis d'un sujet sur lequel nous aurions pu nous étendre indéfiniment.

Les règles sur la prononciation, et surtout les exemples, ont été soigneusement revus, et débarrassés des fautes qui y fourmillaient.

Le chapitre sur les verbes entre autres a reçu beaucoup d'additions; nous y avons donné plusieurs modèles de la conjugaison des verbes avec négation et interrogation; tous les verbes auxiliaires défectueux ont été conjugués, et la valeur en a été expliquée.

En comparant les premières éditions de cette Grammaire avec celles qui depuis ont reçu les nombreuses modifications des différents commentateurs, nous avons pu rétablir quelques parties qu'on a eu tort, selon nous, de retrancher.

Nous avons conservé l'histoire de Perrin et Lucette, ajoutée par M. Boniface, en en faisant disparaître toutefois les nombreuses locutions étrangères à l'anglais qui s'y trouvaient.

Les Dialogues et les modèles de Lettres ont été corrigés et augmentés de deux dialogues sur les bateaux à vapeur et les chemins de fer, de plusieurs nouvelles lettres, et des différentes formules employées au commencement et à la fin des lettres.

La table des verbes accompagnés de leurs prépositions qui se trouve à la fin du livre a été corrigée et considérablement augmentée.

Enfin nous avons substitué au recueil de bons mots, d'assez mauvais goût, un choix d'Exercices de lecture, qui offriront, nous nous plaisons à le croire, quelque intérêt à l'élève. Nous avons remplacé par un chapitre entièrement neuf les observations sur la versification anglaise, après lequel nous avons ajouté quelques morceaux en vers tirés des principaux poëtes anglais.

Nous devons exprimer ici notre reconnaissance envers notre savant ami, M. Spiers, dont les excellents conseils ont été d'une grande utilité pour notre travail, et en rehaussent considérablement le prix. L'heureuse innovation qu'il a introduite dans son Dictionnaire, en donnant les prépositions que régissent les verbes, nous a permis de faire des additions très-importantes à la table des verbes avec leurs prépositions. Mais ce que nous avons dit des adjectifs s'applique encore davantage aux verbes; nous n'en avons présenté qu'un très-petit nombre; il faut que l'élève ait recours pour les autres aux dictionnaires, qui devraient les contenir tous. Celui de M. Spiers est le seul qui, à notre connaissance, les indique. Il est

viij

presque superflu d'ajouter que c'est là la partie la plus délicate, la plus difficile, et peut-être la plus importante pour la connaissance exacte, grammaticale de la langue.

Nous avons fait tout ce qui dépendait de nous pour rendre le *Nouveau Siret* de plus en plus digne de la popularité dont l'ancien jouit depuis si longtemps. Nous croyons avoir rendu cette édition de beaucoup supérieure à celles qui l'ont précédée. Puisse-t-elle servir plus que jamais à répandre la connaissance de cette langue, devenue aujourd'hui universelle.

TABLE DES MATIÈRES.

LIVRE TROISIÈME.

FIN DE LA TABLE DES MATIÈRES.

INTRODUCTION.

La Grammaire est l'art de réduire en règles les principes communs à toutes les langues. Les langues sont composées de phrases, les phrases de mots, les mots de syllabes, et les syllabes de lettres. Les lettres sont donc les premiers matériaux du langage écrit.

Noms. Dès que les hommes eurent trouvé des sons, ils songèrent à inventer des mots pour désigner les divers objets qui s'offraient à leurs sens. Comme chacun de ces objets est un être animé ou une substance inanimée, les premiers mots dont on convint furent nommés SUBSTANTIFS, c'est-à-dire noms de substance.

Pronoms. Ensuite, pour éviter la répétition des mêmes mots, lorsque les mêmes objets se représentaient dans le discours, il fallut en créer d'autres qui pussent exprimer les choses que l'on voulait sous-entendre; de là l'origine des PRONOMS, c'est-à-dire mots représentant les noms.

Adjectifs et *Verbes.* Mais en parlant des choses, il est nécessaire de dire ce qu'elles sont, ce qu'elles opèrent, etc.; il fallut donc encore de nouveaux mots, tant pour désigner les attributs et les qualités des substances que pour marquer leur influence et leurs diverses opérations : de là l'origine des ADJECTIFS et des VERBES. Les adjectifs sont ainsi appelés, parce qu'ils sont ajoutés aux noms, ou qu'ils leur ajoutent des attributs ou des qualités ; le verbe est ainsi nommé par excellence, parce qu'il exprime l'existence, l'action et l'état des êtres.

Adverbes. En considérant ensuite les diverses qualités et les diverses actions, on s'aperçut bientôt qu'elles étaient susceptibles de modifications innombrables ; il fallut donc encore inventer des mots pour désigner ces modifications : on les nomma ADVERBES, parce qu'ils sont généralement ajoutés aux verbes, afin de donner plus ou moins d'étendue à leur signification.

Prépositions. A ceux-ci succédèrent de nouvelles expressions pour dénoter les rapports que les choses ont entre elles, et fixer l'idée de l'une par celle de l'autre. Ces nouvelles expressions furent appelées PRÉPOSITIONS, parce qu'elles précèdent le second des termes mis en rapport.

Conjonctions. Mais souvent les choses ayant des relations éloignées, il eût été impossible de les rapprocher dans une même phrase sans le secours de certains mots, que pour cet effet l'on nomme CONJONCTIONS.

Interjections. Enfin, après s'être pourvu de moyens suffisants pour désigner la nature, l'espèce, le nombre, les attributs, l'influence, l'existence, les rapports et les différentes modifications des choses, on en inventa d'autres pour peindre les mouvements subits de l'âme : ce furent les INTERJECTIONS, qui sont plus ou moins nombreuses, suivant le génie des langues.

Il est aisé de voir, par ce détail, que la grammaire est fondée sur huit espèces de mots, dont l'origine est prise dans la nature. On les nomme les *huit parties du discours*, parce qu'effectivement on ne peut prononcer aucun mot qui n'appartienne à l'une ou à l'autre de ces espèces.

Les grammairiens ne sont pas d'accord sur les éléments du discours : les uns y comprennent l'article et le participe ; d'autres excluent l'un et l'autre (1).

---

(1) Comme il ne s'agit point ici d'une méthode purement spéculative, je n'entrerai point dans l'examen des divers rapports qui existent entre les parties du discours, et ne m'étendrai point sur les divisions et subdivisions dont chacune de ces parties est susceptible. Ceux qui voudront approfondir

Suivant cette division, je me suis attaché d'abord à l'analyse des mots, et à les ranger dans les classes qui leur sont propres ; j'ai expliqué, de la manière la plus claire et la plus sensible, toutes les variations qu'ils éprouvent par ce que les grammairiens ont jugé à propos d'appeler *déclinaison*. Quant aux verbes, qui, dans la plupart de nos grammaires, ont été présentés sous une forme presque inintelligible, je les ai réduits à un petit nombre de pages, dans lesquelles on trouvera non-seulement tous les accidents dont leur conjugaison est susceptible, mais encore tout ce qui concerne l'usage et la construction de leurs temps et de leurs modes.

Dans la seconde partie, qui contient la syntaxe, j'ai démontré, par des règles très-simples, la place que chaque mot doit occuper dans le discours, et j'ai ajouté des thèmes à chaque chapitre, pour que l'élève fasse marcher la pratique de pair avec la théorie.

Dans la troisième partie, j'ai examiné les principaux idiotismes français et anglais, et j'ai détaillé, autant qu'il m'a été possible, les différents effets que les mêmes mots peuvent produire dans le discours. Cette partie, la plus nécessaire de toutes, a été trop négligée par les grammairiens. Il ne suffit pas de savoir par cœur tous les mots d'une langue, et la manière de les arranger dans la construction des phrases ; ces mêmes mots sont susceptibles de tant de significations opposées qu'à moins d'avoir une connaissance particulière du génie de cette langue, il est moralement impossible de pénétrer le sens des auteurs qu'on lit.

---

ces matières, doivent avoir recours aux excellents ouvrages que nous avons dans ce genre, tels que la *Grammaire raisonnée* de Port-Royal; celle de Dumarsais; le *Mécanisme des langues*, par Pluche; la *Manière d'étudier les langues*, par Radonvilliers, etc., etc.

SECTION PREMIÈRE.

DE LA PRONONCIATION ET DE L'ORTHOGRAPHE.

La prononciation est l'art d'exprimer les sons et les articulations du langage ; l'orthographe est l'art de les représenter par les caractères qui leur sont propres.

Le son n'est qu'une émanation pure et simple de la voix ; l'articulation, au contraire, consiste dans les diverses modifications que le son peut recevoir par le mouvement des lèvres et de la langue. Par exemple, *A* est un son ; mais *B* et *G* dans *ba* et *ga* sont des articulations, parce que le mouvement des lèvres en prononçant *B*, et celui de la langue en prononçant *G*, affectent la lettre *A* de manière à la transmettre à l'oreille d'une manière différente.

On appelle voyelles les signes ou caractères qui peignent les sons, et consonnes ceux qui indiquent les articulations : ainsi, *a, e, i, o, u,* sont des voyelles ; *b, c, d,* etc., des consonnes.

Les Anglais composent leur alphabet de vingt-six lettres, dont voici l'ordre, la figure et le nom.

A B C D E F G H I J K L M N O P
é bi ci di i eff dji étch aï djé ké ell emm enn ô pi
Q R S T U V W X V Z.
kiou arr ess ti iou vi deubliou ex ouaï zedd.

Les voyelles *a, e, i, o, u,* conservent ordinairement le son qui est indiqué dans l'alphabet, lorsqu'elles terminent les syllabes accentuées ; mais, lorsqu'elles sont au commencement ou au milieu des syllabes accentuées ou non accentuées, elles sont brèves et, à l'exception de *u*, se prononcent presque comme en français. Il faut cependant remarquer : 1° que l'*a* tient un peu plus de l'*e* français ; 2° que l'*o* tient un peu de l'*a* ; 3° que l'*u* tient beaucoup de l'*o* faible, ou de *eu* dans le mot *neuf*.

Une voyelle suivie immédiatement d'une consonne, plus un *e* muet (cette voyelle est muette à la fin des mots anglais et ne sert qu'à allonger la voyelle (1)), est longue en conservant le son qui est indiqué dans l'alphabet : *care, here, fine, bone, tune*.

Les exceptions à cette règle sont : *there, where, ere*, où l'*e* se prononce comme en français ; et quelques autres où l'*e* est absolument nul, comme on le verra bientôt.

Différents sons des voyelles.

A.	1er son	*fate*, son analogue en français,	fête.
	2e —	*far*,	phare.
	3e —	*hall*,	hâle.
	4e —	*fat*,	fat (*t* sonore).
	5e —	*wash*,	ouoche.
E.	1er —	*me*,	mî.
	2e —	*net*,	net (*t* sonore).
	3e —	*ere*,	ère.
	4e —	*her*,	heure (très-bref).
I.	1er —	*like*,	laïque.
	2e —	*fill*,	fil.
	3e —	*sir*,	sœur (très-bref).
	4e —	*frise* (chevaux de),	frise.
O.	1er —	*so*,	seau.
	2e —	*prove*,	prouve.
	3e —	*nor*,	nord.
	4e —	*rob*,	rob.
	5e —	*some*,	seumm (très-bref).
U.	1er —	*tube*,	tioube.
	2e —	*sum*,	somme (très-bref).
	3e —	*pull*,	poule (bref).
	4e —	*rule*,	roule (long).

---

(1) Elle se prononce à la fin de quelques mots grecs ou latins.

Observations et exceptions sur les voyelles.

A.

Dans les mots où cette lettre se trouve suivie de *ll, ld, lk, lt,* elle a le 3e son (celui de *hâle*) : *all, call, bald, talk* (*l* nulle), *salt,* excepté *shall, shalt.* Elle a le 5e son lorsqu'elle est précédée d'un *w* et que la syllabe se termine par une consonne : *wan, was, wad, waddle.* L'*a* a le 4e son (celui de *fat*) avant deux *l* dont la dernière commence la syllabe suivante : *callow, fallow, tallow* ; mais, si l'*a* est précédé d'un *w,* le 5e son est conservé : *wallow, swallow.*

Qu, se prononçant comme *cou,* donne aussi le 5e son l'*a* : *quality, quantity.*

E.

Nous avons vu que cette voyelle est muette à la fin des mots anglais , mais il y en a quelques-uns où l'*e* est non-seulement muet, mais entièrement nul ; de sorte que la voyelle qui précède est brève , comme si elle était initiale. Ces mots sont , *bade* (prétérit de *to bid,* ordonner), *give, live, have, are,* et d'autres qu'on verra sous la voyelle *O.*

E est encore muet dans les mots de deux syllabes où il est immédiatement suivi d'un *n : open, token, laden, even,* etc., qui se prononcent *op'n, tok'n, lad'n, ev'n,* en conservant à la voyelle le même son que si l'*e* se prononçait.

Les noms qui se terminent en *e,* comme on le verra ci-après, forment leurs pluriels par l'addition d'une *s* ; mais l'*e* ne se prononce dans ces pluriels que lorsque le singulier est terminé en *ce, ge, se, ze : faces, stages, horses, assizes.* Dans toutes les autres terminaisons, il faut supprimer le son de l'*e, tribes, fifes, lakes, tales, names, rimes, states,* etc.

L'*e* a le 4ᵉ son (celui de *heure*) avant un *r* qui termine
la syllabe, ou qui est suivi d'une consonne : *her, pert,
serve*. Il a celui de *mi* dans *impregn*, celui de l'*a* de *far*,
dans *clerk*, et celui de l'*i* de *fil* dans *heps*.

I.

I a le 3ᵉ son (celui de *sœur*) avant un *r* qui termine la
syllabe, ou qui est suivi d'une consonne : *fir, bird*. Il a le
1ᵉʳ son (celui de *laïque*) avant les doubles et triples consonnes suivantes, *gh, ght, gn, ld, mb, nd* : *high, sight,
sign, child, climb* (*b* nul), *kind*; excepté *to build, to
gild, wind* (vent), *limb, se'nnight, children*, et leurs
dérivés, où l'*i* a le 2ᵉ son (celui de *fil*). Il a le 4ᵉ son (celui de *frise*) dans les mots suivants : *ambergris, verdigris, antique, caprice, critique*, et d'autres.

L'*i* a le 2ᵉ son (celui de *fil*) dans la dernière syllabe des
mots qui ont l'accent sur la pénultième syllabe (1) : *servile, hostile, respite, determine*, etc. Les exceptions sont
*exile, edile, empire, archives, confine, supine, saline,
likewise*, etc.

Quand l'accent est sur l'antépénultième, l'*i* a le 2ᵉ son
(celui de *fil*) dans les mots qui se terminent en *ice* : *cowardice, prejudice*; excepté dans *sacrifice, cockatrice*.

Dans les mots qui finissent en *ide*, l'*i* a le 1ᵉʳ son (celui
de *laïque*) : *suicide*.

Dans ceux qui finissent en *ife*, l'*i* a également le 1ᵉʳ son :
midwife, excepté *housewife*, qui se prononce comme s'il
était écrit *huzzwiff*.

Dans ceux qui finissent en *ile*, l'*i* a le 2ᵉ son (celui de
fil), excepté dans *to reconcile, camomile*.

Dans les mots terminés en *ine*, ayant l'accent sur l'antépénultième, l'*i* a généralement le 1ᵉʳ son (celui de *laï-*

______

(1) L'accent est un appui de la voix sur une syllabe d'un mot : cet accent
est généralement indiqué par un petit trait (') dans les dictionnaires.

que) ; les exceptions sont : *medicine, discipline, mascu-line, jessamine, feminine, heroine, nectarine, libertine, genuine, crystalline.* Walker est d'opinion qu'on devrait ajouter à ces exceptions les mots *alkaline, aquiline, co-ralline, brigantine, eglantine,* et les noms propres *Constantine, Valentine.*

Dans ceux qui se terminent en *ise,* ayant l'accent sur la pénultième, l'*i* a le 2e son (*fil*) : *treatise.* Il faut excep-ter les composés en *wise : likewise, nowise.*

Quand l'accent est sur l'antépénultième, l'*i* a toujours le 1er son (*laïque*) dans les mots terminés en *ise : to cri-ticise, equalise,* etc.

Dans les mots qui se terminent en *ite,* ayant l'accent sur la pénultième syllabe, l'*i* a le 2e son (*fil*) : *respite.* Il faut excepter *contrite.*

Dans les terminaisons en *ive,* si l'accent n'est pas sur la dernière syllabe, l'*i* a toujours le 2e son (*fil*) : *offen-sive, persuasive.*

Enfin, l'*i* est muet dans les mots *medicine, venison, Salisbury,* qui se prononcent *med'cine, ven'son, Sal'sbury.*

Il a le 1er son (celui de *laïque*) dans *Christ, whilst, pint.* L'*i* est bref dans les dérivés de *Christ.*

O.

Cette lettre a le 2e son (celui de *prouve*) dans les mots *behove, move, lose, do, ado, to, Rome, poltron, pon-ton, who, whose, whom, womb, tomb.*

Elle a le 5e son (celui de *seumm* très-bref) dans *above, affront, among, amongst, bomb, bombard, borage, borough, brother, colour, come, comely, comfit, com-fort, company, combat, conduit, conjure, constable, covenant, cover, covert, covet, covey, cozen, discomfit, done, dost, doth, dove, dozen, dromedary, front, glove, govern, honey, love, Monday, money, mongrel,*

monk, *monkey*, *month*, *mother*, *nombles*, *none*, *nothing*, *onion*, *other*, *oven*, *plover*, *pomegranate*, *pommel*, *romage*, *shove*, *shovel*, *sloven*, *smother*, *some*,
Somerset, *son*, *sovereign*, *sponge*, *stomach*, *thorough*,
ton, *tongue*, *wonder*, *worry*.

Avant l'*r*, l'*o* a ordinairement le 3ᵉ son (celui de *nord*) :
born, *corn*, *form*, *horn*, *lord*, etc. Les exceptions sont
pour les mots où *or* est précédé immédiatement de *w*,
comme dans les mots *word*, *world*, *worm*, *worse*,
worship, *worth*, etc.

Il se prononce comme s'il était précédé d'un *w* dans
one, *once*, et comme l'*o* de *rob* dans *gone*, *shone*.

L'*o* suivi des consonnes finales *ld*, *lk*, *ll*, *lt*, *th*, a le
1ᵉʳ son (celui de *seau*) : *sold*, *folk* (*l* nulle), *roll*,
both, etc., excepté *doll*, *loll*, *cloth*, *moth*, *broth*, *doth*
(l'une des formes du verbe *to do*).

Il a le même son dans *host*, *most*, *post*, *ghost*, *gross*,
afford.

Dans les mots terminés en *con*, *kon*, *son* et *ton*, ayant
l'accent sur la pénultième syllabe, l'*o* est muet : *bacon*,
reckon, *lesson*, *button* se prononcent comme s'ils étaient
écrits *bac'n*, *reck'n*, *less'n*, *butt'n*. L'*o* est également
muet dans les mots terminés en *ous* : *glorious*, *famous*,
qui se prononcent comme s'ils étaient écrits *glori'us*,
fam'us.

U.

L'*u* long, après un *r*, a le 4ᵉ son (celui de *roule*) :
prude, *rude*.

Avant un *r* l'*u* a le 2ᵉ son (*heure* très-bref) : *hurt*, *turn*,
burst.

Cette lettre se prononce comme l'*e* de *net*, dans le mot
bury, et comme l'*i* de *fil* dans les mots *busy*, *business*.

L'*u* est muet après le *g*, et communique à cette lettre la
même articulation qu'en français : *guard*, *guest*, *guilt*,

plague, *prorogue*. Il faut excepter *anguish*, *languid*, où l'*u* se prononce *ou*, et le mot *language*, où l'*ua* se prononce *oui*.

EXERCICE.

Wan, blême; *wad*, bourre; *to waddle*, marcher comme une oie; *to wash*, laver; *want*, besoin; *war*, guerre; *warm*, chaud; *shallow*, peu profond; *fallow*, fauve; *tallow*, suif; *to wallow*, se vautrer; *swallow*, hirondelle; *equality*, égalité; *quantity*, quantité; *quarter*, quart; *to have*, avoir; *you are*, vous êtes; *ambergris*, ambre gris; *verdigris*, vert-de-gris; *antique*, antique; *caprice*, caprice; *critique*, critique; *fertile*, fertile; *ermine*, hermine; *docile*, docile; *reptile*, reptile; *service*, service; *exile*, exil; *edile*, édile; *empire*, empire; *umpire*, arbitre; *feline*, de chat; *archives*, archives; *confines*, confins; *supine*, supin; *saline*, salin; *contrite*, pénitent; *quagmire*, fondrière; *pismire*, fourmi; *likewise*, aussi; *sacrifice*, sacrifice; *cockatrice*, basilic; *cowardice*, lâcheté; *prejudice*, préjugé; *cicatrice*, cicatrice; *avarice*, avarice; *subdivide*, subdiviser; *superscribe*, mettre la suscription à; *suicide*, suicide; *midwife*, sage-femme; *penknife*, canif; *housewife*, ménagère; *puerile*, puéril; *ductile*, ductile; *mercantile*, mercantile; *juvenile*, de jeunesse; *hostile*, hostile; *servile*, servile; *to reconcile*, réconcilier; *camomile*, camomille; *medicine*, médecine; *discipline*, discipline; *masculine*, masculin; *jessamine*, jasmin; *féminine*, féminin, *heroine*, héroïne; *nectarine*, brugnon; *libertine*, libertin; *genuine*, naturel; *crystalline*, cristallin; *aquiline*, aquilin; *coralline*, de corail; *brigantine*, brigantin; *eglantine*, églantier; *Valentine*, Valentin; *Constantine*, Constantin; *undermine*, miner; *superfine*, superfin; *anodine*, anodin; *turpentine*, térébenthine; *to countermine*, contre-miner; *treatise*, traité; *to exorcise*, exorciser; *to practise*, pratiquer; *to criticise*, critiquer; *to exercise*, exercer; *to equalise*, égaliser; *to advertise*, annoncer; *to magnetise*, magnétiser; *respite*, répit; *finite*, fini; *levite*, lévite; *defensive*, défensif; *offensive*, offensif; *attentive*, attentif; *captive*, captif; *dative*, datif; *native*, natal; *to approve*, approuver; *to behove*, convenir; *to remove*, éloigner; *to lose*, perdre; *Rome*, Rome; *poltron*, poltron; *ponton*, ponton; *above*, au-dessus; *affront*, affront; *among*, *amongst*, parmi; *attorney*, procureur; *bomb*, bombe; *to bombard*, bombarder; *borage*, bourrache; *borough*, bourg; *brother*, frère; *colour*, couleur; *to come*, venir; *comely*, beau; *comfit*, dragée; *comfort*, consolation; *company*, compagnie; *combat*, combat; *conduit*, conduit; *to conjure*, évoquer; *constable*, agent de police; *covenant*, pacte; *to cover*, couvrir ; *covert*, couvert ; *to covet*, convoiter ; *covey*, bande ou compagnie d'oiseaux ; *to cozen*, tromper ; *to discomfit*, mettre en déroute ; *done*, fait ; *dost*, fais ; *he doth*, il fait ; *dove*, colombe ; *dozen*, douzaine ; *dromedary*, dromadaire ; *front*, front ; *glove*, gant ; *to govern*, gouverner ; *honey*, miel ; *to love*, aimer ; *Monday*, lundi ; *money*, de l'argent ; *mongrel*, métis ; *monk*, moine ; *monkey*, singe ; *month*, mois ; *mother*, mère ; *none*, aucun ; *nothing*, rien ; *once*, une fois ; *one*, un, une ; *onion*, oignon ; *other*, autre ; *oven*, four ; *plover*, pluvier ; *pomegranate*, grenade ; *pommel*, pommeau ; *to shove*, pousser ; *shovel*, pelle ; *sloven*, saligaud ; *to smother*, étouffer ; *some*, quelque ; *Somerset*, Somerset ; *son*, fils ; *sovereign*, souverain ; *sponge*, éponge ; *stomach*, estomac ; *thorough*, complet ; *ton*, tonneau ; *tongue*, langue ; *word*, parole ; *wonder*, étonnement ; *world*, monde ; *worm*, ver ; *to worry*, tourmenter, *worse*, pire ; *worship*, culte ; *worth*, mérite ; *to warble*, gazouiller ; *to warn*, avertir ; *certain*, certain ; *warlike*, guerrier ; *to quarrel*, se quereller ; *quarrelsome*, querelleur ; *quaternion*, quatre ; *to allow*, permettre ; *Allen*, Alain ; *to marry*, épouser ; *quarry*, carrière (de pierres) ; *to mar*, gâter ; *to war*, faire la guerre ; *calm*, calme ; *qualm*, mal de cœur ; *start*, tressaillement ; *quart*, quarte ; *span*, empan ; *swan*, cygne ; *sallow*, blême ; *to swallow*, avaler ; *regard*, égard ; *reward*, récompense ; *harm*, mal ; *swarm*, essaim ; *sharp*, affilé ; *warp*, chaîne (de tisserand) ; *cart*, charrette ; *wart*, verrue ; *to gasp*, respirer difficilement ; *wasp*, guêpe ; *ball*, balle ; *to call*, appeler ; *to fall*, tomber ; *to scald*, échauder ; *bald*, chauve ; *to talk*, parler ; *to walk*, marcher ; *stalk*, tige ; *to stalk*, se carrer ; *chalk*, craie ; *water*, eau ; *to water*, arroser ; *to give*, donner ; *to live*, vivre ; *to open*, ouvrir, *often*, souvent (*t* nul) ; *villain*, misérable ; *curtain*, rideau ; *to hasten*, se hâter ; *to fasten*, attacher ; *heaven*, ciel ; *token*, signe ; *to shorten*, abréger ; *forbidden*, défendu ; *hidden*, caché ; *driven*, chassé ; *broken*, cassé ; *fallen*, tombé ; *stolen*, volé ; *places*, des places ; *graces*, des grâces ; *races*, des courses ; *wages*, des gages ; *stages*, des théâtres ; *pages*, des pages ; *phrases*, des phrases ; *roses*, des roses ; *muses*, muses ; *prizes*, des prix ; *lakes*, des lacs ; *games*, des jeux ; *flames*, des flammes ; *pines*, des pins ; *crimes*, des crimes ; *pikes*, des piques ; *groves*, des bocages ; *bones*, des os ; *stones*, des pierres ; *mules*, des mulets ; *cures*, des guérisons ; *mutes*, des muets ; *term*, terme ; *herd*, troupeau ; *to prefer*, préférer ; *fir*, sapin ; *Sir*, monsieur ; *to stir*, bouger ; *bird*, oiseau ; *to gird*, ceindre ; *sigh*, soupir ; *sight*, vue ; *nigh*, près ; *night*, nuit ; *high*, haut ; *to sign*, signer ; *design*, dessein ; *to resign*, résigner ; *mild*, doux ; *child*, enfant ; *wild*, sauvage ; *to climb*, grimper ; *to bind*, relier ; *to find*, trouver ; *kind*, espèce ; *blind*, aveugle ; *to build*, bâtir ; *to gild*, dorer ; *wind*, vent ; *windy*, venteux ; *builder*, constructeur ; *gilder*, doreur; *evil*, mal ; *civil*, honnête ; *venison*, de la venaison ; *to move*, mouvoir ; *to prove*, prouver ; *capon*, chapon ; *to beckon*, faire signe de la main ; *mutton*, du mouton ; *glutton*, glouton ; *lesson*, leçon ; *mason*, maçon ; *contemptuous*, méprisant ; *victorious*, victorieux ; *famous*, fameux ; *curious*, curieux ; *virtuous*, vertueux ; *rule*, règle ; *rude*, grossier ; *ruler*, gouverneur ; *ruby*, rubis ; *to bury*, enterrer ; *burial*, enterrement ; *busy*, occupé ; *business*, affaires ; *guards*, des gardes ; *guest*, hôte ; *guilt*, le crime ; *guilty*, coupable ; *plague*, peste ; *vogue*, vogue ; *to prorogue*, proroger ; *rogue*, coquin ; *languid*, languissant ; *to languish*, languir ; *language*, langage ; *bag*, sac ; *to beg*, mendier ; *big*, gros ; *box*, boîte ; *bud*, bouton de fleur ; *cat*, chat ; *car*, char ; *lord*, seigneur ; *to hurt*, blesser ; *ago*, passé ; *lazy*, paresseux ; *hazy*, brumeux ; *fever*, fièvre ; *to let*, laisser ; *ere*, avant ; *cider*, cidre ; *bony*, osseux ; *stony*, pierreux ; *puny*, chétif ; *fury*, fureur ; *paper*, papier ; *happy*, heureux ; *taper*, bougie ; *flannel*, flanelle ; *cedar* (1), cèdre ; *better*, mieux ; *miner*, mineur ; *dinner*, dîner ; *duty*, devoir ; *dusty*, poudreux ; *access*, accès ; *acorn*, gland ; *egress*, sortie ; *elder*, aîné ; *ivy*, lierre ; *to enflame*, enflammer ; *hot*, chaud ; *open*, ouvert ; *to oppose*, opposer ; *bone*, os ; *unity*, unité ; *untrue*, faux, infidèle ; *to push*, pousser ; *bar*, barre ; *bare*, nu ; *bit*, morceau ; *to bite*, mordre ; *I can*, je peux ; *cane*, canne ; *chin* (prononcez *tchinn*), menton ; *chine* (prononcez *tchaïne*), échine ; *cub*, petit de la baleine, du lion, de l'ours, du renard et du tigre ; *cube*, cube ; *din*, bruit ; *to dine*, dîner ; *fan*, éventail ; *fane*, temple ; *far*, loin ; *fare*, chère (subst.) ; *fat*, gras ; *fate*, destin ; *fin*, nageoire ; *fine*, beau ; *fir*, sapin ; *fire*, feu ; *hat*, chapeau ; *hate*, haine ; *her*, elle ; *here*, ici ; *hop*, houblon ; *hope*, espérance ; *to hug*, serrer dans ses bras ; *huge*, énorme ; *mad*, fou ; *made*, fait ; *man*, homme ; *mane*, crinière ; *to mar*, gâter ; *mare*, jument ; *met*, rencontré ; *to mete*, mesurer ; *not*, non, ne pas ; *note*, note ; *pat*, tape ; *pate*, caboche ; *plum*, prune ; *plume*, panache ; *to quit*, laisser ; *quite*, tout à fait ; *rag*, haillon ; *rage*, rage ; *to rob*, voler ; *robe*, robe ; *to rot*, pourrir ; *rote*, routine ; *scar*, cicatrice ; *to scare*, épouvanter ; *scrap*, reste ; *to scrape*, gratter ; *sham*, illusion, tromperie ; *shame*, honte ; *Sir*, monsieur ; *sire*, père ; *stag*, cerf ; *stage*, théâtre ; *star*, étoile ; *stare*, regard fixe ; *to stare*, regarder fixement ; *trip*, faux pas ; *tripe*, tripe ; *tun*, tonneau ; *tune*, air de chanson ; *war*, guerre ; *ware*, marchandise ; *to win*, gagner ; *wine*, vin ; *wane*, déclin ; *salt*, sel ; *shall*, *shalt*, signes du futur, *I shall be*, je serai ; *thou shalt be*, tu seras ; *to impregn*, empreindre ; *clerk*, commis ; *limb*, membre ; *se'nnight*,

---

(1) Dans ce mot, et dans plusieurs autres, *ar* se prononce très-faiblement comme *a* dans *far*.

une semaine; *children,* des enfants; *Christ,* Christ; *christian,* chré-
tien ; *whilst,* tandis que; *pint,* pinte; *nombles,* entrailles de cerf;
one, un; *once,* une fois; *gone,* allé; *shone,* brillé; *sold,* vendu ;
folk, peuple, gens; *roll,* rouleau; *both,* l'un et l'autre; *doll,* poupée;
to loll, s'étaler; *droll,* drôle; *cloth,* drap; *moth,* teigne; *broth,*
bouillon; *host,* hôte; *most,* plus; *post,* poste; *ghost,* spectre, revenant; *gross,* gros, épais; *to afford,* procurer.

SECTION DEUXIÈME.

DES DIPHTHONGUES.

Aa se prononce comme :
    l'*a* de *fat,* dans *Isaac, Canaan.*
    l'*a* de *fate,* dans *Aaron.*
    l'*a* de *far,* dans *to baa.*
    Dans les autres mots, il est dissyllabe.

Æ, œ se prononce comme : l'*e* de *me,* dans *Æneid,*
    Cæsar.

Ai, ay, se prononce ordinairement comme : l'*a* de *fate.*
    Ex. : *aim, day, pain, pay,* etc.

Ai se prononce comme :
    l'*a* de *fat,* dans *plaid, raillery, sainfoin.*
    l'*e* de *net,* dans *said, waistcoat.*
    l'*i* de *like,* dans *aisle* (*s* nulle).

Ai se prononce comme l'*i* de *fill,* dans *captain, curtain,*
    murrain, castellain, chaplain, chamberlain, et
    autres mots en *ain* qui n'ont point l'accent sur la
    dernière syllabe.

Ai est dissyllabe dans *laic, mosaic, judaic, hebraist,*
    saick, et leurs dérivés; alors l'*a* a le 1er son (celui
    de *fate).*

Ao se prononce comme :

    l'*a* de *fate*, dans *gaol* (pr. *dgéele*).

    l'*o* de *nor*, dans *extraordinary*. L'*a* est nul dans *Pharaoh*.

Au, aw, se prononcent ordinairement comme l'*a* de *hall*. Ex. : *to daub, straw, tawdry*.

Au, suivi d'une *n*, se prononce comme l'*a* de *far*. Ex. : *aunt, to taunt, laundress*, etc. Il faut excepter *to vaunt, avaunt*, où *au* conserve le son de l'*a* de *fall*. Il a le même son que l'*a* de *far* dans *to laugh* et ses dérivés, ainsi que dans *draught*.

Au se prononce comme l'*o* de *not*, dans *laurel, laudanum, cauliflower*; mais il a le son naturel de l'*a* de *hall* dans les dérivés *laureate, cauliferous*.

Au se prononce comme l'*a* de *fate*, dans *to guage*, et se prononce comme en français dans les mots : *hautboy* (*t* nul), *chevaux de frise* (*x* nul), et *roquelaure*.

Ea se prononce le plus souvent comme :

    l'*e* de *me*. Ex. : *ear, fear, spear*.

    l'*e* de *net*, dans *bread, dead, dread, deaf, head, ready, pleasure, breast, breath, endeavour, feather, health, heaven, lead* (plomb), *meadow, peasant, thread, treasure, wealth, weather, read* (lu), et beaucoup d'autres mots.

    l'*a* de *fate*, dans *bear, break, great, to tear* (déchirer), *pear, to swear, to wear, steak*.

Il se prononce comme l'*a* de *far*, dans *heart, hearth, hearken*. Il a le son de *eu*, dans *earl, early, dearth*, et autres mots où il est suivi d'un *r* et d'une autre consonne.

Ea est dissyllabe :

    1° dans *Æneas, Judea*, et autres noms propres.

    2° dans les mots en *eate* : *to create, laureate*.

    3° dans *idea, real, theatre, panacea, beatitude, oceanic*.

Eau se prononce comme :

l'*o* de *so*. Ex. : *beau, beauish, flambeau,* etc.

l'*u* de *tube,* dans *beauty* et ses dérivés.

Ee se prononce généralement comme :

l'*e* de *me*. Ex. : *bee, to feel, to see.*

l'*i* de *fill,* dans *steelyard, breeches.*

l'*e* de *net,* dans *threepence.*

Ei se prononce comme :

l'*a* de *fate*. Ex. : *eight, freight, feint, heir, veil,* etc.

l'*e* de *me,* dans *either, neither, deceive, receive, inveigle, seignior.*

l'*i* de *fill,* dans *forfeit, teint, sovereign, foreign.*

l'*e* de *net,* dans *heifer, nonpareil.*

Il est dissyllable dans *deity, being.*

Eo se prononce de plusieurs manières. Comme :

l'*e* de *me,* dans *people.*

l'*e* de *net,* dans *feoffment, feoffer, jeopardy, leopard.*

l'*o* de *nor,* dans *George, Georgics.*

l'*o* de *so,* dans *yeoman.*

l'*u* de *sum,* à la fin des syllabes : *surgeon, curmudgeon,* etc.

Il est dissyllabe dans *pantheon, cameleon, geocentric, geodæsia, geognosy, geography,* et leurs dérivés ; et dans *reordain, preoccupy,* et autres mots composés.

Eu, ew, se prononce comme :

l'*u* de *tube*. Ex. : *deuce, few.*

l'*o* de *so,* dans *shew, sew, strew* (1).

Il est dissyllabe dans *museum, mausoleum.*

Ey se prononce comme l'*a* de *fate*. Ex. : *dey, grey,* etc.

Ia se prononce comme :

l'*i* de *fill,* dans *marriage, carriage, parliament, miniature.*

l'*i* de *like,* dans *diamond.*

---

(1) Ces mots s'écrivent également *show, sow, strow.*

Ie se prononce comme l'*e* de *me*. Ex. : *field, yield, to believe*, etc.

A la fin des monosyllabes, *ie* se prononce comme l'*i* de *like*. Ex. : *to die, to lie, to tie*.

Il a le son de l'*e* de *net*, dans *friend, fieldfare* (*d* nul); de l'*i* de *fill*, dans *sieve, handkerchief, mischief*, et dans *studied*, et autres dérivés.

Dans les mots en *ier* dérivés du français, *ie* se prononce *i* : *cavalier, financier*, excepté *espalier, pannier, premier*, où la finale se prononce *ieur*.

Oa se prononce ordinairement comme l'*o* de *so*. Ex. : *oats, oar, boast, toast, board, hoard*.

Il se prononce comme :
    l'*o* de *not* dans *waistcoat*.
    l'*a* de *hall*, dans *broad, groat*.

Oe se prononce ordinairement comme :
    l'*o* de *so*. Ex. : *foe, toe*.
    l'*o* de *prove*, dans *shoe, canoe*.
    l'*u* de *sum*, dans *does*, 3ᵉ personne du verbe *to do*.

Oo se prononce ordinairement comme :
    l'*o* de *move*. Ex. : *boot, root, loo*.
    l'*o* de *so*, dans *door, floor, black-a-moor*.
    l'*u* de *sum*, dans *blood, flood*.
    l'*u* de *pull*, dans *foot, good, hood, wood, wool*.

Ou se prononce dans la plupart des mots comme :
    l'*o* de *rob*, en y ajoutant immédiatement le son de *ou* français : *out, pout, stout, rout*.
    l'*u* de *sum*, dans *cousin, country, couple, double, courage, trouble, to nourish, to flourish, touch, enough* (*gh* comme *f*), *young, rough* (*gh* comme *f*), *tough* (*gh* comme *f*), *courtesy, scourge, journey*, et dans les polysyllabes en *our, ous* : *to endeavour, generous*.
    l'*o* de *move*, dans *amour, uncouth, croup, group, tour, wound, you, youth*, et plusieurs autres mots.

Ou se prononce dans la plupart des mots comme :

l'*o* de *so*, dans *court, course, source, soul, four, to mourn, dough, mould, shoulder, poultry, mourn,* et quelques autres.

l'*a* de *hall,* avant *ght.* Exemples : *bought, thought, ought* (excepté *drought* qui se prononce *draoutt*).

Dans les mots *cough, trough, gh* se prononce *f.*

Voici une phrase qui renferme les prononciations de *ou :* *Cousin, I thought you would cough your soul out* (Mon cousin, je croyais que vous rendriez l'âme à force de tousser).

Ow se prononce comme :

l'*o* de *rob* suivi immédiatement du son français *ou.* Ex. : *frown, gown, town.*

quelquefois comme l'*o* de *so : to flow, to know, to mow, to show, to snow, bow* (arc), *row* (rang), *own.*

Ue se prononce comme l'*u* de *tube.* Ex. : *due, pursue.*

Ui se prononce comme :

l'*u* de *tube.* Ex. : *juice, suit.*

l'*o* de *move,* après un *r.* Ex. : *fruit.*

EXERCICE SUR LES DIPHTHONGUES.

Isaac, Isaac ; *Aaron,* Aaron ; *Cæsar,* César ; *Æneid,* Énéide ; *aim,* visée ; *fair,* beau , belle ; *chain,* chaîne ; *rain,* pluie ; *nail,* clou ; *to pay,* payer ; *to say,* dire ; *day,* jour ; *aisle,* aile d'église ; *he said,* il disait ; *plaid,* manteau écossais ; *complaisant,* complaisant ; *oraison,* oraison ; *gaol,* prison ; *extraordinary,* extraordinaire ; *waistcoat,* gilet ; *to daub,* barbouiller ; *straw,* paille ; *to thaw,* dégeler ; *claw,* griffe ; *aunt,* tante ; *to taunt,* railler ; *laundress,* blanchisseuse ; *to vaunt,* se vanter ; *avaunt !* en arrière ! *to laugh,* rire ; *draught,* dessin ; *laurel,* laurier ; *cauliflower,* chou-fleur ; *laureate,* lauréat ; *to gauge,* jauger ; *oaf,* benêt ; *hautboy,* hautbois ; *chevaux de frise,* chevaux de frise ; *tear,* larme ; *to shear,* tondre ; *dear,* cher ; *ear,* oreille ; *fear,* crainte ; *to hear,* entendre ; *spear,* lance ; *bread,* du pain ; *dead,* mort ; *dread,* effroi ; *to spread,* étendre ; *deaf,* sourd ; *thread,* du fil ; *head,* tête ; *ready,* prêt ; *pleasure,* plaisir ; *measure,* mesure ; *bear,* ours ; *to bear,* porter ; *to break,* casser; *great*, grand; *to tear*, déchirer; *pear*, poire; *to swear*, jurer; *to wear*, porter (comme des habits ou des ornements); *bee*, abeille; *to feel*, sentir; *steel*, acier; *to see*, voir; *to meet*, rencontrer; *eight*, huit; *to freight*, affréter; *feint*, feinte; *heir*, héritier; *veil*, voile; *to deign*, daigner; *to reign*, régner; *to feign*, feindre; *either*, l'un ou l'autre; *neither*, ni l'un ni l'autre; *to deceive*, tromper; *to receive*, recevoir; *to conceive*, concevoir; *to perceive*, apercevoir; *a beau*, un petit-maître; *beauty*, beauté; *beautiful*, beau; belle; *people*, peuple, les gens; *to enfeof*, inféoder; *feoffer*, fieffants; *feoffment*, inféodation; *jeopardy*, péril; *leopard*, léopard; *geography*, géographie; *geometry*, géométrie; *George*, George; *Georgics*, Géorgiques; *Europe*, l'Europe; *deuce*, deux; *few*, peu; *dew*, rosée; *ewe*, brebis; *grey*, gris; *they*, ils, elles; *whey*, petit-lait; *field*, champ; *to yield*, céder; *shield*, bouclier; *to believe*, croire; *to relieve*, soulager; *to die*, mourir; *to lie*, se coucher; *to tie*, lier; *flies*, des mouches; *cries*, des cris; *oats*, de l'avoine; *oar*, rame; *to boast*, se vanter; *toast*, pain rôti; *board*, planche; *hoard*, amas; *foe*, ennemi; *toe*, doigt du pied; *doe*, daine; *hoe*, houe; *shoe*, soulier; *canoe*, canot; *he does*, il fait; *tooth*, dent; *moon*, lune; *soon*, bientôt; *boot*, botte; *root*, racine; *noon*, midi; *door*, porte; *floor*, plancher; *blood*, sang; *flood*, déluge; *soot*, suie; *foot*, pied; *good*, bon; *hood*, capuchon; *wood*, du bois; *wool*, de la laine; *out*, dehors; *stout*, robuste; *to pout*, bouder; *rout*, déroute; *shout*, cri de joie; *to flout*, railler; *round*, rond; *sound*, son; *ground*, terrain; *cousin*, cousin; *country*, pays; *couple*, couple; *double*, double; *courage*, courage; *trouble*, peine; *to nourish*, nourrir; *to flourish*, fleurir; *to touch*, toucher; *enough*, assez; *young*, jeune; *rough*, raboteux; *tough*, dur, coriace; *courtesy*, courtoisie; *scourge*, fléau; *journey*, voyage; *uncouth*, inculte, grossier; *group*, groupe; *tour*, tour; *wound*, blessure; *youth*, jeunesse; *court*, cour (d'un roi); *course*, cours; *source*, source; *four*, quatre; *to mourn*, s'affliger; *dough*, pâte; *mould*, moule; *shoulder*, épaule; *to moulder*, tomber en poussière; *poultry*, volaille; *bought*, acheté; *thought*, pensée; *I ought*, je devrais; *fought*, combattu; *sought*, recherché; *brought*, apporté; *cough*, toux; *trough*, auge; *to frown*, froncer le sourcil; *gown*, robe; *town*, ville; *to drown*, noyer; *to bow*, faire un salut; *cow*, vache; *brow*, sourcil; *to flow*, couler; *to know*, savoir; *to mow*, faucher; *to show*, montrer; *to snow*, neiger; *row*, rang; *to own*, avouer; *due*, dû; *to pursue*, poursuivre; *to ensue*, suivre; *blue*, bleu, *juice*, jus; *to suit*, assortir; *pursuit*, poursuite; *fruit*, du fruit; *cruise*, croiser (en terme de marine); *to bruise*, meurtrir; *captain*, capitaine; *curtain*, rideau; *murrain*, mortalité parmi le bétail; *castellain*, châtelain; *chaplain*, chapelain; *chamberlain*, chambellan; *laic*, laïque; *mosaic*, mosaïque; *judaic*, judaïque; *he-*

braist, hébraïste ; *saick*, saïque , *breast*, poitrine ; *breath*, souffle ; *to endeavour*, s'efforcer ; *feather*, plume, plumet ; *health*, santé ; *heaven*, ciel ; *lead*, plomb ; *meadow*, prairie ; *peasant*, paysan ; *thread*, fil ; *treasure*, trésor ; *wealth*, richesse ; *to read*, lire ; *steak*, bifteck ; *heart*, cœur ; *to hearken*, écouter ; *earl*, comte ; *early*, de bonne heure ; *earth*, terre ; *pageant*, pompe , apparat ; *serjeant*, sergent ; *vengeance*, vengeance ; *Æneas*, Énée ; *Judea*, Judée ; *to create*, créer ; *idea*, idée ; *real*, réel ; *theatre*, théâtre ; *panacea*, panacée ; *beatitude*, béatitude ; *marriage*, mariage ; *carriage*, voiture ; *parliament*, parlement ; *diamond*, diamant ; *yeoman*, yéoman ; *surgeon*, chirurgien ; *curmudgeon*, un avare ; *pantheon*, panthéon ; *reordain*, réordonner ; *preoccupy*, préoccuper ; *to shew*, montrer ; *to sew*, coudre ; *to strew*, parsemer, joncher ; *mausoleum*, mausolée ; *friend*, ami ; *fieldfare*, grive ; *sieve*, tamis ; *handkerchief*, mouchoir ; *mischief*, méchanceté ; *studied*, étudié ; *cavalier*, cavalier ; *financier*, financier ; *espalier*, espalier ; *pannier*, panier ; *premier*, premier.

***

SECTION TROISIÈME.

DE LA PRONONCIATION DES CONSONNES.

B ne se prononce pas, lorsque dans la même syllabe il est précédé immédiatement d'une *m* ou suivi d'un *t* : *dumb*, muet ; *lamb*, agneau ; *limb*, membre du corps ; *debt*, dette ; excepté *rhomb*, rhombe, losange.   .

C se prononce comme *k* avant les voyelles *a, o, u* : *cane*, canne ; *to come*, venir ; *to cut*, couper.

Cette lettre se prononce comme *s* avant l'*e*, l'*i* et l'*y* : *cedar*, cèdre ; *city*, cité ; *cypher*, chiffre. Dans la terminaison d'un mot avant *e* ou *i* non accentué suivi d'une autre voyelle et précédé immédiatement de la syllabe accentuée, *c* se prononce comme *ch* français , et les voyelles qui suivent se prononcent très-faiblement : *Ocean*, Océan ; *ancient*, ancien ; *superficial*, superficiel, excepté dans *panacea* , panacée.

Il se prononce *tch* dans *vermicelli*, vermicelle ; *vio-*

loncello, violoncelle ; et *z* dans *to sacrifice,* sacrifier ; *sice,* six (au jeu de dé) ; *to suffice,* suffire.

C est nul dans les mots *to indict,* accuser ; *muscle,* muscle ; *victuals,* nourriture ; *corpuscle,* corpuscule ; *arbuscle,* arbuste.

D est muet dans *handkerchief,* mouchoir ; *handsel,* étrenne ; *handsome,* beau ; *Wednesday,* mercredi ; *fieldfare,* litorne.

F se prononce *v* dans la préposition *of,* de ; mais, dans les mots composés de *of, f* conserve son véritable son : *thereof,* en ; *whereof,* dont.

G a le son rude comme s'il était suivi d'un *u,* avant les voyelles *a, i, o, u : game,* jeu ; *to give,* donner ; *to go,* aller ; *gun,* fusil.

G se prononce ordinairement comme dans l'alphabet, c'est-à-dire comme s'il était précédé d'un *d,* avant les voyelles *e, i, y : genius,* génie ; *giant,* géant ; *gymnastic,* gymnastique.

G a cependant le son rude avant l'*e* suivi immédiatement d'un *t* dans les mots d'origine saxonne : *to get,* gagner ; *together,* ensemble ; et il se prononce *dge* avant *i* 1° dans les mots qui dérivent du grec, du latin ou du français : 2° dans certains mots qui ont quelque ressemblance avec le français : *gigot,* gigot ; *gibbet,* gibet, *giant,* géant, etc. ; 3° dans *gibe,* raillerie ; *gill,* roquille ; *gin,* trappe ; *gingerbread,* pain d'épice ; *gingle,* tintement ; *ginnet,* un petit cheval, une rosse.

Le *g* est rude lorsqu'il est double : *bigger,* plus gros ; *dagger,* poignard ; *druggist,* droguiste ; *to stagger,* chanceler, etc.

G est nul quand il est suivi dans la même syllabe d'une *m* ou d'une *n.* Exemples : *phlegm,* pituite ; *gnat,* moucheron. On ne le prononce point non plus dans *seraglio,* sérail ; *poignant,* poignant.

H est nulle dans *Anthony,* Antoine ; *asthma,* asthme ; *Esther,* Esther ; *phthisic (ph* nul), phthisique ; *Thames,*

Tamise; *Theresa*, Thérèse; *Thomas*, Thomas; *thyme*, thym.

K est muet avant une *n*: *to know*, savoir.

L est muette lorsqu'elle est précédée immédiatement d'un *a* et suivie immédiatement d'une *f*, d'un *k* ou d'une *m*: *calf*, veau; *half*, moitié; *to talk*, parler; *to walk*, marcher; *balm*, baume; *calm*, calme; et dans les pluriels de *calf* et de *half* (*calves*, *halves*), ainsi que dans les auxiliaires *would*, *should*, *could*, et dans les mots *falcon*, faucon; *folk*, gens; *yolk*, jaune d'œuf; *halser*, aussière; *salve*, onguent; *colonel* se prononce *keurnel*.

N, précédée d'une *m* dans la même syllabe, est muette: *hymn*, hymne; *to condemn*, condamner.

P est nul avant l's de *psalm*, psaume, et ses dérivés; *psalter*, psautier; *psammite*, psammite; *pseudo*, faux; *pshaw!* bah!; *raspberry*, framboise; *sempstress*, couturière; *corps*, corps (1).

Q est toujours suivi d'un *u* en anglais comme en français, et l'*u* forme une diphthongue avec la voyelle qui le suit, comme dans le mot français *quoi*: *to quake*, trembler; *to quench*, éteindre; *quick*, prompt; *to quote*, citer.

S a le son naturel lorsqu'elle suit immédiatement et dans la même syllabe une des consonnes *c*, *f*, *k*, *p*, *t* (2), *republics*, des républiques; *proofs*, des preuves; *flocks*, des troupeaux; *props*, des appuis.; *cats*, des chats.

S a le son de *z* lorsqu'elle suit immédiatement toute autre consonne que celles que je viens d'indiquer ci-dessus.

Lorsque la lettre *s* suit immédiatement et dans la même syllabe un *e* muet, elle se prononce *s* ou *z*, selon la consonne qui précède immédiatement l'*e* muet; ainsi, si l'*e* muet est précédé immédiatement d'une des consonnes *f*,

---

(1) Corps de troupes; au singulier on prononce *core*, et *corze* au pluriel.
(2) C'est-à-dire après les consonnes dures.

k, p ou *t*, l'*s* qui suit l'*e* muet a le son naturel : *fifes*, des fifres ; *cakes*, des gâteaux ; *grapes*, du raisin ; *plates*, des assiettes. Mais si l'*e* muet est immédiatement précédé de toute autre consonne que celles que je viens d'indiquer, l'*s* qui suit l'*e* muet a le son de *z*.

S se prononce *z* dans le pluriel des mots terminés au singulier par une voyelle : *fleas*, des puces ; *pleas*, plaidoyers ; *bamboos*, des bambous, etc.

S se prononce aussi comme *z* à la fin des mots, après un *e* qui se prononce : *places*, des places ; *wishes*, des souhaits ; et après *ie* : *flies*, des mouches ; *cries*, des cris.

S se prononce encore comme *z* dans les monosyllabes : *as*, comme ; *has*, a (3ᵉ personne du verbe *to have*, avoir) ; *was*, étais (prétérit de *to be*, être) ; *is*, est (3ᵉ personne de *to be*).

S a le son de *ch* français dans les terminaisons *seate*, *seous*, *sia* : *to nauseate*, avoir du dégoût pour ; *nauseous*, dégoûtant ; *Asia*, l'Asie ; *Prussia*, la Prusse ; *Russia*, la Russie, etc.

S se prononce aussi comme *ch* dans *sugar*, sucre ; *sure*, sûr ; et dans leurs dérivés.

S se prononce encore comme *ch* dans les terminaisons en *sion* et *sure*, précédées d'une consonne : *pension*, pension ; *dispersion*, dispersion ; *pressure*, oppression.

Dans les terminaisons en *sier*, *sion*, *sual*, *sure*, précédées d'une voyelle, *s* se prononce comme le *j* français : *hosier*, marchand de bas ; *vision*, vision ; *usual*, ordinaire ; *pleasure*, plaisir.

S est muette dans *isle*, *island*, île ; *demesne*, domaine ; *viscount*, vicomte ; *Carlisle*, nom de ville.

S a le son naturel :

1° Dans les adjectifs terminés en *se, sive, sory, some* : *base*, bas, vil ; *evasive*, évasif ; *suasory*, persuasif ; *dolesome*, triste, chagrin, etc. ; excepté *wise*, sage.

2° Dans les substantifs en *sity, osity* : *adversity*, adversité ; *density*, densité ; *generosity*, générosité.

3° Après les particules initiales *pre, pro, re : presage,* présage ; *prosody,* prosodie ; *research,* recherche , etc., excepté *presence,* présence ; *to presume,* présumer ; *to reside,* résider.

4° Dans *mason,* maçon ; *bason* ou *basin,* bassin ; *garrison,* garnison ; *unison,* unisson ; *caparison,* caparaçon ; *comparison,* comparaison ; *asylum,* asile ; *crusade,* croisade ; *Genesis,* Genèse ; *mausoleum,* mausolée ; *parasite,* parasite, et quelques autres mots dérivés de langues étrangères.

Excepté dans les cas prévus dans les règles ci-dessus, *s* a ordinairement le son naturel.

T ne se prononce pas entre *s* et *l : castle,* châte᾿ ; *thistle,* chardon. Il ne se prononce pas non plus dans les mots *often,* souvent ; *to soften,* adoucir ; *mortgage,* hypothèque ; *hostler,* valet d'écurie.

T a le son de *ch* dans les terminaisons *tial, tian, tience, tient, tion, tious,* à moins qu'elles ne soient précédées de *s* ou de *x* (1) : *martial,* martial ; *Egyptian,* Égyptien ; *patience,* patience ; *patient,* patient ; *nation,* nation ; *factious,* factieux, et leurs dérivés.

W, suivi d'une voyelle ou d'une *h* muette , se prononce comme *ou* en français : *water,* eau.

W est nul, et l'*o* se prononce *ou,* dans *who,* qui ; *whom,* que ; *whose,* dont. Il est aussi nul dans *whole,* entier ; *wholly,* entièrement ; *wholesome,* sain.

Il est également nul avant *r : write,* écrire ; *awry,* de travers.

W est encore nul dans les mots *sword,* épée ; *answer,* réponse ; *two,* deux ; dans ce dernier mot, l'*o* se prononce *ou.*

X, à la fin d'une syllabe, se prononce toujours comme *ks,* à moins qu'il ne soit suivi d'une syllabe accentuée,

---

(1) Le *t* de ces terminaisons , précédé de *s* ou *x,* a le son de *tch.*

commençant par une voyelle ; car alors *x* se prononce comme *gz* : *luxuriant*, abondant ; *executor*, exécuteur testamentaire ; *Alexander*, Alexandre.

Z, dans les terminaisons *zier*, *zure*, se prononce comme *j* en français : *glazier*, vitrier ; *azure*, azur.

EXERCICE SUR LES RÈGLES PRÉCÉDENTES.

Comb, peigne ; *tomb*, tombeau ; *bomb*, bombe ; *to climb*, grimper ; *debtor*, débiteur ; *to doubt*, douter ; *careless*, nonchalant ; *cart*, charrette ; *cap*, bonnet ; *cell*, cellule ; *cellar*, cave ; *censor*, censeur ; *cinders*, escarbille ; *circuit*, circuit ; *citizen*, citoyen ; *content*, content ; *to copy*, copier ; *cottage*, chaumière ; *cunning*, rusé ; *to cure*, guérir ; *custom*, coutume ; *cygnet*, jeune cigne ; *cypress*, cyprès ; *Grecian*, Grec ; *anciently*, anciennement ; *physician*, médecin ; *gale*, vent frais ; *gate*, grande porte ; *gay*, gai ; *gentle*, doux ; *general*, général ; *generation*, génération ; *gigantic*, gigantesque ; *ginger*, gingembre ; *God*, Dieu ; *goose*, oie ; *gold*, or ; *gum*, gomme ; *gulf*, gouffre ; *gutter*, ruisseau (de rue) ; *half*, moitié ; *calf*, veau ; *calves*, des veaux ; *halves*, des moitiés ; *alms*, aumône ; *palm*, palme ; *falcon*, faucon ; *folk*, gens ; *yolk*, jaune d'œuf ; *salve*, onguent ; *colonel*, colonel ; *talbot*, lévrier ; *to contemn*, mépriser ; *to condemn*, condamner ; *quality*, qualité ; *quack*, charlatan ; *question*, question ; *queen*, reine ; *quiet*, tranquille ; *quite*, tout à fait ; *quill*, tuyau de plume ; *quoter*, citateur ; *politics*, la politique ; *roofs*, des toits ; *stocks*, les fonds publics ; *caps*, des bonnets ; *hats*, des chapeaux (d'homme) ; *webs*, des tissus ; *beds*, des lits ; *legs*, des jambes ; *balls*, des balles ; *rams*, des béliers ; *guns*, des fusils ; *stars*, des étoiles : *cows*, des vaches ; *fifes*, des fifres ; *snakes*, des serpents ; *apes*, des singes ; *States*, des États ; *tribes*, des tribus ; *spades*, des bêches ; *tales*, des contes ; *games*, des jeux ; *canes*, des cannes ; *hares*, des lièvres ; *caves*, des antres ; *seas*, des mers ; *peas*, des pois ; *graces*, des graces ; *cages*, des cages ; *phrases*, des phrases ; *prizes*, des prix ; *riches*, des richesses ; *marshes*, des marais ; *spies*, des espions ; *lies*, des mensonges ; *supplies*, des subsides ; *to assure*, assurer ; *surely*, sûrement ; *sugar-plum*, dragée ; *procession*, cortége ; *mansion*, manoir ; *tonsure*, tonsure ; *crosier*, crosse d'évêque ; *derision*, dérision ; *occasion*, occasion ; *unusual*, extraordinaire ; *leisure*, loisir ; *measure*, mesure ; *islander*, insulaire ; *viscountess*, vicomtesse ; *bustle*, fracas ; *to nestle*, se nicher ; *to whistle*, siffler ; *to bristle*, se hérisser ; *often*, souvent ; *to soften*, adoucir ; *to mortgage*, hypothéquer ; *substantial*, substantiel ; *nup-*

tial, nuptial; *partial,* partiel; *faction,* faction; *action,* action; *reflection,* réflexion; *captious,* captieux; *factious,* querelleur; *war,* guerre; *warble,* gazouiller; *to waste,* gaspiller; *writer,* écrivain; *writing,* écriture; *to wrest,* arracher; *wrist,* poignet; *example,* exemple; *exuberant,* fertile.

SECTION QUATRIÈME.

DES DOUBLES CONSONNES QUI SE PRONONCENT AUTREMENT QUE DANS LE FRANÇAIS.

Ch se prononce le plus souvent comme *tch : church,* église.

Cette règle souffre quelques exceptions : 1° après une *l* ou une *n, ch* se prononce comme *ch* en français : *Welch,* Gallois; *branch,* branche. 2° Dans les mots dérivés du français, *ch* se prononce comme dans cette dernière langue : *post-chaise,* chaise de poste; *machine,* machine. 3° Dans des mots et des noms propres dérivés la plupart du grec, *ch* se prononce comme un *k : chimera,* chimère; *Achilles,* Achille. *Arch* avant une voyelle se prononce comme *ark : archangel,* archange. Mais avant une consonne *arch* se prononce *artche, archbishop,* archevêque.

Choir, chœur, se prononce *quaïre.*

Ch est nul dans le mot *drachm,* drachme.

Gh est le plus souvent muet en anglais, et toujours après un *i,* qui alors a le son naturel de l'alphabet; *nigh,* près; *sigh,* soupir; *night,* nuit; *sight,* vue.

Dans quelques mots, *gh* se prononce comme *f : to laugh,* rire; *draught,* dessin (1).

---

(1) Les autres mots sont *chough,* chouette; *clough,* surusage (bonification pour le trait); *cough,* toux, et ses dérivés; *enough,* assez; *rough,* rude; *slough,* dépouille de serpent; *sough,* égout; *tough,* coriace; *trough,* auge, auget.

Gh se prononce comme *g* rude au commencement des mots : *ghost*, esprit. Il se prononce de même à la fin du mot *burgh*, bourg.

Gh se prononce comme *f* ou comme *p* dans *hiccough*, hoquet.

Ph se prononce ordinairement comme *f* : *philosophy*, philosophie ; *prophet*, prophète.

Ph se prononce comme *v* dans *nephew*, neveu ; *Stephen*, Étienne.

Ces deux lettres se prononcent séparément lorsqu'elles n'appartiennent pas toutes les deux à la même syllabe : *shepherd*, berger ; *to uphold*, soutenir.

Sch se prononce comme *sk* : *school*, école.

Sh se prononce comme *ch* français : *shame*, honte.

Th a deux prononciations, l'une douce, l'autre dure. Pour prononcer le *th* doux, avancez la langue bien entre les dents, serrez-la contre les dents supérieures, et en vous efforçant de faire entendre un *z*, prononcez *that*, cela.

Pour prononcer le *th* dur, placez la langue dans la même position, et en essayant d'émettre une *s*, prononcez le mot *thin*, mince.

Ces deux lettres se prononcent séparément lorsqu'elles n'appartiennent pas toutes les deux à la même syllabe . *goatherd*, chevrier.

Phrases à prononcer sur le ch et le th.

Chichester church lies in Chichester church-yard.

I thought the path was smooth, but found that there were both thorns and thistles there.

EXERCICE SUR LES DOUBLES CONSONNES.

Chin, menton ; *chine*, l'échine ; *French*, Français ; *rich*, riche ; *speech*, discours ; *staunch*, ferme ; *architecture*, architecture ; *to filch*, filouter ; *chivalry*, chevalerie ; *to chagrin*, chagriner ; *arch-*

deacon, archidiacre ; *anarchy*, anarchie ; *monarchy*, monarchie ; *bright*, brillant ; *high*, haut ; *to lighten*, alléger ; *to frighten*, effrayer ; *laughter*, le rire ; *draught-board*, damier ; *enough*, assez ; *rough*, toux ; *tough*, coriace ; *though*, quoique ; *plough*, charrue ; *Philip*, Philippe ; *epitaph*, épitaphe ; *phantom*, fantôme ; *shep-herdess*, bergère ; *upholsterer*, tapissier ; *scheme*, plan , projet ; *scholar*, écolier ; *shade*, ombre ; *to shed*, répandre ; *to shine*, briller ; *short*, court ; *to shudder*, frémir.

ACCENT.

Dans tous les mots anglais de plus d'une syllabe, il y en a toujours une qui se distingue des autres par la force avec laquelle la voix s'appuie sur elle en prononçant le mot : cette prononciation forte s'appelle accent.

L'accent est généralement placé sur la syllabe la plus importante d'un mot, c'est-à-dire celle qui constitue la racine du mot. Il y a cependant un très-grand nombre de mots qui ne sont pas ainsi accentués.

La place de l'accent se fera mieux connaître par l'usage que par des règles ; nous essaierons cependant d'en donner quelques-unes qui pourront guider l'élève jusqu'à un certain point.

Les mots de deux syllabes formés par une terminaison ajoutée à la racine ont ordinairement l'accent sur la première syllabe, et ceux qui sont formés par une particule mise avant la racine sont généralement accentués sur la seconde syllabe, comme *mi'ner*, mineur ; *migh'ty*, puissant ; *become'*, devenir ; *withstand'*, résister.

Il suit de là que presque tous les dissyllabes finissant en *age, ck, en, er, et, ish, le, our, ow, ter, y*, etc., ont l'accent sur la première syllabe, et presque tous les dissyllabes commençant par *a, be, com, con, de, dis, en, in, pre, pro, re*, etc., ont l'accent sur la seconde syllabe, comme *pill'age*, pillage ; *gold'en*, d'or ; *child'ish*, enfantin ; *mall'et*, maillet ; *aside'*, de côté ; *complete'*, complet; *deceive'*, tromper ; *entreat'*, supplier ; *return'*, retour.

Les dissyllabes qui sont à la fois noms et verbes ont souvent l'accent sur la première syllabe lorsqu'ils sont noms et sur la seconde lorsqu'ils sont verbes, comme *ess'ay*, essai ; *to essay'*, essayer.

Les mots de trois syllabes, formés par l'addition d'une terminaison à la racine, ou par l'addition d'une particule devant la racine, conservent l'accent du mot primitif, comme *qui'etly*, tranquillement ; *defend'er*, défenseur ; *unlike'ly*, invraisemblable.

Les trissyllabes qui finissent en *al, ant, ate, ce, ent, ion, le, ous, re, ude, y*, etc., ont généralement l'accent sur la première syllabe, comme *hos'pital*, hôpital ; *con'tinent*, continent ; *vir'tuous*, vertueux.

Les trissyllabes en *ator* ont l'accent sur la seconde syllabe, comme *equa'tor*, équateur.

Les trissyllabes qui dérivent du français sont presque toujours accentués sur la dernière syllabe, comme *maga-zine'*, magasin ; *repartee'*, repartie.

Les mots composés de plus de trois syllabes conservent généralement l'accent des mots dont ils dérivent, comme *adver'sity*, adversité ; *impen'etrable*, impénétrable.

Les polysyllabes en *ion* ont l'accent sur la syllabe qui précède cette terminaison, comme *indecis'ion*, indécision ; *penetra'tion*, pénétration.

Les polysyllabes en *ous* et en *ty* sont accentués sur l'antépénultième, comme *luxu'rious*, luxurieux ; *diver'sity*, diversité.

Outre l'accent dont nous venons de parler, il existe en anglais, dans les mots de plusieurs syllabes, un accent plus faible, qu'on appelle accent secondaire, et qui est toujours éloigné de deux syllabes au moins de l'accent principal, comme *cal'cula'tion*, calcul ; *im'mortal'ity*, immortalité. Dans les vers, cet accent secondaire a la même importance que l'accent principal.

TABLE

DES PRINCIPALES ABRÉVIATIONS DE LA LANGUE ANGLAISE.

Adm¹.,	Admiral.	He'd,	He had, he would.
Alex.,	Alexander.	Here's,	Here is.
Altho',	Although.	He's,	He is.
A. Answ.,	Answer.	H. M.S.	Her or his Majesty's ship.
Ap¹.,	April.		
Aug¹.,	August.	Hʸ.,	Henry.
B. A.,	Bachelor of Arts.	I'd,	I had, I would.
Bart.,	Baronet.	I. e.,	Id est, that is.
Benjn.,	Benjamin.	I'll,	I will.
Bds.,	Boards.	I'm,	I am.
By't,	By it.	Inst.	Instant.
Can't,	Cannot.	In't,	In it.
Captn.,	Captain.	Isn't,	Is not.
Col.,	Colonel.	It's,	It is.
Co.,	Company.	Janʸ.	January.
Couldn't,	Could not.	Kn¹.,	Knight.
Cr.,	Creditor.	L.,	Pound (monnaie).
Cwt.,	Hundred weight.	Lb.,	Pound (poids).
D.,	Penny.	Ld.,	Lord.
'D,	Had, would.	Ldᵖ.,	Lordship.
D',	Do.	Let'em,	Let them.
Decʳ.,	December.	Let's,	Let us.
Don't,	Do not.	Lieut.,	Lieutenant.
Do't,	Do it.	L. L. D.	Doctor of Laws.
Dr.,	Debtor,	Mayn't,	May not.
Dr.,.	Doctor,	M. D.,	Doctor of Medicine.
Dwt.,	Pennyweight.	Mightn't,	Might not.
D'ye,	Do you.	M. P.,	Member of Parliament.
Edwᵈ.,	Edward.		
E'en,	Even.	Mr.,	Master.
E'er,	Ever.	Mrs.,	Mistress.
'Em,	Them.	Ne'er,	Never.
Esq.,	Esquire.	Novʳ.,	November.
Febʸ.,	February.	N't.,	Not.
For't,	For it.	O',	Of.
F. R. S.,	Fellow of the Royal Society.	Octʳ.,	October.
		O'er,	Over.
Genl.,	General.	On't,	Of it, on it.
Gent.,	Gentleman.	O' the,	Of the, on the.
Hadn't,	Had not.	Oughtn't,	Ought not,
Haven't,	Have not.	Oz.,	Ounce.

P.,	*Per.*	*Thro',*	*Through.*
Pd.,	*Paid.*	*'Tis,*	*It is.*
'Re,	*Are.*	*To't,*	*To it.*
Rec^d.,	*Received.*	*T'th',*	
Rev^d.,	*Reverend.*	*T'the,*	*To the.*
Robt.,	*Robert.*	*'Twas,*	*It was.*
'Rt,	*Art.*	*'Twere,*	*It were.*
Rt. Honb^{le}.,	*Right Honorable.*	*Upon't,*	*Upon it.*
Saml.,	*Samuel.*	*Viz.,*	*Videlicet (lisez namely).*
Sha'n't,	*Shall not.*		
Sept^r.,	*September.*	*Wasn't,*	*Was not.*
She's,	*She is.*	*Was't,*	*Was it.*
Shouldn't,	*Should not,*	*We'd,*	*We had, we would.*
T',	*The, to.*	*We're,*	*We are.*
Th',	*The.*	*We've,*	*We have.*
That's,	*That is.*	*What's,*	*What is.*
There's,	*There is.*	*Where's,*	*Where is.*
They'd,	*They had. They would.*	*Who's,*	*Who is.*
They're,	*They are.*	*Will. W^m.,*	*William.*
They've,	*They have.*	*Won't*	*Will not.*
Tho',	*Though.*	*Wouldn't,*	*Would not.*
Thou'dst,	*Thou hadst. Thou wouldst.*	*You'd,*	*You had. You would.*
Thou'lt,	*Thou wilt.*	*You're,*	*You are.*

MÉTHODE ANGLAISE.

LIVRE PREMIER.

ANALYSE DES PARTIES DU DISCOURS.

La langue anglaise est composée de dix espèces de mots,

SAVOIR :

L'Article,	Le Pronom,	La Préposition,
Le Substantif,	Le Verbe,	La Conjonction,
L'Adjectif,	Le Participe,	L'Interjection.
	L'adverbe,	

CHAPITRE PREMIER.

DE L'ARTICLE.

L'article est un mot qu'on place avant les noms pour déterminer l'étendue du sens dans lequel ils sont employés.

Il y a deux articles en anglais, savoir :

L'article défini *the*, qui répond à *le, la, les*; et l'article indéfini *a* ou *an*, qui répond à *un* et *une* en français.

L'article défini *the*, le, la, les, est invariable : *the man*, l'homme ; *the woman*, la femme; *the children*, les enfants.

EXERCICE I (1).

Le jardin.—la rue.—la maison.—les murs.—les chambres.—
garden street   house   walls   rooms
les planches.—les livres.—les yeux.—la fleur.—la plante.—les
shelves   books   eyes flower plant
arbres.—les fleuves.—l'Océan.—les mers.
trees   rivers Ocean   seas

L'article indéfini *a* se change en *an* devant une voyelle ou une *h* muette : *a man*, un homme ; *an angel*, un ange ; *an hour*, une heure (2).

Devant les diphthongues *eu* et *ew* (3), devant le mot *one*, qui se prononce comme si l'*o* était précédé d'un *w*, devant un *w* et un *y*, quand ces lettres sont suivies d'une voyelle, et devant un *u* long ou une *h* muette suivie d'un *u* long, on emploie *a* au lieu de *an* : *such a one*, un tel ; *many a one*, plus d'un, plusieurs ; *a war*, une guerre ; *a year*, une année ; *a university*, une université ; *a humour*, une humeur, un caractère ; *a ewe*, une brebis.

EXERCICE II (4).

Une plume.—une oreille.—une année.—un honnête homme.—
pen   ear   year   man
une maison.—un âne.—une humble prière.—un éloge.—un chapeau.
house ass   prayer eulogy hat

---

(1) Voyez notre *Nouveau Cours de Thèmes anglais*, exercice I. Cet ouvrage servira de complément aux thèmes contenus dans cette grammaire.

(2) Mots où l'*h* est muette :

Heir, héritier, et ses dérivés.
Herb, herbe potagère.
Herby, herbeux.
Herbage, herbage. Les autres dérivés ont l'*h* aspirée
Honest, honnête, et ses dérivés.
Honour, honneur, et ses dérivés.
Hospital, hôpital.

Hostler, valet d'écurie.
Hour, heure, et ses composés, comme *hourly*, *hour-glass*. *Horal*, *horary*, n'en étant pas, ont l'*h* aspirée.
Humble, humble, et ses dérivés. *Humiliation*, *humility*, n'en sont pas.
Humour, humeur, caractère, gaieté, et ses dérivés.— Boniface.

(3) Ces diphthongues se prononcent comme *u* long, et, de même que cette lettre, renferment un son d'*y* qui est considéré comme un son de consonne.

(4) Voyez notre *Nouveau Cours de Thèmes anglais*, page 2.

—une auberge.—une sorcière.—une cour.—un héritier.—un usage.
    inn   *witch*   *yard*   *use*
— une urne.— un uniforme.— un herboriste.— M. un tel.—une
    urn   *uniform*   *herbarist* *Mr.*
guerre.— un emploi honorable.— un cercle horaire,— un sablier.
  war   *honourable employ*   *horary orbit*   *hour-glass*
—dans un hôpital.—une maison hospitalière.—une humiliation.—
   in   *hospitable house*
un plaisant.
  humourist

L'acticle partitif du , de , la , des , se rend en anglais
par *some* dans les phrases affirmatives , et par *any* dans
les phrases négatives, interrogatives et dubitatives : *I have
some water,* j'ai de l'eau ; *have you any wine ?* avez-
vous du vin ?

EXERCICE III (1).

Du foin.—de la paille.—il a des fleurs.—nous n'avons pas de
  hay   *straw he has flowers*   *we*   *have*   *not*
livres.—a-t-il de l'encre?—si vous aviez des bonnets.—nous avons
books *has he*   *ink*   *if you* *had*   *caps*   *we*   *have*
des tasses.—avait-il des couteaux?—ai-je du beurre?—auront-ils du
  cups   *had he*   *knives*   *have I* *butter* *will they have*
fromage ?
  cheese

CHAPITRE II.

DU SUBSTANTIF ET DES NOMS DE NOMBRE.

Le substantif sert à exprimer toutes les choses qui existent , ou qui tombent sous nos sens, et dont nous conce-
vons l'idée. Il y en a de deux sortes : le substantif commun
et le substantif propre. Le substantif commun est celui qui

---

(1) Voyez notre *Nouveau Cours de Thèmes anglais ,* page 2.

convient à tous les individus d'une espèce, comme *man*, homme ; *town*, ville ; *country*, pays. Le substantif propre est celui qui ne convient qu'à un seul individu d'une espèce, tel que *London*, Londres ; *Paris*, Paris ; *Peter*, Pierre ; *the Seine*, la Seine ; *the Thames*, la Tamise.

Genres.

Les Anglais ne connaissent point d'autres genres que ceux par lesquels la nature a distingué les sexes, savoir : le masculin et le féminin. Tout ce qui n'a pas de sexe est neutre (1).

La langue anglaise n'a pas la même facilité que la langue française d'indiquer le genre des noms par une différence de terminaison. Le nombre des mots qui changent de genre de cette manière est très-limité. Voici les principaux :

Abbot,	abbé.	*Abbess*,	abbesse.
Actor,	acteur.	*Actress*,	actrice.
Administrator,	administrateur.	*Administratrix*,	administratrice.
Adulterer,	adultère.	*Adulteress*,	adultère.
Ambassador,	ambassadeur.	*Ambassadress*,	ambassadrice.
Arbiter,	arbitre.	*Arbitress*,	arbitre.
Baron,	baron.	*Baroness*,	baronne.
Benefactor,	bienfaiteur.	*Benefactress*,	bienfaitrice.
Caterer,	pourvoyeur	*Cateress*,	pourvoyeuse.
Chanter,	chanteur.	*Chantress*,	cantatrice.
Conductor,	conducteur.	*Conductress*,	conducteur.
Conservator,	conservateur.	*Conservatrix*,	conservatrice.
Count,	comte.	*Countess*,	comtesse.
Deacon,	diacre.	*Deaconess*,	diaconesse.
Duke,	duc.	*Duchess*,	duchesse.
Elector,	électeur.	*Electress*,	électrice.
Emperor,	empereur.	*Empress*,	impératrice.
Enchanteur,	enchanteur.	*Enchantress*,	enchanteresse.
Executor,	exécuteur.	*Executrix*,	exécutrice.
God,	dieu.	*Goddess*,	déesse.
Governor,	gouverneur.	*Governess*,	gouvernante.
Heir,	héritier.	*Heiress*,	héritière.

---

(1) Il y a quelques exceptions à cette règle : *the sun*, le soleil, est masculin en anglais ; *the moon*, la lune ; *a ship*, un navire ; *a boat*, un bateau, sont féminins. (Voyez la note 1, page 56.)

Hero,	héros.	*Heroine,*	héroïne.
Host,	hôte.	*Hostess,*	hôtesse.
Hunter,	chasseur.	*Huntress,*	chasseresse.
Jew,	juif.	*Jewess,*	juive.
Landgrave,	landgrave.	*Landgravine,*	landgravine.
Lion,	lion.	*Lioness,*	lionne.
Marquis,	marquis.	*Marchioness,*	marquise.
Master,	maître.	*Mistress,*	maîtresse.
Mediator,	médiateur.	*Mediatrix,*	médiatrice.
Mayor,	maire.	*Mayoress,*	maire.
Patron,	patron.	*Patroness,*	patronne.
Peer,	pair.	*Peeress,*	pairesse.
Poet,	poëte.	*Poetess,*	poétesse.
Priest,	prêtre.	*Priestess,*	prêtresse.
Prince,	prince.	*Princess,*	princesse.
Prior,	prieur.	*Prioress,*	prieure.
Prophet,	prophète.	*Prophetess,*	prophétesse.
Protector,	protecteur.	*Protectress,*	protectrice.
Shepherd,	berger.	*Shepherdess,*	bergère.
Songster,	chantre.	*Songstress,*	cantatrice.
Sorcerer,	sorcier.	*Sorceress,*	sorcière.
Sultan,	sultan.	*Sultaness,* *Sultana,*	} sultane.
Testator,	testateur.	*Testatrix,*	testatrice.
Tiger,	tigre.	*Tigress,*	tigresse.
Tutor,	précepteur.	*Tutress,*	gouvernante.
Viscount,	vicomte.	*Viscountess,*	vicomtesse.
Votary,	dévot.	*Votaress,*	dévote.

Les sexes se distinguent quelquefois en anglais, comme cela arrive aussi en français, par des mots tout à fait différents :

Bachelor,	célibataire.	*Maid,*	demoiselle.
Boar,	cochon.	*Sow,*	truie.
Boy,	garçon.	*Girl,*	fille.
Bridegroom,	marié.	*Bride,*	mariée.
Brother,	frère.	*Sister,*	sœur.
Buck,	daim.	*Doe,*	daine.
Bull,	taureau.	*Cow,*	vache.
Bullock, ou *steer.*	} jeune taureau.	*Heifer,*	génisse.
Cock,	coq.	*Hen,*	poule.
Dog,	chien.	*Bitch,*	chienne.
Drake,	canard.	*Duck,*	cane.
Earl,	comte.	*Countess,*	comtesse.
Father,	père.	*Mother,*	mère.
Friar,	religieux.	*Nun,*	religieuse.
Gander,	oie mâle ou jars.	*Goose,*	oie femelle.
Hart,	cerf.	*Roe,*	biche.

Horse,	cheval.	*Mare,*	cavale.
Husband,	mari.	*Wife,*	femme.
King,	roi.	*Queen,*	reine.
Kinsman,	parent.	*Kinswoman,*	parente.
Lad,	jeune homme.	*Lass,*	jeune fille.
Landlord,	hôte.	*Landlady,*	hôtesse.
Lord,	seigneur.	*Lady,*	dame.
Man,	homme.	*Woman,*	femme.
Milter,	poisson mâle.	*Spawner,*	poisson femelle.
Nephew,	neveu.	*Niece,*	nièce.
Peacock,	paon.	*Peahen,*	paonne.
Ram,	bélier.	*Ewe,*	brebis.
Sloven,	salop.	*Slut, Slattern,*	salope.
Son,	fils.	*Daughter,*	fille.
Stag,	cerf.	*Hind,*	biche.
Turkey-cock,	dindon.	*Turkey-hen,*	dinde.
Uncle,	oncle.	*Aunt,*	tante.
Widower,	veuf.	*Widow,*	veuve.
Wizard,	sorcier.	*Witch,*	sorcière.
Woodcock,	bécasse.	*Woodhen,*	bécasse.

On distingue encore les sexes, dans beaucoup de cas, au moyen d'un nom ou d'un adjectif placé avant le mot et formant quelquefois avec lui un mot composé.

EXEMPLE :

A cock-sparrow, un moineau.   *A hen-sparrow,* un moineau femelle (1).
A man-servant, un domestique.   *A maid-servant,* une servante.

En général, tous les noms de personnes dont le sexe n'est pas indiqué par un changement de terminaison suppléent à cette terminaison par les mots *male*, mâle; et *female*, femelle. Pour les animaux, on se sert des mots *he*, il; et *she*, elle.

EXEMPLE :

A male cousin, un cousin.   *A female cousin,* une cousine.
A he-wolf, un loup.   *A she-wolf,* une louve.

____

(1) Le sexe de presque tous les oiseaux se distingue par ces mots *cock* et *hen.*

Déclinaison des Substantifs communs (1).

Dans les langues modernes, les substantifs se déclinent par le moyen des articles et des prépositions (2).

Exemple d'un Substantif commun pris dans un sens limité.

SINGULIER.			PLURIEL.		
Nom. (3)	*the Father,*	le Père.	Nom.	*the Fathers,*	les Pères.
Gén.	*of the Father,*	du Père.	Gén.	*of the Fathers,*	des Pères.
Dat.	*to the Father,*	au Père.	Dat.	*to the Fathers,*	aux Pères.
Acc.	*the Father,*	le Père.	Acc.	*the Fathers,*	les Pères.
Voc.	*O Father,*	ô Père.	Voc.	*O Fathers,*	ô Pères.
Abl.	*from the Father,*	du Père.	Abl.	*from the Fathers,*	des Pères.

(1) Les noms en anglais n'ayant pas, comme dans les langues anciennes et quelques langues modernes, de désinences particulières pour marquer les différents cas, si ce n'est celle du génitif, il n'y a en réalité que deux cas en anglais : le nominatif et le génitif. Les grammairiens anglais en admettent généralement trois : le nominatif, le possessif ou génitif, et l'objectif ou régime; et déclinent un nom de la manière suivante :

SINGULIER.			PLURIEL.		
Nominatif.	*the Man,*	l'homme.	Nom.	*the Men,*	les hommes.
Possessif.	*the Man's,*	de l'homme.	Poss.	*the Men's,*	des hommes.
Objectif.	*the Man,*	l'homme.	Obj.	*the Men,*	les hommes.

SINGULIER.			PLURIEL.		
Nom.	*the Poet,*	le poëte.	Nom.	*the Poets,*	les poëtes.
Poss.	*the Poet's,*	du poëte.	Poss.	*the Poets',*	des poëtes.
Obj.	*the Poet,*	le poëte.	Obj.	*the Poets,*	les poëtes.

Nom.	*Peter,*	Pierre.
Poss.	*Peter's,*	de Pierre.
Obj.	*Peter,*	Pierre.

Le possessif se nomme ainsi parce qu'il s'emploie seulement pour exprimer la possession. Il se forme, comme on le voit, en ajoutant au nom une *s* précédée d'une apostrophe, et au pluriel, quand le pluriel finit par une *s*, il est indiqué par une apostrophe mise après l'*s*. Quand on emploie cette forme, le nom qui est au possessif se place le premier, et l'article qui précède l'autre nom en français se supprime. Ex. : *the pupil's book,* le livre de l'élève.

(2) Décliner un nom, c'est le faire passer par tous les cas dont il est susceptible.

(3) *Nom. Gén.* etc., sont des abréviations des mots *nominatif, génitif, datif, accusatif, vocatif, ablatif,* qui indiquent les différents cas, c'est-à-dire les positions, les accidents des noms.

A-t-on une proposition à exprimer, on *nomme* le sujet, qui est par conséquent au cas *nominatif* : LE PÈRE *aime son fils.*

Veut-on présenter un mot comme le *générateur* d'un autre ; *ce mot* est au cas *génitif,* comme dans L'amour DU PÈRE.

Attribue-t-on, donne-t-on quelque chose à quelqu'un, le mot qui exprime

Exemple d'un Substantif commun pris dans un sens indéfini.

	SINGULIER.			PLURIEL.	
Nom.	*a Mother,*	une Mère.	Nom.	*Mothers,*	des Mères.
Gén.	*of a Mother,*	d'une Mère.	Gén.	*of Mothers,*	de Mères.
Dat.	*to a Mother,*	à une Mère.	Dat.	*to Mothers,*	à des Mères.
Acc	*a Mother,*	une Mère.	Acc.	*Mothers,*	des Mères.
Voc.	*O Mother,*	ô Mère.	Voc.	*O Mothers,*	ô Mères.
Abl.	*from a Mother,*	d'une Mère.	Abl.	*from Mothers,*	de Mères.

Déclinaison des Substantifs propres.

Les substantifs propres n'ont point d'article, parce qu'ils ne tiennent à aucune espèce, et qu'ainsi ils n'ont point de sens généraux ou particuliers auxquels on puisse se méprendre. Ils se déclinent de la manière suivante :

Nom.	*Peter,*	Pierre.
Gén.	*of Peter,*	de Pierre.
Dat.	*to Peter,*	à Pierre.
Acc.	*Peter,*	Pierre.
Voc.	*O Peter,*	ô Pierre.
Abl.	*from Peter.*	de Pierre.

On voit, par ces exemples, que l'article défini ne désigne en anglais ni le genre ni le nombre des substantifs.

EXERCICE IV (1).

Le champ. — la colline. — d'un lac (gén.). — du palais (gén.).
field   hill   lake   palace
— de la chaumière. — d'une ferme (abl.). — d'une auberge (gén.).
cottage   farm   inn

l'objet où tend l'attribution est au cas *datif,* comme dans *J'envoie un livre* AU PÈRE *de mon ami.*

Veut-on faire tomber directement l'action d'un verbe sur un substantif, ce substantif est au cas *accusatif,* comme dans *Je vois* LE PÈRE.

Adresse-t-on la parole à quelqu'un, à quelque chose. l'objet auquel on parle est au cas *vocatif,* O PÈRE *malheureux!*

Enfin veut-on séparer, éloigner un objet d'un autre; le substantif qui exprime l'objet d'où l'autre est ôté, séparé, est au cas *ablatif:* Il s'éloigne DE SON PÈRE. — A. B.

(1) Voyez notre *Nouveau Cours de Thèmes anglais,* page 3.

à un héritier. — des sorcières (gén.). — des jardins (abl.). —
    heir   *witches*   *gardens*
d'un honnête homme (gén.). — le livre de l'élève (poss.).   des
    honest *man*   *book*   *pupil*
cours (abl.).   aux pupitres. — les maisons des citoyens
  yards   *desks*   *houses*   *citizens*

De la manière de former le pluriel des Substantifs.

Le pluriel des substantifs anglais se forme ordinairement en ajoutant *s* au singulier. Exemple : *the son*, le fils ;
the sons, les fils ; ou bien *es*, lorsque la prononciation
l'exige, comme dans les mots qui se terminent en *ch* (se
prononçant *tch*), *sh*, *s*, *x*, *z* : *buzz*, bourdonnement ;
buzzes, des bourdonnements ; *genius*, génie ; *geniuses*,
des génies ; *fox*, renard ; *foxes*, des renards ; *peach*,
pêche ; *peaches*, des pêches ; *wish*, souhait ; *wishes*, des
souhaits.

Les mots qui se terminent en *o* prennent également *es*
pour conserver la longueur de la voyelle finale au pluriel :
hero, héros ; *heroes* (1).

EXERCICE V (2).

Les doigts. — les jours. — les rues. — les années. — les prières. —
    finger   *day*   *street*   *year*   *prayer*
les oreilles. — les plumes. — les jardins. — les sorcières. — les pêches.
    ear   *pen*   *garden*   *witch*   *peach*
— les souhaits. — les tours des églises. — l'herbe des champs. —
    wish   *tower*   *church*   *grass*   *field*

---

(1) Les mots suivants : *bagnio*, bain ; *embryo*, embryon ; *folio*, in-folio ;
nuncio, nonce ; *octavo*, in-octavo ; *portico*, portique ; *punctillo*, vétille ;
quarto, in-quarto ; *seraglio*, sérail ; *solo*, solo, etc., forment leur pluriel
régulièrement. *Ridotto*, redoute, et *virtuoso*, virtuose, font *ridotti* et *virtuosi*.
Becafico, bec-figue, fait *becaficoes* et *becafici* ; *borachio*, outre, *borachios*
et *borachi* ; *pistachio*, pistache, *pistachios* et *pistachi* ; *violoncello*, violoncelle, *violoncelloes* et *violoncelli*.

(2) Voyez notre *Nouveau Cours de Thèmes anglais*, page 4.

les épées des guerriers. — les trônes des monarques. — les queues
   sword   *warrior*   *throne*   *monarch* (*ch* dur)   *tail*
des renards — les volcans. — les nègres. — les boîtes.
   fox   *volcano*   *negro*   *box*

Les substantifs en *y* précédé d'une consonne changent
y en *ies*. Exemple : *body*, corps ; pluriel, *bodies*. On
écrit *valleys*, des vallées ; *boys*, des garçons, etc., parce
que dans ces mots l'*y* est précédé d'une voyelle.

EXERCICE VI (1).

Les devoirs. — leurs folies. — les chemins. — les fées. — les
   duty   *their folly*   *way*   *fairy*
momies. — leurs corps. — les pièces de théâtre. — les vice-rois. —
mummy *their body*   *play*   *viceroy*
les joies. — les jouets.
   joy   *toy*

Substantifs dont le pluriel se forme d'une manière irrégulière.

Les mots suivants d'origine saxonne forment leur
pluriel en prenant la terminaison *en.*

Brother,	frère,	*brethren, brothers* (2).
Child,	enfant,	*children.*
Ox,	bœuf,	*oxen.*

D'autres, qui viennent également du saxon, changent
la voyelle du singulier, comme : *brother* qui fait *brethren,*
sans prendre de terminaison :

Foot,	pied,	*feet.*
Goose,	oie,	*geese.*
Louse,	pou,	*lice.*
Man,	homme,	*men.*
Mouse,	souris,	*mice.*
Tooth,	dent,	*teeth.*
Woman,	femme,	*women* (prononcez *ouimen*).

---

(1) Voyez notre *Nouveau Cours de Thèmes anglais*, page 6.
(2) *Brothers* se dit pour indiquer la parenté, *brethren* se dit au figuré et
dans le langage de la chaire. — POPPLETON.

D'autres encore qui finissent en *f*, *ff*, changent la consonne dure du singulier en une consonne douce *v*, et
prennent *es*.

Beef (1),	taureau, bœuf ou vache,	*beeves.*
Calf,	veau,	*calves.*
Elf,	fée,	*elves.*
Half,	moitié,	*halves.*
Leaf,	feuille,	*leaves.*
Loaf,	pain,	*loaves.*
Self,	soi-même,	*selves.*
Sheaf,	gerbe,	*sheaves.*
Shelf,	rayon, planche,	*shelves.*
Thief,	voleur,	*thieves.*
Wolf,	loup,	*wolves.*
Staff,	bâton,	*staves* ou *staffs.*

Les suivants en *fe* changent *f* en *v*, et prennent *s*.

Knife,	couteau,	*knives.*
Life,	vie,	*lives.*
Wife,	femme mariée,	*wives.*

Le mot *die*, dé à jouer, fait au pluriel *dice*, et le mot
penny pièce de deux sous, *pence*.

Les noms suivants, qui dérivent du grec, du latin, de
l'hébreu et du français, etc., conservent le pluriel de ces
langues :

Beau,	petit-maître,	*beaux.*
Cherub,	chérubin,	*cherubim.*
Bandit,	brigand,	*banditti.*
Genius,	génie (esprit, ange),	*genii.*
Magus,	mage,	*magi.*
Radius,	rayon (de cercle),	*radii.*
Seraph,	séraphin,	*seraphim.*
Vortex,	tourbillon,	*vortices.*

En général, les noms tirés du grec et du latin, et qui
conservent la forme ancienne, prennent aussi le pluriel
latin et grec. Ainsi les terminaisons *en*, *is*, *on*, *um*, etc.,

---

(1) Ce mot ne s'emploie plus dans ce sens au singulier ; il désigne la
chair du bœuf.

deviennent respectivement au pluriel *ina, es, a,* etc.
Ex. : *stamen,* étamine, *stamina; basis,* base, *bases; phenomenon,* phénomène, *phenomena: stratum,* couche (de terrain), *strata* (1).

EXERCICE VII (2).

Les enfants. — les bœufs. — les dents. — les oies. — les souris.
— les nains. — les preuves. — les pains. — aux couteaux. — des
      dwarf   *proof*   *loaf*   *knife*
épouses. — les mouchoirs. — les écharpes des femmes. — des génies
  wife   *handkerchief*   *scarf*
(esprits aériens). — les hommes de ces pays. — les falaises. — les
                    those country   *cliff*
ellipses. — les mages. — les étamines. — ces pains coûtent trois
ellipsis   *these*   *cost*   *three*
pence la pièce.
    a piece

Les substantifs suivants s'écrivent de même dans les deux nombres :

Deer,	cerf.	*Series,*	série.
Grouse,	coq de bruyère.	*Sheep,*	mouton.
Hose,	bas. / haut-de-chausses.	*Species,*	espèce.
		Swine,	cochon (3).
People,	peuple, gens.		

Les suivants s'emploient toujours au singulier :

Asparagus,	asperges.	*Nonsense,*	bêtise.
Balm,	baume.	*Progress,*	progrès.
Business,	affaire.	*Remorse,*	remords.
Darkness,	ténèbres.	*Rubbish,*	décombres.
Font,	fonts de baptême.	*Spinage,*	épinards.
Fury,	fureur.	*Strength,*	force.
Goodness,	bonté.	*Wealth.*	bien, richesses, etc.
Knowledge, / *Learning,*	connaissances.		

---

(1) Les noms suivants : *appendix,* appendice; *encomium,* éloge; *memorandum,* note; prennent indifféremment la forme latine ou la forme anglaise du pluriel. Le mot *index* fait *indexes* au pluriel quand il se prend dans le sens d'index, et *indices* quand il désigne des quantités algébriques.

(2) Voyez notre *Nouveau Cours de Thèmes anglais,* page 5.

(3) Ajoutez y encore *hiatus,* hiatus, et *apparatus,* appareil.

Les noms suivants ne s'emploient qu'au pluriel :

Alms,	aumône.	*Drawers*,	caleçon.
Amends,	compensation	*Dregs*,	de la lie.
Ashes,	de la cendre.	*Measles*,	la rougeole.
Bellows,	soufflet.	*Oats*,	avoine.
Billiards,	billard.	*Scissors*,	ciseaux.
Breeches,	culotte.	*Shears*,	cisailles.
Colours,	drapeau.	*Tongs*,	pincettes.
Cresses,	du cresson.	*Trousers*,	pantalon (1.

EXERCICE VIII (1).

Dans les ténèbres. — vos bontés. — ses connaissances sont grandes.
his   is great

— mes progrès sont rapides. trois douzaines. — deux cents
my   is *rapid* *three* *two*

---

(1) On peut ajouter à cette liste les noms suivants empruntés aux langues anciennes : *antipodes*, les antipodes ; *credenda*, articles de foi ; *literati*, littérateurs, *minutiœ*, minuties ; *mathematics*, mathématiques ; *mechanics*, la mécanique ; *hydrostatics*, et les autres noms de sciences en *ics*.

Means, moyen ; *news*, nouvelle ; et *pains*, peine, ayant la forme du pluriel, prennent cependant un verbe ou un pronom au singulier.

OBSERVATIONS ADDITIONNELLES.

Plusieurs noms de nombre ou de poids, tels que *score*, vingtaine ; *dozen*, douzaine ; *hundred*, cent ; *thousand*, mille ; *brace*, couple, paire ; *couple*, couple ; *pair*, paire ; *stone*, poids de huit livres à Londres, etc., rejettent, du moins dans la conversation, le signe du pluriel, lorsqu'ils sont précédés d'un nom de nombre : comme *ten dozen eggs*, dix douzaines d'œufs ; *two brace*, deux paires, etc. Dans ce cas, *hundred* et *thousand* le rejettent toujours. Ces mots n'admettent le pluriel que quand ils sont pris comme substantifs : *Hundreds of men*, des centaines d'hommes.

On dit *a thousand horse*, mille hommes de cavalerie ; *a hundred foot*, cent hommes d'infanterie.

Il y a des substantifs qui, pris individuellement, ont le pluriel, et qui le rejettent quand ils sont employés généralement ; ainsi l'on dit : *Abundance of fish, of fruit*, abondance de poisson, de fruits. *Do you prefer fruit to vegetables ?* préférez-vous les fruits aux légumes ? *How many fishes !* que de poissons !

Pea, pois, fait *peas*, dans un sens individuel, et *pease* dans un sens général. — BONIFACE.

On dit en français : *les Racine, les Voltaire*, etc., sans mettre ces noms propres au pluriel. En anglais on les met au pluriel, exemple : *Who are the Drydens, and Otways of the day ?* qui sont les Drydens et les Otways du jour ?

(2) Voyez notre *Nouveau Cours de Thèmes anglais*, page 7.

hommes. — la lie est épaisse. — écartez les décombres. — donnez-
          are thick   remove   *give*
moi mon pantalon. — apportez de l'avoine pour les chevaux. —
me my   *bring*   *for*   *horse*
il s'est donné beaucoup *de* (1) peine pour achever ce travail.
he has taken much   *to   finish this work*

NOMS DE NOMBRE.

En énonçant un nombre en anglais, il faut unir les
centaines, ou, s'il n'y a pas de centaines, les milles, aux
dizaines, ou en leur absence, aux unités, par la conjonction *and*. Cette règle s'applique aux nombres ordinaux
comme aux nombres cardinaux.

Nombres cardinaux.

One, un, une.	*Thirty*, trente.
Two, deux.	*Thirty-one*, trente-un.
Three, trois.	*Thirty-two*, etc., trente-deux, etc.
Four, quatre.	*Forty*, quarante.
Five, cinq.	*Forty-one*, etc., quarante-un, etc.
Six, six.	*Fifty*, cinquante.
Seven, sept.	*Sixty*, soixante.
Eight, huit.	*Seventy*, soixante-dix.
Nine, neuf.	*Seventy-one*, soixante-onze.
Ten, dix.	*Seventy-two*, etc., soixante-douze, etc.
Eleven, onze.	*Eighty*, quatre-vingts.
Twelve, douze.	*Ninety*, quatre-vingt-dix.
Thirteen, treize.	*Ninety-one*, quatre-vingt-onze.
Fourteen, quatorze.	*Ninety-two*, etc., quatre-vingt-douze, etc.
Fifteen, quinze.	*A hundred*, cent.
Sixteen, seize.	*A hundred and one*, etc., cent un.
Seventeen, dix-sept.	*A hundred and two*, etc., cent deux, etc.
Eighteen, dix-huit.	*Two hundred*, etc., deux cents, etc.
Nineteen, dix-neuf (2).	
Twenty, vingt.	
Twenty-one, vingt-un.	
Twenty-two, etc., vingt-deux, etc.	

---

(1) Les mots en italique ne doivent pas se traduire en anglais.

(2) On voit par la décomposition du nombre que les finales *teen* et *ty*
dérivent de *ten*, dix ; de sorte que *nineteen* signifie proprement *neuf* et *dix*;
et *ninety*, *neuf* fois *dix*. En décomposant ainsi les autres nombres, il est
facile d'apercevoir les altérations qu'ont éprouvées les mots *two, three, four,
five, eight*. BONIFACE.

A thousand, mille. | *A million*, un million (1).
Two thousand, etc., deux | *Two million*, deux millions.
mille, etc.

EXERCICE IX (2).

Six chevaux. — quinze papillons. — Huit jours. — vingt voleurs.
    horse   *butterfly*   *day*
— dix hommes. — sept femmes. — douze femmes mariées. — quatre
manchons. — cinq feuilles. — trente nègres. — cent héros. — cin
   muff   *leaf*   *hero*
quante bœufs. — neuf oies. — mille hommes. — cent vingt moutons.
— soixante-treize enfants. — Quatre-vingt-onze cerfs. — trente-trois
bandits. — trois mille hommes d'infanterie. — des centaines de bœufs.

Traduisez en anglais les nombres suivants :

45, 56, 72, 27, 11, 17, 79, 87, 24, 42, 75, 99, 105,
154, 342, 1656, 5042, 7838, 9479, 16,453, 245,674,
2,543,274, etc.

Nombres ordinaux.

The first, le premier, la pre- | *The thirteenth*, le treizième.
mière. | — *fourteenth*, le quatorzième.
— *second*, le second, la seconde. | — *fifteenth*, le quinzième.
— *third*, le troisième, la troi- | — *sixteenth*, le seizième.
sième. | — *seventeenth*, le dix-septième.
— *fourth*, le quatrième, etc. (3) | — *eighteenth*, le dix-huitième.
— *fifth*, le cinquième. | — *nineteenth*, le dix-neuvième.
— *sixth*, le sixième. | — *twentieth*, le vingtième.
— *seventh*, le septième. | — *twenty-first*, le vingt-unième.
— *eighth*, le huitième. | — *twenty-second*, le vingt-deu-
— *ninth*, le neuvième. | xième.
— *tenth*, le dixième. | — *twenty-third*, le vingt-troi-
— *eleventh*, le onzième. | sième, etc.
— *twelfth*, le douzième. | — *thirtieth*, le trentième.

---

(1) Au lieu de *a* on met *one*, lorsque *million* est suivi de *hundred* ou de *thousand*, ou celui-ci suivi de *hundred* : *One* million, *one* thousand, *one* hundred and ten. — Poppleton.

Hundred, thousand million ne se mettent au pluriel que lorsqu'ils s'emploient isolément, dans le sens de *centaines, milliers,* etc. Exemple : *millions of stars,* des millions d'étoiles.

(2) Voyez notre *Nouveau Cours de Thèmes anglais*, page 9.

(3) Depuis *quatre* jusqu'à la fin, les noms de nombre ordinaux se forment des cardinaux, en y ajoutant *th* : *Five, eight, nine, twelve,* se changent en *fif, eigh, nin, twelf.* L'*y* se change en *ie*, qu'on prononce i-é. — Boniface.

The thirty-first, etc., le trente-unième, etc.	*The eightieth*, le quatre-vingtième.
— *fortieth*, le quarantième.	— *ninetieth*, le quatre-vingt-dixième.
— *fiftieth*, le cinquantième.	— *hundreth*, le centième.
— *sixtieth*, le soixantième.	— *hundred and first*, le cent-unième.
— *seventieth*, le soixante-dixième.	— *thousandth*, le millième.
— *seventy-first*, etc., le soixante-onzième, etc.	— *millionth*, le millionième.

Noms distributifs ou fractionnaires.

The half,	la moitié.	*The quarter*,	le quart.
The third ou *third part*,	le tiers.	*The fourth*,	
		The fifth,	la cinquième partie.

Et ainsi de suite. On dit aussi *two thirds*, deux tiers; *three fourths*, trois quarts, etc.

Nombres multiplicatifs.

Double,	double.
Treble, ou *threefold*,	triple.
Fourfold, ou *quadruple*,	quadruple.
Fivefold, ou *quintuple*,	quintuple.
Sixfold, ou *sextuple*,	sextuple.
Sevenfold, ou *septuple*,	septuple.

On continue ainsi en ajoutant le mot *fold* au nombre cardinal. A partir de *fourfold*, on emploie de préférence le nombre avec *fold*.

Nombres de répétition.

Once,	une fois.	*Three times* ou *thrice*,	trois fois.
Twice,	deux fois.	*Four times*,	quatre fois.

On continue ainsi, en ajoutant le mot *times* au nombre cardinal (1).

---

(1) Voici la traduction de quelques expressions numériques : *Both*, tous les deux; *all three*, tous les trois; *one by one*, un à un ; *two by two*, deux à deux; *three by three*, trois à trois. De deux l'un, tous les deux, se rend par *every other*; de trois l'un, tous les trois, par *every third*, etc. ; *a deuce of hearts*, un deux de cœur; *to go upon all fours*, marcher à quatre pattes. Consultez le dictionnaire pour les autres expressions. — BONIFACE.

EXERCICE X (1).

Le premier. — le troisième. — le cinquième. — le quarantième. — le sixième. — le cinquante-septième. — le cent-unième. — le trois cent trente-neuvième. — un tiers. — la moitié. — un cinquième. — un dixième. — trois cinquièmes. — deux tiers. — cinq huitièmes. — trois septièmes. — double. — quintuple. — décuple. — centuple. — quatre fois. — une fois. — vingt fois. — de quatre jours l'un. — tous les trois jours. — tous les cinq ans. — un deux de pique. — tous les deux.
spades

CHAPITRE III.

DES ADJECTIFS.

Les adjectifs sont des mots que l'on ajoute aux substantifs, soit communs, soit propres, pour exprimer la qualité qui leur est particulière. Exemple : *a just man*, un homme juste. *Just* est un adjectif, parce qu'il ajoute une qualité de justice au mot *man*, homme, etc.

Les adjectifs anglais ne varient que pour les degrés de comparaison : ainsi *good*, bon, signifie également *bon* et *bonne*, *bons* et *bonnes* (2).

EXEMPLES :

The good father, le bon père.	*The good mother*, la bonne mère.
The good fathers, les bons pères.	*The good mothers*, les bonnes mères.

---

(1) Voyez notre *Nouveau Cours de Thèmes anglais*, page 11.

(2) Ils sont même invariables lorsqu'ils sont pris substantivement : Dieu récompense les bons et punit les méchants, *God rewards* the good *and punishes* the bad. Il y a cependant plusieurs de ces adjectifs qui sont tout à fait passés à la classe des substantifs, et qui prennent alors le pluriel ; tels sont *inferior, superior, better : your inferiors*, vos inférieurs ; *your betters*, vos supérieurs, etc. On dit *the fools*, les sots, parce que le mot *fool* n'est pas adjectif ; et *the poor*, les pauvres, parce que *poor* est essentiellement adjectif. Il en est ainsi de plusieurs autres mots, pour lesquels il faut consulter le dictionnaire. — BONIFACE.

Observations.

Les adjectifs anglais se mettent devant le substantif : ainsi l'on dit *an impatient man*, un homme impatient, et non pas *a man impatient* (1).

Excepté, 1° lorsque l'adjectif est séparé du substantif par un verbe, comme dans *this man is impatient*, cet homme est impatient : *this general remained true*, ce général resta fidèle.

2° Lorsque l'adjectif est suivi d'une préposition et de quelques mots qui en dépendent et dont il est par conséquent inséparable, comme dans *a man cruel to another*, un homme cruel envers un autre.

3° Lorsque l'adjectif est employé comme surnom : *Charles the Great*, Charles le Grand.

4° Quand on dit *a happy man*, un homme heureux, l'adjectif *happy* est un simple modificatif de *man*, mais dans cette phrase : *Virtue makes man happy*, la vertu rend l'homme heureux, l'adjectif n'est point regardé comme exprimant une simple modification du mot *man*, mais comme dépendant du verbe précédent par lequel il est amené. Dans ces cas, l'adjectif se place encore après le substantif, comme dans l'exemple suivant : *Complaisance renders a superior amiable*.

5° Lorsqu'en français l'adjectif et le substantif sont séparés par la préposition *de*, cette préposition se supprime en anglais, et l'adjectif se met après le substantif; rien *de* bon, *nothing good*; quelque chose *de* vrai, *something true*; douze hommes *de* tués, *twelve men killed*.

6° Le mot *alone*, seul, se place toujours après le substantif. *Your friend alone was there*, votre ami seul y était.

7° Enfin, lorsque l'idée se porte tout particulièrement

___

(1) Cette règle est toujours observée en prose; mais les poètes se permettent souvent de placer l'adjectif après le nom.

sur l'adjectif, les Anglais appellent cet adjectif *emphatique*, et le mettent après le substantif, comme *goodness infinite*, la bonté infinie, etc.

EXERCICE XI (1).

De bons livres. — des hommes vertueux. — un chien fidèle. —
 virtuous *dog faithful*
une mère heureuse. — cent fleurs odoriférantes. — les abeilles
mother happy *flower fragrant* *bee*
laborieuses. — un homme vertueux et instruit. — une résolution
industrious *learned* *resolution*
sage, noble et désintéressée. — c'est un homme adroit en tout. —
wise noble disinterested he is *skilful in everything*
c'est une femme honnête envers tout le monde. — cette femme
she is *civil to every body*
rendra son mari malheureux. — Frédéric le Grand. — Charles
will make her husband unhappy Frederic
le Téméraire.
 bold

Du comparatif.

Lorsque l'adjectif est d'une syllabe, comme *great*, grand ; *fine*, beau ; il prend, pour former le comparatif de supériorité, la finale *er* ou simplement *r* quand il se termine par un *e* muet.

Great, grand.	*Greater*, plus grand.
Fine, beau.	*Finer*, plus beau.

Mais si cet adjectif se termine par une consonne précédée d'une simple voyelle, la prononciation exige qu'on double cette consonne.

Big, gros,	*Bigger* plus gros.
Fit propre.	*Fitter*, plus propre.

---

1) Voyez notre *Nouveau Cours de Thèmes anglais*, page 12.

Si l'adjectif est terminé en *y* précédé d'une consonne, on change l'*y* en *i*.

    Sly, malin.   *Slier*,   plus malin.

Quand l'adjectif est de plusieurs syllabes, on le fait précéder ordinairement de l'adverbe *more* pour former le comparatif de supériorité :

    Opulent, opulent.   *More opulent*, plus opulent.

Observez cependant qu'on met aussi quelquefois *more* avant les monosyllabes, et qu'on ajoute la finale comparative *er* aux polysyllabes, mais seulement lorsque ceux-ci sont de deux syllabes, et terminés en *y* précédé d'une consonne, ou en *some*, ou bien lorsqu'ils ont l'accent sur la dernière syllabe (1).

Pretty,	joli.	*Prettier*,	plus joli.
Lovely,	aimable.	*Lovelier*,	plus aimable.
Handsome,	beau.	*Handsomer*,	plus beau.
Polite,	poli.	*Politer*,	plus poli.

Ayez surtout soin de ne point employer à la fois les deux signes du comparatif, *more* et la finale *er*, comme on le trouve dans les anciens écrivains ; ainsi, au lieu de dire *more braver*, plus brave, dites *more brave* ou *braver*.

Pour le comparatif d'égalité et pour celui d'infériorité, l'adjectif ne change pas de forme ; les adverbes *aussi, autant, si, tant*, se rendent par *as* dans les propositions affirmatives, et par *so* dans les négatives.

    He is as *skilful as you.*
    Il est *aussi* habile que vous.
    She is not so learned as I.
    Elle n'est pas *si* instruite que moi (2)

---

(1) Pour cet accent, consultez un bon dictionnaire.
(2) Mais si la phrase est à la fois négative et interrogative, on emploie *as*. N'est-elle pas aussi instruite que lui ? *is she not as learned as he* ?—BONIFACE.

Moins se rend par *less*.

You are less *rich than she.*
Vous êtes *moins* riche qu'elle.

On voit que le *que* après le comparatif d'égalité se rend par *as*, et qu'après les deux autres il s'exprime par *than*.

EXERCICE XII (1).

Plus fort. — plus mûr. — plus vertueux. — plus gras. — une vie
    strong   *ripe*   *virtuous*   *fat*   *life*
plus heureuse. — *Des* enfants plus laborieux. — *Des* hommes plus
    happy   *industrious*
courageux. — les livres plus utiles. — une femme plus belle. —
courageous   *useful*   *handsome*
Elle est aussi instruite que son frère. — il n'est pas si heureux que
she   *well informed her brother*   *he is not*
moi. — nous sommes plus courageux que vous. — ils sont moins
I   *we are*   *you*   *they are*
heureux que nous. — soyez plus poli. — elle est plus contente. —
      we be   *polite she is*   *glad*
elle est plus jolie que sa sœur. — nous sommes plus pauvres que lui.
    pretty her sister   *poor*   *he*
— cette maison est moins haute que l'autre n'est-il pas aussi riche
    this house   *high*   *other*   *he is not*
que nous? — votre domestique est moins actif que le mien. — ce
    we   *your servant*   *active*   *mine this*
convoi est plus long que le dernier. — votre chambre est plus large
train   *long*   *last*   *your room*   *wide*
que la mienne.
    mine

Du superlatif.

Pour la formation du superlatif relatif, on suivra les règles précédentes, en remplaçant *er* par *est*, et *more* par *the most*.

Great, grand.   *The greatest*, le plus grand.
Fine, beau.   *The finest*, le plus beau.

---

1) Voyez notre *Nouveau Cours de Thèmes anglais*, page 13.

Big, gros.	*The biggest*, le plus gros.
Lovely, beau.	*The loveliest*, le plus beau.
Opulent, opulent.	*The most opulent*, le plus opulent.

Pour le superlatif absolu, on rendra les adverbes *très, fort, bien*, par *very, very much, much, most* (1).

Le *de* qui suit le superlatif s'exprime par *in*, s'il est suivi d'un nom de lieu.

EXEMPLE :

The greatest man in the city.   Le plus grand homme de la ville.

Dans d'autres cas, il s'exprime par *of*.

EXERCICE XIII (2).

Les plus utiles leçons. — la fin la plus misérable. — les négociants
    useful lessons   *end*   *miserable*   *merchant*
les plus opulents. — les plus belles propositions. — les dames les
               fair   *proposal*   *lady*
plus belles. — elle est la plus jolie. — c'est l'homme le plus vertueux
                   he is
du monde. — il est le plus grand homme de son siècle. — la charité
  world   *he*   *great*   *his age*   *charity*
est la plus noble de toutes *les* vertus. — votre oncle est le plus
      noble   *all*   *virtue*   *your uncle*
riche propriétaire du département. — voici le plus beau parc de
     landholder   *department*   *here is*   *fine park*
notre comté. — c'est un homme fort habile. — c'est un très-savant
  our county   *he is*   *learned*
professeur. — ce capitaine est très-estimé de tout l'équipage.
professor   *that captain*   *estimed by the whole crew*

---

(1) *Très* se traduit par *very* avant les adjectifs au positif : *Very good,* très-bon ; *very learned,* très-savant, et par *much, very much,* avant les participes : *Much grieved,* très-fâché ; *very much feared,* très-craint. — BONIFACE.

(2) Voyez notre *Nouveau Cours de Thèmes anglais*, page 14.

Adjectifs et Adverbes dont le comparatif et le superlatif se forment d'une manière irrégulière.

POSITIF.	COMPARATIF.	SUPERLATIF.
Good, bon.	*Better*, meilleur.	*The best*, le meilleur.
Well, bien.	— — mieux.	—— le mieux.
Bad, ill, mauvais.	*Worse*, pire.	*The worst*, le pire.
Badly. ill, mal.	— — pis, plus mal.	——le pis, le plus mal.
Little, petit.	*Less*, moindre, plus petit.	*The least*, le moindre.
Little, peu.	— — moins.	—— le moins.
Forth, avancé, en avant.	*Further*, plus avancé.	*The furthest*, le plus avancé.
Far, éloigné, loin.	*Farther*, plus loin.	*The farthest*, le plus loin.

Et quelques autres qui au superlatif se terminent en *most*, comme *nethermost*, le plus bas ; *upmost* ou *uppermost*, le plus haut ; *undermost*, le plus au-dessous, etc.

EXERCICE XIV (1).

Donnez-moi un meilleur livre. — nous sommes punis pour la
   give me   *we are punished for*
moindre faute. — vous avez bien fait votre travail (2), mais il a fait
     fault   *done*   *work*   *has done*
le sien mieux que vous. — mettez-vous plus loin de nous. — faites
   his   *get*   *from us*   *make*
moins de bruit. — vous avez la meilleure place. — c'est le moindre
   noise   *place*   *it is*
que vous puissiez donner. — nous avons moins de place que vous.
   can give   *room*

---

1) Voyez notre *Nouveau Cours de Thèmes anglais*, page 14.
2) Mettez *bien* après *travail* en traduisant.

CHAPITRE IV.

DES PRONOMS.

Les pronoms sont des mots qui tiennent lieu des noms.
On en distingue de cinq sortes : savoir :

Pronoms
{
Personnels ,
Possessifs ,
Relatifs ,
Démonstratifs ,
Indéterminés.

Des Pronoms personnels.

SINGULIER.		PLURIEL.	
Nom. *I* (1),	je *ou* moi.	Nom. *we,*	nous.
Gén. *of me, mine* (2),	de moi.	Gén. *of us, ours,*	de nous.
Dat. *to me,*	à moi, me.	Dat. *to us,*	à nous, nous.
Acc. *me,*	moi, me.	Acc. *us,*	nous.
Abl. *from me,*	de moi.	Abl. *from us.*	de nous.

(1) Ce pronom s'écrit toujours par un *I* majuscule. — BONIFACE.

(2) Les grammairiens anglais donnent à ce cas le nom de possessif, et reconnaissent pour les pronoms comme pour les noms, trois cas seulement : le nominatif, le possessif ou génitif et l'objectif ou régime. Ils déclinent donc les pronoms personnels de la manière suivante :

Ire PERSONNE.

SINGULIER.			PLURIEL.	
Nom.	*I,*	je *ou* moi.	*We,*	nous.
Poss.	*mine,*	de moi, le mien, la mienne, les miens, etc.	*Ours,*	de nous.
Obj.	*me,*	me, moi.	*Us,*	nous.

2e PERSONNE.

SINGULIER.			PLURIEL.	
Nom.	*thou,*	tu, toi.	*You,*	vous.
Poss.	*thine,*	de toi, le tien, etc.	*Yours,*	de vous.
Obj.	*thee,*	te, toi.	*You*	vous.

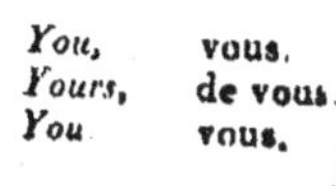

	SINGULIER.			PLURIEL.	
Nom.	*thou* (1),	tu, toi.	Nom.	*ye, you,*	vous.
Gén.	*of thee, thine,*	de toi.	Gén.	*of you, yours.*	de vous.
Dat.	*to thee ,*	à toi, te.	Dat.	*to you,*	à vous, vous.
Acc.	*thee,*	toi, te.	Acc.	*you,*	vous,
Voc.	*O thou,*	ô toi.	Voc.	*O ye, O you.*	ô vous, } (2).
Abl.	*from thee.*	de toi.	Abl.	*from you,*	de vous.

MASCULIN.

	SINGULIER.			PLURIEL.	
Nom.	*he,*	il, lui.	Nom.	*they,*	eux, ils.
Gén.	*of him, his,*	de lui.	Gén.	*of them, theirs,*	d'eux.
Dat.	*to him,*	à lui, lui.	Dat.	*to them,*	à eux, leur.
Acc.	*him,*	lui, le.	Acc.	*them,*	eux, les.
Abl.	*from him.*	de lui.	Abl.	*from them,*	d'eux.

FÉMININ.

	SINGULIER.	
Nom.	*she ,*	elle.
Gén.	*of her, hers,*	d'elle.
Dat.	*to her,*	à elle, lui.
Acc.	*her,*	elle, la.
Abl.	*from her,*	d'elle.

PLURIEL.

Le même que celui du pronom masculin.

3e PERSONNE.

MASCULIN.

Nom.	*he,*	il, lui.	*They,*	ils.
Poss.	*his,*	de lui, le sien, etc.	*Theirs,*	d'eux.
Obj.	*him,*	le, lui.	*Them,*	eux, les.

FÉMININ.

Nom.	*she,*	elle.	*They,*	elles.
Poss.	*hers,*	d'elle, le sien, etc.	*Theirs,*	d'elles.
Obj.	*her,*	la, elle.	*Them,*	elles, les.

NEUTRE.

Nom.	*it,*	il, lui ou elle.	*They,*	ils, elles.
Poss.	*its,*	de lui, d'elle, le sien, etc.	*Theirs,*	d'eux, d'elles.
Obj.	*it,*	le, lui, la, elle.	*Them,*	eux, elles, les.

Le possessif ou génitif *mine, thine, his,* etc., ne s'emploie que pour exprimer la possession. Il suit toujours le nom, et répond à le mien, le tien, le sien, etc.; *this house is mine,* cette maison est la mienne (de moi).

(1) Le tutoiement n'est guère d'usage en anglais que dans le langage de l'Écriture sainte, et dans le style élevé. — BONIFACE.

(2) Au nominatif et au vocatif pluriels on emploie aussi *ye,* mais plus rarement; c'est une faute de l'employer à un autre cas. — BONIFACE.

NEUTRE.

	SINGULIER.	
Nom.	*it,*	il, lui *ou* elle.
Gén.	*of it, its,*	de lui *ou* d'elle.
Dat.	*to it,*	à lui, à elle, lui.
Acc.	*it,*	lui, elle, la.
Abl.	*from it,*	de lui, d'elle.

PLURIEL.

Le même que celui du pronom masculin.

Observation.

It, of, etc. remplacent les deux derniers pronoms *he* et *she*, pour les objets inanimés et les animaux dont le genre n'est pas désigné ; alors ce pronom est dit du genre neutre, c'est-à-dire ni masculin ni féminin. Ainsi, en parlant d'une table, il faut dire *it*, elle, et non pas *she* : de même, s'il s'agit d'un animal, servez-vous de *it*, il *ou* lui. au lieu de *he* ou *she*. On se sert des pronoms *he, she, him, her*, en parlant des animaux dont le sexe est reconnu, déterminé : *The ostrich abandons* HER *eggs* ; SHE *is an unnatural mother*, l'autruche abandonne *ses* œufs : *elle* est une mère dénaturée.

Le pronom personnel qui représente un enfant dont le sexe n'est pas spécifié se rend par *it*, et le possessif par *its*.

En anglais, comme en toute autre langue, les poëtes et les orateurs personnifient les choses, les présentent comme des êtres animés de l'un ou de l'autre sexe. Dans ce cas, tout substantif personnifié est masculin ou féminin, suivant l'analogie qu'il a avec l'un ou l'autre des deux sexes (1).

---

(1) Ainsi, les Anglais donnent le genre masculin aux substantifs qui ont quelqu'une des propriétés du sexe masculin, tels que ceux qui ont un caractère de *force, d'énergie, de supériorité* ; qui ont la faculté de *communiquer* quelque vertu, quelque propriété, et qui sont plus *actifs* que passifs.

Ils donnent le genre féminin aux substantifs qui ont quelqu'une des propriétés du sexe féminin ; aux substantifs qui ont un caractère de *grâce, de*

EXERCICE XV (1).

Je suis. — il a. — nous étions. — vous êtes. — elles ont. — il parle
  am   *has*   *were*   *are*   *have*   *speaks*
de moi. — je lui parle (2). — je le vois (3). — il me voit. — elle
of   *speak*   *see*   *sees*
me comprend. — nous les aimons. — elles vous appellent. — mon
understands   *love*   *call*
père l'instruit (instruit lui). — il l'aime (aime elle). — votre frère
instructs   *loves*   *your brother*
nous entend. — venez avec moi. — je n'ai pas le livre; l'avez-vous?
hears   *come with*   *have not* *book* *have*
— prenez la bourse et mettez-la dans votre poche. — si on ne prend
take   *purse*   *into*   *pocket*   *if that child*
pas soin de cet enfant il mourra. — il est plus fort que moi. —
is not taken care of   *will die*   *strong*
nous sommes plus faibles que vous. — ils étaient aussi riches que
are   *weak*   *were*
nous. — ce cheval est à moi (le mien).
horse

Des Pronoms possessifs.

PRONOM POSSESSIF QUI PRÉCÈDE LE NOM.

My,	mon, ma, mes.	*Our,*	notre, nos.
Thy,	ton, ta, tes.	*Your,*	votre, vos.
His, m. de lui,			
Her, f. d'elle,			
Its, n. de lui ou	son, sa, ses.	*Their,*	leur, leurs.
d'elle,			
One's, indéf.			

---

douceur, de *faiblesse;* qui ont la propriété de *contenir* et de *produire,* et qui sont plus *passifs* qu'actifs.

D'après ce principe, *the sun,* le soleil, *communiquant* une lumière *vivifiante,* est masculin; *the moon,* la lune, *empruntant* toute sa lumière du soleil, est du féminin.

The air, l'air, principe de la fécondité de la terre; *death,* la mort (*inexorable*), *the Ocean,* l'Océan (*indompté*), sont masculins.

The earth, la terre; *the country,* la patrie; *a city,* une ville; *the church,* l'église; *a ship,* un navire, étant considérés comme *contenant,* sont du genre féminin.

Virtue, la vertu; *beauty,* la beauté, apanage du sexe, et tous les substantifs analogues, sont féminins.

(1) Voyez notre *Nouveau Cours de Thèmes anglais,* page 15.

(2) Tournez *je parle à* (to) *lui.*

(3) Le pronom régime suit toujours le verbe en anglais. Ainsi *je le connais* se dit *I know him,* et non pas *I him know.*

PRONOM POSSESSIF QUI SUIT LE NOM.

Mine,	le mien, à moi, la mienne; les miens, les miennes.	*Ours*,	le nôtre, les nôtres, à nous.
Thine,	le tien, à toi, la tienne; les tiens, les tiennes.	*Yours*,	le vôtre, les vôtres, à vous.
His, *Hers*, *Its*, *One's*.	à lui, à elle, le sien, la sienne, les siens, les siennes.	*Theirs*,	le leur, les leurs, à eux, à elles.

Observations.

1° On supprime généralement le pronom possessif *my* avant un substantif au vocatif : Ma femme, *wife*, mon frère, *brother*, etc.

2° Ce pronom n'a rapport qu'à la personne qui possède, et non à la chose possédée ; ainsi *her*, son, sa, ses, et *hers*, le sien, la sienne, les siens, etc., ne s'emploient que lorsque la personne qui possède est du genre féminin. Si l'on parle d'une femme et que l'on veuille dire *son père*, il faudra s'exprimer par *her father*, et non par *his father*, bien que *father* soit du genre masculin. De même encore, si, parlant d'un homme, on dit *sa mère*, il faudra s'exprimer par *his mother*, et non par *her mother*.

3° *Its*, qui signifie à la fois *son, sa, ses, le sien, la sienne*, etc., sert uniquement pour les animaux et les objets inanimés. Si vous parlez d'un cheval, il faut dire *its master*, et non pas *his master*, son maître. On doit excepter de cette règle les pronoms se rapportant à des noms de choses personnifiées.

EXERCICE XVI (1).

Elle a perdu son père. — Il a vu sa sœur. — notre ami est arrivé.
 has lost father   seen sister   friend arrived

---

(1) Voyez notre *Nouveau Cours de Thèmes anglais*, page 17.

— ce livre est à nous (*le nôtre*). — c'est le vôtre, le leur, le mien,
  this   *is*
le sien (*de lui*), le sien (*d'elle* . — j'ai vu mon père et le vôtre.
                                  I have seen
— ma tante et votre oncle sont arrivés. — il vient chercher sa mère,
    aunt   *uncle are arrived*   *is come for*   *mother*
sa sœur et sa cousine. — votre parrain est ici avec sa belle-sœur. —
  sister   *cousin*   *goodfather*   *sister-in-law*
cette dame a laissé tomber son éventail. — votre écurie est plus
that lady   *dropped*   *fan*   *stable*
grande que la leur. — ma mère est au cirque avec son oncle. —
large   *at the circus*
venez, mon cousin ! — dépêchez-vous, mon frère !
come   *make haste*

Pronoms réfléchis.

Des pronoms possessifs *my, thy*, etc., on forme ceux qui sont appelés réfléchis, comme *myself, thyself*, etc., moi-même, toi-même, etc.

Le mot *self* signifie proprement *personne*, et fait *selves* au pluriel : ce qu'on peut voir par les expressions *my own self*; mot à mot, ma propre personne ; *the queen's self*, la personne de la reine, la reine en personne. Mais à la 3ᵉ personne, au lieu de dire *his self, its self, their selves*, on a dit, *himself*, lui-même, *itself*, lui-même ou elle-même, au neutre ; *themselves*, eux-mêmes. Voici la table de ces pronoms :

SINGULIER.	PLURIEL.
Myself, moi-même *ou* me.	*Ourselves*, nous-mêmes *ou* nous.
Thyself, toi-même *ou* te.	*Yourselves*, vous-mêmes *ou* vous.
MAS. *Himself*, lui-même	(1)
FÉM. *Herself*, elle-même	
NEUT. *Itself*, lui-même *ou* elle-même ⎬ *ou* se.	*Themselves* ⎨ elles-mêmes / eux-mêmes ⎬ *ou* se.
IND. *One's self*, soi-même	

<hr>

(1) En parlant à une seule personne, on dit *yourself*. — BONIFACE.

EXERCICE XVII (1).

Je me fatigue. — vous vous amusez. — il se flatte. — cet homme
tire　　　　　　　*amuse*　　　　　*flatters*
s'est noyé (2) dans la mer. — le singe s'est perché (3) sur une branche
drowned　　　　*sea*　　*monkey*　　*perched upon*　　*branch*
de cet arbre. — il s'assit dans un fauteuil. — j'irai vous voir moi-
that tree　　　*seated*　　*arm-chair will go and see you*
même. — vous viendrez vous-même. — vous le verrez vous-même.
　　will come　　　　　　　　　　　*will see*

Pronoms relatifs.

MASCULIN ET FÉMININ.	NEUTRE.	DES TROIS GENRES.
Nom. *who* (4),	*which* (5), *that.*	qui, lequel, laquelle, etc.
Gén. *whose*.	*of which*,	de qui, à qui, duquel, dont, etc.
Dat. *to whom*,	*to which*,	à qui, auquel, etc.
Acc. *whom*,	*which*, *that*,	que, qui, lequel, etc.
Abl. *from whom*,	*from which*.	de qui, duquel, etc.

What veut dire ce qui, ce que, quoi, et peut se décliner
comme *which*.

Observez qu'on emploie *whom*, pour les personnes,
après les prépositions : *by whom*, par qui ; *without whom*,
sans lequel, etc. ; à moins que le pronom ne soit nominatif
ou sujet d'un verbe : *She relates those stories to who*

---

(1) Voyez notre *Nouveau Cours de Thèmes anglais*, page 17.
(2-3) Traduisez *a noyé lui-même*, *a perché lui-même*.
(4) Les grammairens anglais déclinent ce pronom ainsi qu'il suit :

Nom.	*Who*,	qui, etc.
Poss.	*Whose*,	de qui, dont, etc.
Obj.	*Whom*,	que, qui, etc.

(5) *Which* est aussi en rapport avec un nom de personne ; c'est quand il
réveille une idée de *choix*, comme dans *the public shall decide* which *of
us is to blame*, le public décidera *qui* de nous est à blâmer. Le même emploi
a lieu dans les autres cas : *We know not* which *to listen to*, nous ne savons
lequel entendre. — BONIFACE.

chooses to hear them, elle raconte ces histoires à qui veut les entendre, alors le régime de la préposition est sous-entendu : *to* any person *who,* à *toute personne* qui.

Le pronom relatif *that* ne peut être précédé d'une préposition qui le régisse; ainsi l'on ne peut pas dire, *the man* of that *I speak,* l'homme de qui je parle; il faut, *the man* that *I speak* of, ou *the man* of whom *I speak;* ou bien, *the man* whom *I speak* of, en plaçant la préposition à la fin, ce qui est plus usité, mais moins élégant.

Pronoms interrogatifs.

Who, qui? qui est-ce qui? *Whose,* à qui (1)? *Whom,* qui? qui est-ce que?

Which, lequel, laquelle, lesquels, lesquelles, qui (2)?

What, que, quel, quelle, quels, quelles, quoi?

Si *what* est exclamatif, le substantif singulier qui le suit doit être précédé de l'article indéfini : *What a man!* quel homme! *What an idle fellow!* quel paresseux!

EXERCICE XVIII (3).

L'homme qui travaille. — la femme que vous avez vue. — l'enfant
      works   *seen*
dont vous connaissez le père (4). — à qui est cette maison? — l'homme
      know   *that house*
dont je parle. — la personne à qui je parle. — le livre dont vous
    speak   *person*

---

(1) C'est lorsque *à qui* est suivi du verbe *être* dans le sens d'appartenir, qu'il se rend par *whose;* dans les autres cas, il se rend par *to whom.* — BONIFACE.

(2) Qui *interrogatif* se rend en anglais par *which,* lorsqu'il réveille une idée de *choix,* de *distinction* entre plusieurs personnes. Exemple : *Which of you, did ti?* qui d'entre vous l'a fait? — BONIFACE.

(3) Voyez notre *Nouveau Cours de Thèmes anglais,* pages 19 et 20.

(4) Traduisez *dont père vous connaissez.* Le pronom possessif *whose* veut toujours être suivi immédiatement du nom de l'objet de la possession : l'article qui précède ce nom en français se supprime.

avez déchiré les feuilles n'est pas à vous (1). — cette personne dont
have torn   leaf   is not   that
vous connaissez les enfants est très-riche. — qui m'appelle? — qui
*   know   calls*
est-ce qui m'attend? — quels sont ces livres? — quelles sont ces
*   is waiting for   these   these*
maisons? — à qui sont ces livres? — lequel des deux est coupable?
*   guilty*
quel aimable enfant! — quel arbre! — quelle couleur! — la dame
*   amiable   tree   colour   lady*
à qui vous avez donné la fleur.
*   have   flower*

Pronoms démonstratifs.

This,	ce, cet, cette. celui, celle. celui-ci, celle-ci. ceci.	*These,*	ces, ceux, celles. ceux-ci, celles-ci.
That,	ce, cet, cette. celui, celle. celui-là, celle-là. cela.	*Those,*	ces, ceux, celles. ceux-là, celles-là.

N. B. This et *these* sont pour les objets proches; *that*
et *those,* pour les objets éloignés, sous le rapport du
temps et sous le rapport du lieu.

EXERCICE XIX (2).

Donnez-moi ce livre ou celui-là. — ce champ-ci est plus étendu
*   field   extensive*
que celui-là. — ce peuplier est plus haut que ce chêne-là. — voici des
*   poplar   oak ,   here are*
oranges, prenez celle-ci; je prendrai celles-là. — Donnez-moi cette
orange take   will take

---

(1) Traduisez comme s'il y avait *le livre les feuilles duquel vous avez
déchirées.*
(2) Voyez notre *Nouveau Cours de Thèmes anglais,* page 20.

plume-ci , et gardez celle-là pour vous-même. — ces pommes que
pen   keep   for   apple
vous avez dans le panier sont mauvaises; celles-ci sont bonnes.
basket   bad   good

Pronoms indéfinis, ou *Locutions pronominales*.

Some, quelque, etc.; quelques-uns , etc.; les uns, etc.; en , du;
 de la , des.
Some body, } quelqu'un.
Some one, }
Something, quelque chose.

Any, quelque , etc.; quelqu'un, etc.; tout, aucun, en . du , de la ,
 des (1).
Any body, quelqu'un, quiconque, tout autre.
Any one, quelqu'un, quelqu'une, quelconque, quiconque, tout le
 monde, qui que ce soit.
Any thing, quelque chose, une chose quelconque, rien.

One, on ; génitif, *one's*, de soi , son , sa , ses (2).
One, ones, (3), en... un, en... de.
One another, l'un l'autre.
The one, l'un , l'une.
Other, autre.
Others, les autres, autrui.
Another, un autre, une autre.
Many, plusieurs, beaucoup, beaucoup de.
Many a one, plus d'un ; *many a man*, plus d'un homme.
Several, plusieurs.

Each, } chaque, tout, toute; chacun, chacune.
Every, }
Each one, } chacun , chacune.
Every one, }
Each other, l'un l'autre, etc.
Both, l'un et l'autre , etc.; tous les deux , etc.
Either, l'un ou l'autre, etc.
Neither, ni l'un ni l'autre, etc.
Whether, lequel, laquelle (de plusieurs).

---

(1) *Any* s'emploie dans les phrases négatives ou dubitatives. — Boniface.
(2) Comme dans: Avoir deux cordes à son arc, *to have two strings to* one's
bow ; on est son maître, on vit à sa guise, *one is* one's *own master, one lives
after* one's *own way.* — Boniface.
(3) Comme dans : *I have* one, j'en ai un; *I have good* ones , j'en ai de bons.
There is a good one, *en* voilà un bon. — Boniface.

No, nul, etc.; aucun, etc.; pas de, point de ; pas un, etc.

No body,
No one,　personne, pas un, aucun, etc.
None,

Not one,
Not any,　nul, etc.; aucun, etc.; pas un, etc. n'en... point.
Never a one. (vieilli.)

Not any thing.
Nothing,　rien, aucune chose, rien... ne.

No other, nul autre, nulle autre.

Such, tel, etc.
Such a one, un tel, une telle; *such a book*, un tel livre.
Such another, un semblable, une semblable.
Such others, de semblables.

Whoever,
Whosoever,　quiconque, qui que ce soit qui, celui qui, etc.;
　　toute personne qui.

On ajoute de même le mot *ever* ou *soever* aux autres formes de *who* : *Whosesoever*, pour le génitif, *whomever* pour l'accusatif et les autres cas. On dit de même *whichever*, *whichsoever*, quoi que ce soit; *whatever*, *whatsoever*, quelque...que, quel que, etc., quelconque, quoi que, quel que ce soit, tout ce qui, tout ce que, etc.

Remarquez que la finale *soever* se sépare quelquefois du pronom : *What fortune soever*, quelque fortune; *in what condition soever I be*, dans quelque état que je sois (1).

EXERCICE XX (2.

Chaque homme. — plusieurs hommes. — avez-vous quelque chose
　　　　　　　　　　　　　　　　　　have
à me donner?—chacun a ses qualités. — voulez-vous des oies? j'en
to give me　　　　　　*quality*　　*will you have*
ai de bonnes.—on est heureux au sein de sa famille. — Personne
　　　　　　　　in the bosom　*family*

---

(1) Pour la syntaxe, c'est-à-dire l'emploi et la construction de ces pronoms, voyez le *livre second* à la syntaxe du pronom.
(2) Voyez notre *Nouveau Cours de Thèmes anglais*, page 22.

n'est venu. — avez-vous vu l'une ou l'autre de mes sœurs? — je
   came   *seen*   *sister*
voudrais avoir quelque chose *de* mieux. — nous *n*'avons rien *de*
should like to have   *have*
mieux à vous donner. — chaque nation défend ses droits. — quoi que
   to give you   *nation defends*   *rights*
tu fasses tu seras malheureux si tu es méchant. — ils s'aiment l'un
   dost   *will be*   *unhappy if*   *art wicked*   *love*
l'autre. — j'ai cherché les deux lettres, mais je n'ai trouvé ni l'une
          looked for   *letters but*   *have found*
ni l'autre. — les voici toutes les deux. — je ne puis pas écrire avec
     here they are   *cannot*   *write with*
une telle plume, donnez-m'en une autre. — quelque bonnes que
     pen
soient vos raisons (1), on ne les écoutera pas.
may be   *they will not be heard*

CHAPITRE V.

DES VERBES.

Nous appelons *verbe* cette partie du discours qui exprime, avec l'idée de temps, *l'existence* ou *l'état*, une
action faite ou une *action reçue* ; d'où l'on distingue
trois sortes de verbes : Les verbes d'état, qui sont ou le
verbe *être* ou un verbe neutre ; les verbes d'action, qui
sont des verbes *actifs* ou des verbes *passifs*.

Le verbe actif est celui qui exprime une action faite ; il
entraîne nécessairement un agent, et un objet sur lequel
il agit.

EXEMPLE :

Peter loves Thomas, Pierre aime Thomas.

Peter est l'agent ; *Thomas* est l'objet.

---

(1) Tournez : *vos raisons soient.*

Le verbe passif exprime une *action reçue*. Il entraîne, comme le verbe actif, un agent et un objet, avec cette différence que celui-ci prend la place du premier. Exemple : *Thomas is beloved by Peter*, Thomas est aimé de Pierre.

Le verbe neutre exprime simplement l'existence, l'état, la condition ou les attributs d'un être, c'est-à-dire que l'agent et son objet coïncident de manière qu'il n'y a ni action ni passion, et que cependant l'une et l'autre se trouvent confondues. Exemples : *I am*, je suis ; *I sleep*, je dors ; *I walk*, je marche.

Le verbe actif est aussi appelé *transitif*, parce que l'action qu'il réfléchit passe de l'agent à l'objet, au lieu que l'action exprimée par le verbe neutre reste limitée à l'agent (1). Les Anglais ont la commodité de faire de la plupart de leurs verbes neutres des verbes actifs, et il n'y a guère que leur construction qui puisse désigner l'espèce à laquelle ils appartiennent.

Les verbes sont donc nécessairement subordonnés à des personnes, par le moyen desquelles ils correspondent avec les pronoms personnels ; à des nombres, qui les font accorder avec des noms, soit singuliers, soit pluriels ; à des temps, par le secours desquels ils représentent les choses et les actions comme passées ou futures, comme se passant actuellement ou dans un autre temps ; et à des modes, pour exprimer de quelle manière ces actions et ces choses peuvent se passer.

Ce sont ces diverses combinaisons qu'on appelle *conju-*

---

(1) La distinction que les grammairiens font entre les verbes absolument neutres, tels que *dormir*, et les verbes actifs intransitifs, comme *marcher*, quoique réelle dans la nature, n'est, au fond, d'aucune utilité : elle embarrasse les étrangers plus qu'elle ne les aide. Il est très-aisé de distinguer un verbe actif d'un verbe neutre ; mais il ne l'est pas toujours de distinguer le transitif de l'intransitif. Quelle que soit la différence qu'on remarque entre ceux-ci, la construction en est la même, et les grammairiens s'accordent moins sur leurs véritables propriétés que sur celles qu'ils leur prêtent.

guer; ou plutôt la conjugaison n'est autre chose que l'art de varier les temps, les nombres, les personnes et les modes du verbe.

Ces variations, pour la plupart, se font, en anglais comme en français, par le secours des deux verbes *avoir* et *être,* appelés par cette raison *auxiliaires,* d'où il est impossible de conjuguer un verbe sans bien savoir les *auxiliaires.*

ARTICLE PREMIER.

DES VERBES AUXILIAIRES.

Conjugaison du verbe auxiliaire I shall, *je dois.*

INDICATIF.

PRÉSENT.

I shall,	je dois.
Thou shalt,	tu dois.
He shall,	il doit.
She shall,	elle doit.
It shall,	il *ou* elle doit.
We shall,	nous devons.
You shall,	vous devez.
They shall,	ils doivent.

PASSÉ.

I should,	je devais, dus, *ou* devrais.
Thou shouldst,	tu devais, dus *ou* devrais.
He should,	il devait, dut *ou* devrait.
We should,	nous devions, dûmes *ou* devrions.
You should,	vous deviez, dûtes *ou* devriez.
They should,	ils devaient, durent *ou* devraient.

Conjugaison du verbe auxiliaire I will, *je veux.*

INDICATIF.

PRÉSENT.

I will,	je veux.
Thou will,	tu veux.
He will,	il veut.

She will,	elle veut.
It will,	il *ou* elle veut.
We will,	nous voulons.
You will,	vous voulez.
They will.	ils veulent

PASSÉ.

I would,	je voulais, voulus *ou* voudrais.
Thou wouldst,	tu voulais, voulus *ou* voudrais.
He would,	Il voulait, voulut *ou* voudrait.
We would,	nous voulions, voulûmes *ou* voudrions.
You would,	vous vouliez, voulûtes *ou* voudriez.
They would.	ils voulaient, voulurent *ou* voudraient.

Les verbes précédents s'emploient pour conjuguer le futur et le conditionnel de tous les verbes anglais.

Conjugaison du verbe auxiliaire to have, *avoir.*

INFINITIF.

PRÉSENT.	*To have,*	{ avoir, d'avoir, à avoir, pour avoir.
PARTICIPE PASSÉ SIMPLE.	*Had,*	eu *ou* eue.
PASSÉ.	*To have had.*	avoir eu, d'avoir eu, etc.
PARTICIPE PRÉSENT.	*Having,*	ayant.
PARTICIPE PASSÉ COMPOSÉ.	*Having had,*	ayant eu.

GÉRONDIFS PRÉSENTS (1).	*Of having,*	d'avoir.
	To having,	à avoir.
	For having,	pour avoir.
	From having.	d'avoir.
	In having,	en ayant, etc.

GÉRONDIFS PASSÉS.	*Of having had,*	d'avoir eu.
	To having had,	à avoir eu.
	For having had,	pour avoir eu.
	From having had,	d'avoir eu.

---

(1) C'est-à-dire, cas accidentels du verbe, ou cas engendrés, causés par un nom, par un verbe, ou par une préposition précédente. — J'ONIFACE.

INDICATIF.

PRÉSENT.

I have,	j'ai.
Thou hast.	tu as.
He has (1),	il a.
She has.	elle a.
It has.	il *ou* elle a.
We have,	nous avons.
You have.	vous avez.
They have.	ils *ou* elles ont.

PRÉTÉRIT OU PASSÉ.

I had,	j'avais	*ou* j'eus.
Thou hadst.	tu avais	tu eus.
He had,	il avait	il eut.
We had,	nous avions	nous eûmes.
You had.	vous aviez	vous eûtes.
They had.	ils avaient	ils eurent.
	elles avaient	elles eurent.

FUTUR *de simple énoncé* (2).

I shall have,	j'aurai.
Thou will have.	tu auras.
He will have,	il aura.
We shall have,	nous aurons.
You will have,	vous aurez.
They will have.	ils auront.

---

(1) On trouve aussi *hath* dans l'Écriture sainte, et chez les poëtes.

(2) On exprime par le futur un fait qui doit avoir lieu dans un temps futur, mais on peut en outre ajouter à ce fait une expression de la volonté : de là deux espèces de temps futur ; celui qui *énonce simplement* ce fait et celui qui l'*énonce avec l'expression de la volonté*. Le premier peut s'appeler le *futur de simple énoncé*, le second le *futur de la volonté*. Le premier s'exprime en français par *j'aurai, je serai, j'aimerai*, etc. ; et l'autre par *je veux avoir, je veux être, je veux aimer*, etc. Ces deux futurs se rendent en anglais par le changement de l'auxiliaire *shall* et *will*. Pour le simple énoncé on emploie au singulier et au pluriel, *shall* à la première personne et *will* à la seconde et à la troisième, comme dans la conjugaison ordinaire du verbe. Pour le futur de la volonté c'est l'inverse qui a lieu ; c'est *will* qui s'emploie à la première personne et *shall* aux deux autres. Le sens serait entièrement changé si l'on n'observait pas cette distinction essentielle. Ainsi *I shall have*, qui signifie j'aurai, devient, en changeant *shall* en *will*, je veux avoir ; *he will have*, il aura ; *he shall have*, je veux qu'il ait.

La même observation s'applique également aux deux formes du condi-

FUTUR *indicatif de la volonté de la personne qui parle.*

I will have,	je veux avoir.
Thou shall have,	je veux que tu aies.
He shall have,	je veux qu'il ait.
We will have,	nous voulons avoir.
You shall have,	je veux que vous ayez.
They shall have.	je veux qu'ils aient.

CONDITIONNEL *de simple énoncé.*

I should have,	j'aurais.
Thou wouldst have,	tu aurais.
He would have,	il aurait.
We should have,	nous aurions.
You would have,	vous auriez.
They would have,	ils auraient.

CONDITIONNEL *qui indique quelle serait la volonté de la personne qui parle.*

I would have,	je voudrais avoir.
Thou shouldst have.	tu devrais avoir.
He should have,	il devrait avoir.
We would have,	nous voudrions avoir.
You should have,	vous devriez avoir.
They should have.	ils devraient avoir.

IMPÉRATIF.

Let me have (1),	que j'aie.
Have,	aie.
Let him have.	qu'il ait.
Let her have.	qu'elle ait.
Let us have,	ayons.
Have,	ayez.
Let them have.	qu'ils aient.

---

tionnel, *I should have,* j'aurais ; *I would have,* je voudrais avoir ; si ce n'est qu'à la 2ᵉ et 3ᵉ personne *should* indique plutôt le devoir que la volonté.

En conjugant un verbe avec interrogation on emploie *shall* et *should* à la 2ᵉ personne, à moins de vouloir consulter la volonté de la personne à qui on s'adresse. Exemple : *Shall you have?* aurez-vous ? *will you have?* voulez-vous avoir ?

(1) *Let* est ici un verbe auxiliaire qui signifie *laisser* ; ainsi, *let me have* signifie mot à mot, *laissez-moi avoir.* — BONIFACE.

SUBJONCTIF.

PRÉSENT.

That I have,	que j'aie.
That thou have.	que tu aies.
That he have,	qu'il ait.
That we have,	que nous ayons.
That you have,	que vous ayez.
That they have,	qu'ils aient.

PRÉTÉRIT OU PASSÉ.

That I had,	que j'eusse.
That thou hadst.	que tu eusses.
That he had,	qu'il eût.
That we had,	que nous eussions.
That you had,	que vous eussiez.
That they had,	qu'ils eussent.

On conjugue les temps composés en ajoutant le participe passé aux différents temps du verbe.

EXEMPLES :

I have had,	j'ai eu.
I had had,	j'avais eu.
I shall have had,	j'aurai eu.

EXERCICE XXI (1).

J'ai des tableaux. — elle aura des connaissances. — j'avais six sous.
      painting   *acquaintance*
— elles avaient *des* manchons. — ayons des boîtes. — Nous avons
           muff   *box*
des couteaux. ils eurent des preuves. — ces hommes auraient *des*
ennemis. — ces villes ont beaucoup d'églises. — qu'elles aient
 enemy   *city*   *a great many*
des écharpes. que nous eussions du cresson. que tu aies des
  scarf
épinards. — ses frères auront des enfants. — j'ai eu du sucre. — je

____

1) Voyez notre *Nouveau Cours de Thèmes anglais*, page 25.

veux qu'ils aient des tables. — je veux que vous ayez vos livres. —
ils devraient avoir leurs parapluies. — j'avais eu des moutons. —
umbrella
vous auriez eu des affaires. — il a eu de l'avoine. — son cheval avait
eu du foin. — vous aviez eu des maisons. — je voudrais *qu'il eût des*
wish
amis avec lui.

Conjugaison du verbe auxiliaire to be, *être.*

INFINITIF.

PRÉSENT.	*To be*,	être.
PARTICIPE PRÉSENT.	*Being*,	étant.
PARTICIPE PASSÉ.	*Been*,	été (1).

INDICATIF.

PRÉSENT.

I am.	je suis.
Thou art.	tu es.
He is.	il est.
We	nous sommes.
You } *are.*	vous êtes.
They	ils sont.

PRÉTÉRIT OU PASSÉ.

I was,	j'étais	*ou* je fus.
Thou wast,	tu étais	tu fus.
He was,	il était	il fut.
We	nous étions	nous fûmes.
You } *were.*	vous étiez	vous fûtes.
They	ils étaient	ils furent.

FUTUR *de simple énoncé.*

I shall be,	je serai.
Thou will be,	tu seras.
He will be,	il sera.
We shall be.	nous serons.
You will be,	vous serez.
They will be,	ils seront.

---

(1) Pour les autres formes, voyez le verbe *avoir*, qui servira de modèle.

FUTUR *indicatif de la volonté de la personne qui parle.*

I will be,	je veux être.
Thou shall be,	je veux que tu sois.
He shall be,	je veux qu'il soit.
We will be,	nous voulons être.
You shall be,	je veux que vous soyez.
They shall be,	je veux qu'ils soient.

CONDITIONNEL *de simple énoncé.*

I should be,	je serais.
Thou wouldst be,	tu serais.
He would be,	il serait.
We should be,	nous serions.
You would be,	vous seriez.
They would be,	ils seraient.

CONDITIONNEL *qui indique quelle serait la volonté
de celui qui parle.*

I would be,	je voudrais être.
Thou shouldst be,	tu devrais être.
He should be,	il devrait être.
We would be,	nous voudrions être.
You should be,	vous devriez être.
They should be,	ils devraient être.

IMPÉRATIF.

Let me be,	que je sois.
Be,	sois.
Let him be,	qu'il soit.
Let her be,	qu'elle soit.
Let us be,	soyons.
Be,	soyez.
Let them be,	qu'ils *ou* qu'elles soient.

SUBJONCTIF.

PRÉSENT.

That I be,	que je sois.
That thou be,	que tu sois.
That he	qu'il soit.
That we } *be,*	que nous soyons.
That you	que vous soyez.
That they	qu'ils soient.

PRÉTÉRIT OU PASSÉ.

That I were,	que je fusse.
That thou wert,	que tu fusses.
That he	qu'il fût.
That we	que nous fussions.
That you } *were.*	que vous fussiez.
That they	qu'ils fussent.

Les temps composés se conjuguent en ajoutant le participe passé aux temps simples du verbe *to have.*

EXEMPLES :

I have been,	j'ai été.
I had been,	j'avais été, etc.

EXERCICE XXII (1).

Elle est plus jolie. — vous étiez plus sage. — il serait meilleur. —
wise
elle sera moins riche. — je veux que vous soyez amis. — que vous
friend
soyez plus content. — qu'elles fussent aussi aimables. — il était le
glad *so*
plus riche du village. — il avait été le plus pauvre. — il sera le
village
plus puissant de tous. — il a été fort. — il avait été le plus faible.
powerful *weak*
— ces dames sont arrivées. — que les voleurs fussent pris. — les
arrived *taken*
chevaux auront été fatigués. — le voyage a été fort long. — je crois
fatigued *journey* *think*
que la journée sera belle.
day *fine*

Conjuguez les verbes *to have* et *to be* avec interrogation en mettant, comme en français, le pronom après le

---

(1) Voyez notre *Nouveau Cours de Thèmes anglais*, page 25.

verbe dans les temps simples, et entre l'auxiliaire et le verbe dans les temps composés, ainsi qu'il suit :

INDICATIF.

PRÉSENT.

Have I ?	ai-je ?
Hast thou ?	as-tu ?
Has he ?	a-t-il ?
Have we ?	avons-nous ?
Have you ?	avez-vous ?
Have they ?	ont-ils ?

PASSÉ.

Had I ?	avais-je ?
Hadst thou ?	avais-tu ?
Had he ?	avait-il ?
Had we ?	avions-nous ?
Had you ?	aviez-vous ?
Had they ?	avaient-ils ?

FUTUR.

Shall I have ?	aurai-je ?
Shall thou have ?	auras-tu ?
Will he have ?	aura t-il ?
Shall we have ?	aurons-nous ?
Shall you have ?	aurez-vous ?
Will they have ?	auront-ils ?

CONDITIONNEL.

Should I have ?	aurais-je ?
Shouldst thou have ?	aurais-tu ?
Would he have ?	aurait-il ?
Should we have ?	aurions-nous ?
Should you have ?	auriez-vous ?
Would they have ?	auraient-ils ?

Conjuguez ces mêmes verbes avec négation en plaçant l'adverbe *not* après le verbe dans les temps simples, et entre l'auxiliaire et le verbe dans les temps composés, de la manière suivante :

INFINITIF.

PRÉSENT.	*Not to have.*	n'avoir pas.
PARTICIPE PRÉSENT.	*Not having,*	n'ayant pas.

INDICATIF.

PRÉSENT.

I have not,	je n'ai pas.
Thou hast not,	tu n'as pas.
He has not,	il n'a pas.
We have not,	nous n'avons pas.
You have not,	vous n'avez pas.
They have not.	ils n'ont pas.

PASSÉ.

I had not,	je n'avais pas.
Thou hadst not,	tu n'avais pas.
He had not,	il n'avait pas.
We had not,	nous n'avions pas.
You had not,	vous n'aviez pas.
They had not.	ils n'avaient pas.

FUTUR.

I shall not have,	je n'aurai pas.
Thou will not have,	tu n'auras pas.
He will not have,	il n'aura pas.
We shall not have,	nous n'aurons pas.
You will not have,	vous n'aurez pas.
They will not have,	ils n'auront pas.

CONDITIONNEL.

I should not have,	je n'aurais pas.
Thou wouldst not have,	tu n'aurais pas.
He would not have,	il n'aurait pas.
We should not have,	nous n'aurions pas.
You would not have,	vous n'auriez pas.
They would not have,	ils n'auraient pas.

IMPÉRATIF.

Let me not have,	que je n'aie pas.
Have not, ou do not have,	n'aie pas.
Let him not have,	qu'il n'ait pas.
Let us not have,	n'ayons pas.
Have not ou do not have,	n'ayez pas.
Let them not have,	qu'ils n'aient pas.

SUBJONCTIF.

PRÉSENT.

That I have not,	que je n'aie pas.
That thou have not,	que tu n'aies pas.
That he have not,	qu'il n'ait pas.
That we have not,	que nous n'ayons pas.
That you have not,	que vous n'ayez pas.
That they have not,	qu'ils n'aient pas.

PASSÉ.

That I had not,	que je n'eusse pas.
That thou hadst not,	que tu n'eusses pas.
That he had not,	qu'il n'eût pas.
That we had not,	que nous n'eussions pas.
That you had not,	que vous n'eussiez pas.
That they had not,	qu'ils n'eussent pas.

Pour conjuguer ces verbes avec négation et interrogation à la fois, il faut prendre la forme interrogative et placer le mot *not* après le pronom à toutes les personnes, de la manière suivante (1) :

INDICATIF.

PRÉSENT.

Have I not?	n'ai-je pas ?
Hast thou not?	n'as-tu pas ?
Has he not?	n'a-t-il pas?
Have we not?	n'avons-nous pas ?
Have you not?	n'avez-vous pas ?
Have they not?	n'ont-ils pas ?

PASSÉ.

Had I not?	n'avais-je pas ?
Hadst thou not?	n'avais-tu pas ?
Had he not?	n'avait-il pas?
Had we not?	n'avions-nous pas?
Had you not?	n'aviez-vous pas ?
Had they not?	n'avaient-ils pas ?

---

(1) Dans le langage de la conversation l'adverbe *not* se met après le verbe auxiliaire et se contracte avec lui en un seul mot. Exemple : *Haven't I?* n'ai-je pas? *hadn't we?* n'avions-nous pas? *sha'n't I have?* n'aurai-je pas? *won't he have?* n'aura-t-il pas?

FUTUR.

Shall I not have?	n'aurai-je pas?
Shalt thou not have?	n'auras-tu pas?
Will he not have?	n'aura-t-il pas?
Shall we not have?	n'aurons-nous pas?
Shall you not have?	n'aurez-vous pas?
Will they not have?	n'auront-ils pas?

CONDITIONNEL.

Should I not have?	n'aurais-je pas?
Shouldst thou not have?	n'aurais-tu pas?
Would he not have?	n'aurait-il pas?
Should we not have?	n'aurions-nous pas?
Should you not have?	n'auriez-vous pas?
Would they not have?	n'auraient-ils pas?

EXERCICE XXIII (1).

Avons-nous *des* montres. — ils n'eurent pas de preuves (2). — je
      watch
n'aurai pas de loisir. — n'avait-elle pas un panier? — n'aurions-nous
                         basket
pas de pêches? — il n'avait pas d'espoir. — le boulanger n'a pas
    peach   *hope*   *baker*
de farine. — le déjeuner ne sera pas prêt. — aurez-vous un bon
  flour   *breakfast*   *ready*
dîner? — le souper n'était pas fini. — les pêches ne seront pas
dinner   *supper*   *over*
bonnes cette année? — les chevaux ne seront-ils pas fatigués (3)?
     year   *fatigued*
— n'avez-vous pas achevé votre travail? — le nouveau roman de
      finished   *work*   *new*   *novel*
cet auteur n'est pas encore publié. — le dictionnaire n'a-t-il pas
  author   *yet* *published* *dictionary*
paru?
appeared

---

(1) Voyez notre *Nouveau Cours de Thèmes anglais*, page 36.

(2) Les formules négatives pareilles à celle-ci peuvent se rendre par le pronom indéfini *no*, aucun, en donnant au verbe la forme affirmative. Exemple : je n'ai pas de papier, *I have no paper* ; littéralement, je n'ai aucun papier.

(3) Dans les phrases analogues à celles-ci le pronom se supprime, le sujet de la phrase prend la place du pronom et le mot *not* se met après l'auxiliaire. Exemple : le thé n'est-il pas prêt? *is not the tea ready?* littéralement, n'est pas le thé prêt?

VERBES AUXILIAIRES DÉFECTUEUX.

I do, je fais (1).

INDICATIF.

PRÉSENT.

I do,	je fais.
Thou dost,	tu fais.
He does,	il fait.
We do,	nous faisons.
You do,	vous faites.
They do.	ils font.

PASSÉ.

I did,	je faisais, je fis.
Thou didst.	tu faisais, tu fis.
He did,	il faisait, il fit.
We did,	nous faisions, nous fîmes.
You did,	vous faisiez, vous fîtes.
They did.	ils faisaient, ils firent.

SUBJONCTIF.

PRÉSENT.

That I do,	que je fasse.
That thou do,	que tu fasses.
That he do,	qu'il fasse.
That we do,	que nous fassions.
That you do,	que vous fassiez.
That they do.	qu'ils fassent.

PASSÉ.

That I did,	que je fisse.
That thou didst,	que tu fisses.
That he did,	qu'il fît.
That we did,	que nous fissions.
That you did,	que vous fissiez.
That they did,	qu'ils fissent.

---

(1) *Do,* comme verbe auxiliaire, n'a pas de sens par lui-même, mais il s'emploie pour conjuguer le présent et le passé des verbes avec interrogation et avec négation. Exemple : *do you speak?* parlez-vous? *I did not speak,* je ne parlais pas. (Voyez page 97).

I can, je puis (1).

PRÉSENT.

I can,	je puis, je pourrai.
Thou canst,	tu peux, tu pourras.
He can,	il peut, il pourra.
We can,	nous pouvons, nous pourrons.
You can,	vous pouvez, vous pourrez.
They can,	ils peuvent, ils pourront.

PASSÉ OU CONDITIONNEL.

I could,	je pouvais, je pus, je pourrais.
Thou couldst,	tu pouvais, tu pus, tu pourrais.
He could,	il pouvait, il put, il pourrait.
We could,	nous pouvions, nous pûmes, nous pourrions.
You could,	vous pouviez, vous pûtes, vous pourriez.
They could,	ils pouvaient, ils purent, ils pourraient.

I may, je puis (2).

PRÉSENT.

I may,	je puis, je pourrai.
Thou mayest,	tu peux, tu pourras.
He may,	il peut, il pourra.
We may,	nous pouvons, nous pourrons.
You may,	vous pouvez, vous pourrez.
They may,	ils peuvent, ils pourront.

---

(1) *Can* exprime la possibilité absolue, le pouvoir libre et indépendant. Exemple : *I can write if I please,* je puis écrire si tel est mon plaisir. *Could* est le passé de *can.* Exemple : *I could write once but now I cannot,* je pouvais écrire autrefois, maintenant je ne le puis pas ; il exprime aussi le pouvoir conditionnel. Exemple : *I could write if allowed to do so,* je pourrais écrire si j'en avais la permission.

(2) *May* exprime la permission, la possibilité. Exemple : *the doctor says I may walk if I can,* le médecin dit que je puis (j'ai la permission de) marcher si je puis (si j'en ai la force) ; *the weather may be bad,* le temps pourra être mauvais (il se peut que le temps soit mauvais). *Might* est le passé e *may,* ou bien il exprime la permission conditionnelle, la possibilité conditionnelle. Exemple : *We might rest if we had finished our task,* nous pourrions (nous aurions la permission de) nous reposer si nous avions fini notre tâche ; *the weather might be fine if the wind changed,* le temps pourrait être beau si le vent changeait.

PASSÉ OU CONDITIONNEL.

I might,	je pouvais, je pus, je pourrais.
Thou mightest,	tu pouvais, tu pus, tu pourrais.
He might,	il pouvait, il put, il pourrait.
We might,	nous pouvions, nous pûmes, nous pourrions.
You might,	vous pouviez, vous pûtes, vous pourriez.
They might,	ils pouvaient, ils purent, ils pourraient.

To let. laisser.

IMPÉRATIF.

Let,   laisse,   laissez.

Comme verbe auxiliaire, ce verbe n'a que cette seconde personne du singulier ou du pluriel, et s'emploie pour conjuguer l'impératif des autres verbes.

I must, je dois (1).

PRÉSENT.

I must,	je dois.
Thou must,	tu dois.
He must,	il doit.
We must,	nous devons.
You must,	vous devez.
They must,	ils doivent.

PASSÉ.

I must, je devais, je dus (toutes les personnes de ce temps sont comme celles du présent).

I ought, je devrais (2).

PRÉSENT et PASSÉ.

I ought,	je dois, je devrais.
Thou oughtest,	tu dois, tu devrais.

---

(1) *Must* marque le devoir, l'obligation, la nécessité, et répond au verbe impersonnel français *falloir* : *I must write*, il faut que j'écrive.

(2) *Ought* exprime le devoir moral sans marquer la nécessité de l'accomplir : *he ought to behave better*, il devrait mieux se conduire.

Le signe de l'infinitif *to* se supprime après tous les verbes auxiliaires excepté *ought*.

He ought,
He ought,
You ought,
They ought,

il doit, il devrait.
nous devons, nous devrions.
vous devez, vous devriez.
ils doivent, ils devraient.

I shall, je dois. (Voyez page 67.)
I will, je veux. (Voyez page 67.)

Ces verbes se conjuguent avec négation et avec interrogation de la même manière que les verbes *to have* et *to be*.

EXEMPLES :

I do not, je ne fais pas ; *thou dost not*, tu ne fais pas, etc. ; *do I?* fais-je? *can I?* puis-je? *can we?* pouvons-nous? etc. ; *do I not?* ne fais-je pas? *did I not?* ne faisais-je pas? *can I not?* ne puis-je pas? etc., ou plutôt : *cannot I? cannot we?* etc. (1)

EXERCICE XXIV.

Je puis vous prêter ce que vous désirez avoir. — pourrez-
       to lend
vous venir demain? — il se peut que mon oncle arrive
to come to-morrow   *to arrive the day*
après-demain. — ne pourriez-vous pas voir son frère? — il devrait
after to-morrow   *to see*
écrire à son parrain. — il faut que vous fassiez ce travail aujourd'hui.
to write god-father   *to do   work   to-day*
— la maison pourrait être construite dans un mois si nous avions
                 built   in   month if
assez d'ouvriers (2). — vous pouvez (il vous est permis de) lire ce
enough workman   *to read*
livre. — il m'a dit que je pouvais (j'avais la permission de) venir
     told me that   *to come*
deux fois par semaine chez ma sœur.
    a   *to my sister's*

---

(1) Pour nier, dans le langage de la conversation, on réunit presque toujours le mot *not* en le contractant au verbe auxiliaire. Exemple : *I do'nt*, je ne fais pas ; *don't I?* ne fais-je pas? *we can't*, nous ne pouvons pas; *I mightn't*, je ne pourrais pas; *oughtn't we?* ne devrions-nous pas? etc.

(2) En traduisant mettez *assez* après *ouvriers*.

ARTICLE II.

Conjugaison du Verbe régulier to fill, remplir, qui peut servir de modèle de conjugaison pour tous les verbes réguliers.

INFINITIF.

PRÉSENT.	*To fill,*	remplir
PARTICIPE PRÉSENT.	*Filling.*	remplissant.
PARTICIPE PASSÉ.	*Filled.*	rempli.

INDICATIF.

PRÉSENT.

I fill,	je remplis.
Thou fillest,	tu remplis.
He fills,	il remplit.
We fill,	nous remplissons.
You fill,	vous remplissez.
They fill.	ils remplissent.

PRÉTÉRIT OU PASSÉ.

I filled,	je remplissais	*ou* remplis.
Thou filledst,	tu remplissais	remplis.
He filled,	il remplissait	remplit.
We filled,	nous remplissions	remplîmes.
You filled,	vous remplissiez	remplîtes.
They filled,	ils remplissaient	remplirent.

FUTUR *de simple énoncé.*

I shall fill,	je remplirai.
Thou will fill,	tu rempliras.
He will fill,	il remplira.
We shall fill,	nous remplirons.
You will fill,	vous remplirez.
They will fill,	ils rempliront.

FUTUR *indicatif de la volonté de la personne qui parle.*

I will fill,	je veux remplir.
Thou shall fill,	je veux que tu remplisses.
He shall fill,	je veux qu'il remplisse.
We will fill,	nous voulons remplir.
You shall fill,	je veux que vous remplissiez.
They shall fill.	je veux qu'ils remplissent.

CONDITIONNEL de simple énoncé.

I should fill,	je remplirais.
Thou wouldst fill,	tu remplirais.
He would fill,	il remplirait.
We should fill,	nous remplirions.
You would fill,	vous rempliriez.
They would fill,	ils rempliraient.

CONDITIONNEL qui indique quelle serait la volonté de la personne qui parle.

I would fill,	je voudrais remplir.
Thou shouldst fill,	tu devrais remplir.
He should fill,	il devrait remplir.
We would fill,	nous voudrions remplir.
You should fill,	vous devriez remplir.
They should fill,	ils devraient remplir.

IMPÉRATIF.

Let me fill,	que je remplisse.
Fill,	remplis.
Let him fill,	qu'il remplisse.
Let us fill,	remplissons.
Fill,	remplissez.
Let them fill,	qu'ils remplissent.

SUBJONCTIF.

PRÉSENT.

That I fill,	que je remplisse.
That thou fill,	que tu remplisses.
That he fill,	qu'il remplisse.
That we fill,	que nous remplissions.
That you fill,	que vous remplissiez.
That they fill,	qu'ils remplissent.

PASSÉ.

That I filled,	que je remplisse.
That thou filledst,	que tu remplisses.
That he filled,	qu'il remplît.
That we filled,	que nous remplissions.
That you filled,	que vous remplissiez.
That they filled,	qu'ils remplissent.

Les verbes monosyllabes ou accentués sur la dernière syllabe qui se terminent par une consonne précédée d'une seule voyelle, doublent la consonne finale en prenant les terminaisons *ed* du prétérit et du participe passé, *ing* du participe présent, et *est* de la seconde personne du singulier du présent de l'indicatif.

EXEMPLES :

To stop, arrêter ; *I stopped*, j'arrêtai ; *stopped*, arrêté : *thou stoppest*, tu arrêtes ; *stopping*, arrêtant.

L'*e* muet se supprime à la fin d'un verbe quand on y ajoute ces mêmes terminaisons. Exemple : *to live*, vivre ; *thou livest, lived, living* (1). Les verbes qui finissent en *y* précédé d'une consonne changent cette lettre en *i*, en prenant *ed* et *est*, et ceux qui finissent en *ie* changent l'*i* en *y* au participe présent.

EXEMPLES :

To defy, défier ; *defied, thou defiest ; to lie*, mentir, *lying*.

Pour former la troisième personne du singulier du présent de l'indicatif, qui se termine toujours par une *s*, on suit les règles qui président à la formation du pluriel des noms : ainsi les terminaisons *ch, o, s, sh, ss, x* et *z*, prennent *es*, et *y* précédé d'une consonne se change en *ies*. L'ancienne terminaison de cette troisième personne, *eth*, ne s'emploie plus que dans le langage poétique.

Les temps composés se forment en ajoutant le participe

---

(1) Exceptez les verbes *to shoe*, ferrer (un cheval) ; *to singe*, rougir au feu, et *to swinge*, battre ; qui font *shoeing, singeing* et *swingeing*. L'*e* sert, dans le premier cas, à conserver la prononciation particulière de l'*o*, et dans les deux autres, à conserver la prononciation douce du *g*, et à empêcher ces mots de se confondre avec les participes *singing* et *swinging* des verbes *to sing*, chanter, et *to swing*, balancer.

8

passé aux différents temps du verbe *to have*, de la manière suivante :

I have filled, j'ai rempli ; *I had filled*, j'avais rempli ; *I shall have filled*, j'aurai rempli, etc.

Observations.

Il y a trois temps présents :

I walk, I do walk, I am walking :

et trois temps passés :

I walked, I did walk, I was walking.

Quoique ces trois manières de conjuguer le présent des verbes anglais ne s'exprime que par une seule en français, il faut bien se garder de se servir indifféremment de l'une comme de l'autre. La première exprime simplement l'action, sans la déterminer ; ex. : *I walk fast enough*, je marche assez vite. La seconde exprime l'action positivement, avec force : ex. : *I do walk every day*, je marche tous les jours ; *I do love you*, je vous aime assurément. La troisième désigne que l'action se passe au moment où l'on en parle ; ex. : *I am walking in my chamber*, je marche dans ma chambre, c'est-à-dire je suis marchant (actuellement) dans ma chambre (1).

I walked répond à peu près au passé défini français, je marchai. *I did walk* affirme avec force : j'ai marché, quoiqu'on dise le contraire.

I was walking désigne que l'action se passait lorsqu'un autre fait arriva, et répond à l'imparfait français ;

---

(1) On se sert de *do* pour nier ou pour interroger, et quelquefois, mais rarement, dans un sens affirmatif, ou bien on l'emploie seul, ainsi que *shall* et *will*, pour éviter la répétition du verbe en répondant à une question. — DELALANDE-HADLEY.

ex. : *I was walking in my chamber when you knocked at the door,* je marchais dans ma chambre lorsque vous frappâtes à la porte.

EXERCICE XXV (1).

J'appelle. — il appellera. — je veux qu'il appelle. — nous appelions.
   to call (2)
— appelons. — il appelait. — nous voyageons. — nous avons voyagé.
    to travel
— il avait voyagé. — nous aurons travaillé. — je veux qu'ils tra-
    to work
vaillent. — travaillez. — nous formons. — formant. — que je forme.
    to form
— ils formaient. — qu'elle formât. — que nous formassions. — il
a récité. — il récitera. — nous aurions récité. — je veux que vous
to recite
récitiez. — je récite en ce moment. — je fixais. — nous fixerons. —
   at moment to fix
elle fixerait. — qu'il fixe (*impér.*). — qu'elle fixe (*subj.*). — je
déjeunais quand vous êtes entré. — vous dînerez avec nous. — je
to breakfast when came in to dine with
veux que vous dîniez avec nous. — soupons. — nous avons soupé.
   to sup

ARTICLE III.

DES VERBES IRRÉGULIERS.

Les verbes ainsi appelés sont ceux dont le prétérit de l'indicatif, ou le participe passé, ne se forme pas en ajoutant *ed* à l'infinitif, sauf les modifications indiquées. En consultant la table suivante, l'élève verra comment se forment le prétérit et le participe passé. La seconde per-

---

(1) Voyez notre *Nouveau Cours de Thèmes anglais,* page 30.
(2) Je mets l'infinitif anglais sous le verbe français ; c'est à l'élève de le mettre au temps demandé.

sonne du prétérit, au singulier, prend l'addition de *est*, ou de *st* seulement après un *e*.

Observation. L'élève, en apprenant par cœur chacun de ces verbes irréguliers, fera très-bien, pour en connaître parfaitement la signification, de consulter un bon dictionnaire.

INFINITIF.		PRÉTÉRIT.	PARTICIPE.
To abide,	demeurer.	*abode*.	*abode*.
awake,	s'éveiller, se réveiller.	*awoke*.	*awoke* * (1).
be,	être.	*was*.	*been*.
bear,	porter, supporter.	*bore*.	*borne*.
bear,	produire.	*bare*.	*born*.
beat,	battre.	*beat*.	*beaten*, *beat* (2).
begin,	commencer	*began*.	*begun*.
bend,	plier, courber.	*bent*.	*bent*.
bereave (3),	priver.	*bereft*,	*bereft*.*
beseech,	prier, supplier.	*besought*.	*besought*.
bid,	ordonner, commander.	*bade*, *bid*.	*bid*, *bidden*.
bind,	lier, relier.	*bound*.	*bound* (4).
bite,	mordre.	*bit*.	*bitten*, *bit*.
bleed,	saigner.	*bled*.	*bled*.
blow,	souffler.	*blew*.	*blown*.
break,	casser, rompre.	*broke*.	*broken*.
breed,	engendrer.	*bred*.	*bred*.
bring,	apporter.	*brought*.	*brought*.
build,	bâtir.	*built*.	*built*.
burn,	brûler.	*burnt*.*	*burnt*.*
burst,	crever.	*burst*.	*burst*.
buy,	acheter.	*bought*.	*bought*.
cast,	jeter, lancer.	*cast*.	*cast*.
catch,	attraper, atteindre.	*caught*.	*caught*.
chide,	gronder.	*chid*.	*chid*, *chidden*.
choose, *chuse*,	choisir.	*chose*.	*chosen*.

(1) Les prétérits et les participes marqués d'un astérisque prennent aussi la forme régulière. Cependant on dit rarement *bended*, à moins que ce ne soit adjectivement. Exemple : *a bended bow*, un arc bandé. — POPPLETON.

(2) Lorsqu'un prétérit ou un participe passé se forme de deux manières, le premier des deux mots est celui qui est préférable, ou du moins le plus généralement employé.

(3) *Bereave* veut dire *priver quelqu'un de quelque chose, le lui ôter*. — POPPLETON.

(4) On emploie *bounden* comme adjectif dans le sens d'*obligatoire : a bounden duty*, un devoir obligatoire. — BONIFACE.

INFINITIF.		PRÉTÉRIT.	PARTICIPE.
To cleave,	fendre.	*clove, cleft.*	*cloven* (1), *cleft.*
cleave,	s'attacher, adhérer.	est régulier.	
cling,	s'attacher, se coller.	*clung, clang,*	*clung.*
clothe,	habiller.	*clad.**	*clad.*
come,	venir.	*came.*	*come.*
cost,	coûter.	*cost.*	*cost.*
creep,	ramper, s'insinuer.	*crept.*	*crept.*
crow,	chanter (comme le coq).	*crew.**	*crowed.*
cut,	couper.	*cut.*	*cut.*
dare,	oser.	*durst.*	*dared.*
dare,	défier, provoquer. RÉG.		
deal,	{ en user, agir. / distribuer, trafiquer.	*dealt.**	*dealt.**
die,	mourir.	*died.*	*died, dead* (2).
dig,	creuser, bêcher.	*dug.**	*dug.**
dip,	plonger.	*dipt.**	*dipt.**
do.	faire.	*did.*	*done.*
draw,	tirer, dessiner.	*drew.*	*drawn.*
dream,	rêver.	*dreamt.**	*dreamt.**
drink,	boire.	*drank.*	*drunk.*
drive,	chasser (devant soi).	*drove.*	*driven.*
dwell,	habiter.	*dwelt.**	*dwelt.**
eat,	manger.	*ate.*	*eaten.*
fall,	tomber.	*fell.*	*fallen.*
feed,	nourrir.	*fed.*	*fed.*
feel,	sentir (3).	*felt.*	*felt.*
fight,	combattre, se battre.	*fought.*	*fought.*
find,	trouver.	*found.*	*found.*
flee,	s'enfuir.	*fled.*	*fled.*
fling,	jeter, lancer.	*flung.*	*flung.*
fly,	voler (avec des ailes).	*flew.*	*flown.*
forsake,	abandonner.	*forsook.*	*forsaken.*
freeze,	geler.	*froze.*	*frozen.*
freight,	charger.	*freighted.*	*fraught.*
get,	gagner, acquérir.	*got.*	*got, gotten.*
gild,	dorer.	*gilt.**	*gilt.**
gird,	ceindre.	*girt.**	*girt.**
give,	donner.	*gave,*	*given.*
go,	aller.	*went.*	*gone.*
grave,	graver.	*graved.*	*graven.**

---

(1) *Cloven* s'emploie adjectivement. Exemple : *cloven foot,* pied fendu. — Pop-
PLETON.

(2) *Dead,* à proprement parler, est un adjectif; *died* est le participe, et s'emploie
avec le verbe *to have,* avoir. Exemple : *he has died of his wounds,* il *est mort* de
ses blessures. — POPPLETON.

(3) Pour le sens du verbe, consultez le dictionnaire. — BONIFACE.

INFINITIF.		PRÉTÉRIT.	PARTICIPE.
To grind,	moudre.	*ground.*	*ground.*
grow,	croître, devenir.	*grew.*	*grown.*
have,	avoir.	*had.*	*had.*
hang,	pendre.	*hung.**	*hanged* (1), *hung.*
hear,	entendre (par l'ouïe).	*heard.*	*heard.*
heave,	lever, soulever.	*hove.**	*hoven* * (2).
hew,	couper, tailler.	*hewed.*	*hewn.**
hide,	cacher.	*hid.*	*hidden, hid.*
hit,	frapper, donner un coup.	*hit.*	*hit.*
hold,	tenir.	*held.*	*held, holden.*
hurt,	blesser, nuire.	*hurt.*	*hurt.*
keep,	garder, tenir.	*kept.*	*kept.*
knit,	tricoter.	*knit.*	*knit.*
know,	savoir, connaître.	*knew.*	*known.*
lade (3),	charger.	*laded.*	*laden.*
lay,	poser.	*laid.*	*laid.*
lead,	mener, conduire.	*led.*	*led.*
leap,	sauter.	*leapt.**	*leapt.**
leave,	laisser.	*left.*	*left.*
lend,	prêter.	*lent.*	*lent.*
let,	laisser, permettre, louer.	*let.*	*let.*
lie,	coucher.	*lay.*	*lain.*
light,	allumer.	*lit.**	*lit.**
lose,	perdre.	*lost.*	*lost.*
make,	faire.	*made.*	*made.*
mean,	signifier, vouloir dire.	*meant.*	*meant.*
meet,	rencontrer.	*met.*	*met.*
mow,	faucher.	*mowed.*	*mown.**
pay,	payer.	*paid.*	*paid.*
put,	mettre.	*put.*	*put.*
read,	lire.	*read.*	*read.*
rend,	déchirer.	*rent.*	*rent.*
rid,	débarrasser.	*rid.*	*rid.*
ride,	aller à cheval.	*rode.*	*ridden, rode.*
ring,	sonner.	*rang, rung.*	*rung.*
rise,	se lever.	*rose.*	*risen.*
rive,	fendre, se fendre.	*rived.*	*riven.*
run,	courir.	*ran.*	*run.*
saw,	scier.	*sawed.*	*sawn.**
say,	dire.	*said.*	*said.*

---

(1) *Hanged* se dit en parlant du supplice. On dit : *the murderer was* hanged, le meurtrier fut pendu ; *he* hanged *himself,* il se pendit ; *your hat is* hung *upon the peg,* votre chapeau est pendu au clou. — Poppleton

(2) Irrégulier en terme de marine. — Poppleton.

(3) *To lade* s'emploie pour *charger un vaisseau ;* et au figuré, le participe passif s'emploie dans le sens d'*être chargé d'un fardeau.* — Poppleton.

INFINITIF.		PRÉTÉRIT.	PARTICIPE.
To see,	voir.	*saw.*	*seen.*
seek,	chercher.	*sought.*	*sought.*
seeth,	mitonner.	*sod.**	*sodden.**
sell,	vendre.	*sold.*	*sold.*
send,	envoyer.	*sent.*	*sent.*
set,	poser.	*set.*	*set.*
shake,	secouer.	*shook.*	*shaken.*
shave,	raser.	*shaved.*	*shaven.*
shear,	tondre.	*shore.**	*shorn.*
shed,	verser.	*shed.*	*shed.*
shew (1),	montrer.	*shewed.*	*shewn.*
shine,	luire.	*shone.*	*shone.**
shoe,	chausser, ferrer.	*shod.*	*shod.*
shoot,	tirer (avec une arme à feu, un arc, etc.)	*shot.*	*shot.*
show,	montrer.	*showed.*	*shown.*
shred,	hacher.	*shred.**	*shred.**
shrink,	se rétrécir.	*shrank.*	*shrunk.*
shrive,	se confesser.	*shrove.*	*shriven.*
shut,	fermer.	*shut.*	*shut.*
sing,	chanter.	*sang, sung.*	*sung.*
sink,	s'enfoncer.	*sank, sunk.*	*sunk.*
sit,	s'asseoir.	*sat.*	*sat.*
slay,	tuer.	*slew.*	*slain.*
sleep,	dormir.	*slept.*	*slept.*
slide,	glisser.	*slid.*	*slidden.*
sling,	fronder.	*slang, slung.*	*slung.*
slink (2),	se dérober.	*slank, slunk.*	*slunk.*
slit,	fendre.	*slit.**	*slit.**
smell,	sentir (par l'odorat).	*smell.**	*smell.**
smite,	frapper,	*smote.*	*smitten.*
sow,	semer.	*sowed.*	*sown.**
speak,	parler.	*spoke.*	*spoken.*
speed,	se hâter, prospérer.	*sped.*	*sped.*
spend,	dépenser.	*spent.*	*spent.*
spill,	répandre, verser.	*spill.**	*spill.**
spin,	filer.	*spun.*	*spun.*
spit,	cracher.	*spit, spat.*	*spit, spitten.*
split,	se fendre.	*split.*	*split.**
spread,	étendre.	*spread.*	*spread.*
spring,	s'élancer, jaillir.	*sprang, sprung.*	*sprung.*
stamp,	empreindre.	*stampt.**	*stampt.**

(1) L'habitude de prononcer l'*e* comme l'*o* dans ce verbe, a fait écrire *show*, comme on le trouve plus bas. — POPPLETON.

(2) Ce verbe est toujours suivi de *away*, lorsqu'il est employé en anglais sans complément. — POPPLETON.

INFIFITIF.		PRÉTÉRIT.	PARTICIPE.
To stand,	rester, se tenir, rester debout.	*stood.*	*stood.*
steal,	voler, dérober.	*stole.*	*stolen.*
stick,	attacher, plonger, enfoncer.	*stuck.*	*stuck.*
sting,	piquer.	*stung.*	*stung.*
stink,	puer.	*stunk.*	*stunk.*
stride,	enjamber.	*strode.*	*stridden.*
strike,	frapper.	*struck.*	*struck, stricken.*
string,	enfiler.	*strung.*	*strung.*
strive,	s'efforcer.	*strove.*	*striven.*
swear,	jurer.	*swore.*	*sworn.*
sweat,	suer.	*sweat.*	*sweat.*
sweep,	balayer.	*swept.*	*swept.*
swell,	enfler.	*swelled.*	*swollen, swoln.*
swim,	nager.	*swam.*	*swum.*
swing,	balancer.	*swung, swang.*	*swung.*
take,	prendre.	*took.*	*taken.*
teach,	enseigner.	*taught.*	*taught.*
tear,	déchirer.	*tore.*	*torn.*
tell,	dire, raconter.	*told.*	*told.*
think,	penser.	*thought.*	*thought.*
thrive,	prospérer.	*throve.*	*thriven.*
throw,	jeter.	*threw.*	*thrown.*
thrust,	pousser.	*thrust.*	*thrust.*
tread,	marcher.	*trod.*	*trodden, trod.*
wax,	devenir.	*waxed.*	*waxen.*
wear,	porter (comme des habits), user.	*wore.*	*worn.*
weave,	tisser.	*wove.*	*woven.*
weep,	pleurer.	*wept.*	*wept.*
win,	gagner.	*won.*	*won.*
wind,	tourner.	*wound.*	*wound.*
work,	travailler.	*wrought.*	*wrought.*
wring,	tordre.	*wrung.*	*wrung.*
write,	écrire.	*wrote.*	*written.*
writhe,	tordre, se tordre.	*writhed.*	*writhen.*

Il se trouve, dans la table précédente, des verbes qui, étant joints à des prépositions, ou particules initiales, forment des verbes composés, comme *to arise, to behold, to become, to forget, to undo,* etc. Nous avons omis les verbes ainsi composés, parce qu'ils se conjuguent comme leurs simples, *to rise; to hold,* etc.

EXERCICE XXVI (1).

Il supporta son malheur avec résignation. — nous avons commencé
   to bear   misfortune with resignation   to begin
notre ouvrage. — il fut mordu par un chien. — avez-vous apporté
           to bite by   dog   to bring
les journaux? — le ballon est crevé. — j'ai acheté la maison. — le
  newspaper   balloon to burst   to buy
coq chanta trois fois ce matin. — ils ont bu tout le vin. — avez-vous
   to crow   to drink   wine
mangé votre pain? — ils ont trouvé ce qu'ils avaient perdu. — nous
to eat   to find   to lose
entendîmes du bruit. — il s'agenouilla devant l'autel. — ils sautèrent
 to hear   to kneel before altar   to leap
par-dessus le mur. — j'ai lu cet ouvrage. — les chevaux sont ferrés.
  over   wall   to read work   to shoe
— la porte est fermée. — vous avez répandu le lait. — il a dépensé
  door   to shut   to spill   milk   to spend
tout son argent. — une abeille le piqua. — j'ai écrit à votre frère.
  money   bee   to sting

ARTICLE IV.

CONJUGAISON D'UN VERBE RÉFLÉCHI.

Les verbes *réfléchis* sont ceux dont le *nominatif* ou sujet, au lieu d'agir sur un objet étranger, agit sur lui-même et est tout à la fois le sujet et l'objet de l'action qu'ils expriment; comme *je me loue, tu te flattes, Paul se chauffe,* etc.

Ces verbes se conjuguent en anglais absolument de la même manière que tous les autres verbes, et empruntent aussi le verbe *avoir* pour auxiliaire dans leurs temps com-

---

(1) Voyez notre *Nouveau Cours de Thèmes anglais*, page 32.

posés ; au lieu que ces temps en français sont formés avec l'auxiliaire *être* ; ainsi , au lieu de dire comme les Français , *je me suis habillé , tu t'étais flatté , elle se sera louée* , les Anglais disent : *J'ai habillé moi-même , tu avais flatté toi-même ; elle aura loué elle-même.* On voit par là aussi qu'en anglais le pronom *réfléchi* se met après le verbe , au lieu qu'en français il le précède. Ce pronom *réfléchi régime direct* correspond avec le pronom personnel sujet ou le nominatif du verbe , de la manière suivante :

A l'infinitif on met *one's self.*

Aux autres modes :

AU SINGULIER.

Avec *I* .. on met...	*Myself.*
Thou,	*Thyself,*
You, au sing.	*Yourself.*
He,	*Himself.*
She,	*Herself.*
It,	*Itself.*
One.	*One's self* (1).

AU PLURIEL.

We,	*Ourselves.*
You,	*Yourselves.*
They,	
People,	} *Themselves.*

---

(1) A l'infinitif, quand il n'y a point de sujet déterminé par un verbe précédent, on met *one's self ;* autrement on mettrait le pronom réfléchi qui correspond au nominatif du verbe précédent ; comme : *Il* devrait s'habiller, *he ought to dress himself ; elle* commence à s'appliquer, *she begins to apply herself ; ces* messieurs ont coutume de se louer, *these gentlemen are apt to praise themselves.*

C'est lorsque *one* est seul et tout à fait indéterminé qu'il a pour pronom réfléchi *one's self : One must take care of one's self,* on doit prendre soin de *soi-même ;* car s'il est accompagné de quelque pronom indéfini, déterminatif ou négatif, comme *some, any, every,* ou de *no,* il rentre dans les pronoms désignatifs de la troisième personne au masculin, et en prend le pronom réfléchi correspondant ; comme : *Some one has dressed himself here,* quelqu'un s'est habillé ici ; *no one has praised himself,* personne ne s'est loué ; *every one flattered himself he should succeed,* chacun se flattait de réussir ; *was there any one who was not pleased with himself,* y avait-il quelqu'un qui ne fût pas content de soi-même. — BONIFACE.

To dress one's self, s'habiller; mot à mot, *habiller soi-même.*

INDICATIF.

PRÉSENT.

Mot à mot.

I dress myself,	je m'habille,	j'habille moi-même.
Thou dressest thyself,	tu t'habilles,	tu habilles toi-même.
He dresses himself,	il s'habille,	il habille lui-même.
She dresses herself,	elle s'habille,	elle habille elle-même.
We dress ourselves,	nous nous habillons,	nous habillons nous-mêmes.
You dress yourselves (1),	vous vous habillez,	vous habillez vous-mêmes.
They dress themselves,	ils *ou* elles s'habillent,	ils *ou* elles habillent eux *ou* elles-mêmes.

Les autres temps se conjuguent de la même manière, en mettant le régime *myself, thyself,* etc., après le verbe actif. Les temps composés, qui se forment en français avec le verbe auxiliaire *être,* se forment en anglais avec le verbe auxiliaire *to have,* avoir.

EXEMPLES :

I have		je me suis	
I had	*dressed myself.*	je m'étais	habillé.
I shall have		je me serai	
I should have		je me serais	

N. B. Beaucoup de verbes français réfléchis, tels que *se repentir, s'agenouiller, s'abstenir,* et en général les verbes appelés ordinairement neutres que l'on construit à l'infinitif avec le pronom *se,* se traduisent en anglais par des verbes neutres. Ainsi les Anglais disent : *I repent,* je me repens ; *I kneel,* je m'agenouille ; *he is dying,* il se meurt, etc., et même quelquefois ils retranchent le pro-

---

(1) En parlant à une seule personne, on dit *yourself.*

nom *réfléchi*, quand le sens ne l'exige point, comme *I repent*, je me repens ; parce que le sentiment du *repentir* est inséparable de celui qui l'éprouve, et qu'on ne peut repentir un autre que soi. — Ce verbe, en un mot, ne peut avoir un objet direct. Il exprime un sentiment, et est neutre de sa nature, comme *je réfléchis, je médite, je languis*. Les Français disent improprement *il se repent*, comme ils disent *il se meurt*, au lieu de *il est repentant, il est mourant*.

Remarquez que les verbes réfléchis employés dans un sens passif se rendent en anglais par le passif : Ce drap se vend très-bon marché, *this cloth is sold very cheap*. Il se trouve des amis sincères, *sincere friends are to be found*.

Des Verbes réciproques.

Le régime d'un verbe réciproque est *one another*, ou plus élégamment, *each other*, l'un l'autre, les uns les autres. Il doit toujours être placé après le verbe.

EXERCICE XXVII (1).

Je me flatte.— elle se voit. — je me suis vu. — elle se flattera.
   to flatter   *to see*
— elle s'est tuée. — nous nous sommes vus. — vous vous fatiguez. —
   to kill   *to fatigue*
ils se fatigueraient. — nous nous sommes amusés toute *la* journée. —
                               to amuse all   *day*
il s'est blessé. — elles se sont ruinées. — ils se défendent bien.— elle
   to hurt   *to ruin*   *to defend well*
se repent. — je me soumets. — ces livres se vendent. — elles se
       to submit   *to sell*
meurent. — ils se rencontrèrent. — elles se sont embrassées. — vous
 to die   *to meet*   *to embrace*
vous êtes vus l'un l'autre. — ils s'aiment.

---

(1) Voyez notre *Nouveau cours de Thèmes anglais*, page 34.

ARTICLE V.

MODÈLE DE CONJUGAISON D'UN VERBE ANGLAIS AVEC LA NÉGATION *NOT*.

INFINITIF.

PRÉSENT.	*Not to love,*	ne pas aimer (1).
PARTICIPE PRÉSENT.	*Not loving,*	n'aimant pas.
PARTICIPE PASSÉ.	*Not loved,*	pas aimé.

INDICATIF.

PRÉSENT.

I do not love (2),	je n'aime pas.
Thou dost not love,	tu n'aimes pas.
He does not love,	il n'aime pas.
We do not love,	nous n'aimons pas.
You do not love,	vous n'aimez pas.
They do not love,	ils n'aiment pas.

PRÉTÉRIT.

I did not love,	je n'aimais pas.
Thou didst not love,	tu n'aimais pas.
He did not love,	il n'aimait pas.
We did not love,	nous n'aimions pas.
You did not love,	vous n'aimiez pas.
They did not love,	ils n'aimaient pas.

FUTUR *de simple énoncé.*

I shall not love,	je n'aimerai pas.
Thou will not love,	tu n'aimeras pas.
He will not love,	il n'aimera pas.
We shall not love,	nous n'aimerons pas.
You will not love,	vous n'aimerez pas.
They will not love,	ils n'aimeront pas.

(1) De même dans les temps composés, *not* se place le premier mot : *Not to have loved,* n'avoir pas aimé ; *not having loved,* n'ayant pas aimé.

(2) Dans le style soutenu et dans le langage poétique on emploie souvent pour le présent et le passé de tous les verbes la forme simple de négation avec *not* seulement, comme pour les verbes auxiliaires. Exemple : *I love not,* je n'aime pas ; *I loved not,* je n'aimais pas ; et quand le verbe a un pronom pour régime on place le mot *not* après le régime. Exemple : *I love thee not,* je ne t'aime pas.

FUTUR *indicatif de la volonté*, etc.

I will not love,	je ne veux pas aimer.
Thou shall not love,	je ne veux pas que tu aimes.
He shall not love,	je ne veux pas qu'il aime.
We will not love,	nous ne voulons pas aimer.
You shall not love,	je ne veux pas que vous aimiez.
They shall not love,	je ne veux pas qu'ils aiment.

CONDITIONNEL *de simple énoncé.*

I should not love,	je n'aimerais pas.
Thou wouldst not love,	tu n'aimerais pas.
He would not love,	il n'aimerait pas.
We should not love,	nous n'aimerions pas.
You would not love,	vous n'aimeriez pas.
They would not love.	ils n'aimeraient pas.

CONDITIONNEL *qui indique quelle serait la volonté de celui qui parle.*

I would not love,	je ne voudrais pas aimer.
Thou shouldst not love,	tu ne devrais pas aimer.
He should not love,	il ne devrait pas aimer.
We would not love,	nous ne voudrions pas aimer.
You should not love,	vous ne devriez pas aimer.
They should not love,	ils ne devraient pas aimer.

IMPÉRATIF.

Let me not love,	que je n'aime pas.
Do not love,	n'aime pas.
Let him not love,	qu'il n'aime pas.
Let us not love,	n'aimons pas.
Do not love,	n'aimez pas.
Let them not love.	qu'ils *ou* qu'elles n'aiment pas.

SUBJONCTIF.

PRÉSENT.

That I do not love,	que je n'aime pas.
That thou do not love,	que tu n'aimes pas.
That he do not love,	qu'il n'aime pas.
That we do not love,	que nous n'aimions pas.
That you do not love,	que vous n'aimiez pas.
That they do not love,	qu'ils n'aiment pas.

PASSÉ.

That I did not love,	que je n'aimasse pas.
That thou didst not love,	que tu n'aimasses pas.
That he did not love,	qu'il n'aimât pas.
That we did not love,	que nous n'aimassions pas.
That you did not love,	que vous n'aimassiez pas.
That they did not love,	qu'ils n'aimassent pas.

Observations.

L'élève voit qu'à l'infinitif on met *not* avant la préposition *to*, et qu'il précède les participes ; qu'au présent de
l'indicatif on emploie le verbe *do*, et au prétérit *did*,
suivi de *not*, et que ce verbe se met entre le sujet et la
négation suivie du verbe, qui ne varie pas parce qu'il est
à l'infinitif ; qu'au futur, au conditionnel et au subjonctif,
on met *not* entre *will, shall, would, should, do* et *did*,
et le verbe que l'on conjugue.

Il y a quelques verbes qui, employés négativement, se
conjuguent quelquefois sans l'auxiliaire *do*. Tels sont *to
need*, avoir besoin ; *to dare*, oser ; *I need not, she dares not.*

EXERCICE XXVIII (1).

Il ne chante pas. — elle ne vient pas. — je ne vois pas. — nous ne
    to sing   *to come*   *to see*
parlions pas. — ne jouons pas. — ne croyez pas. — mon ami ne chan-
to speak   *to play*   *to believe*
terait pas. — ils ne viendront pas. — elles ne parlaient pas. — il ne
parle pas anglais. — nous ne voyions pas. — il ne jouera pas. — je
       English
n'attendrai pas. — ne me fatiguez pas. — vous ne travaillerez pas.
   to wait   *to fatigue*   *to work*
— vous ne voulez pas travailler. — je ne veux pas que vous travail-
liez. — ne négligez pas vos affaires. — il ne devrait pas parler. — il
       to neglect   *business*
ne parlerait pas. — que je ne vole point. — qu'il ne joue pas. — que
je ne vous visse point. — que nous ne le vissions point.

---

(1) Voyez notre *Nouveau Cours de Thèmes anglais*, page 36.

ARTICLE VI.

MODÈLE D'UN VERBE ANGLAIS CONJUGUÉ INTERROGATIVEMENT.

INDICATIF.

PRÉSENT.

Do I love (1) ?	aimé-je ?
Dost thou love ?	aimes-tu ?
Does he love ?	aime- t-il ?
Do we love ?	aimons-nous ?
Do you love ?	aimez-vous ?
Do they love ?	aiment-ils ?

PRÉTÉRIT.

Did I love ?	aimais-je ?
Didst thou love ?	aimais-tu ?
Did he love ?	aimait-il ?
Did we love ?	aimions-nous ?
Did you love ?	aimiez-vous ?
Did they love ?	aimaient-ils ?

FUTUR.

Shall I love ?	aimerai-je ?
Shalt thou love ?	aimeras-tu ?
Will he love ?	aimera-t-il ?
Shall we love ?	aimerons-nous ?
Shall you love ?	aimerez-vous ?
Will they love ?	aimeront-ils ?

CONDITIONNEL.

Should I love ?	aimerais-je ?
Shouldst thou love ?	aimerais-tu ?
Would he love ?	aimerait-il ?
Should we love ?	aimerions-nous ?
Should you love ?	aimeriez-vous ?
Would they love ?	aimeraient-ils ?

---

(1) Dans le style noble et en poésie on emploie souvent au présent et au passé la forme simple d'interrogation sans auxiliaire. Exemple : *thinkest thou ?* penses-tu ? *knows he ?* sait-il ?

Ces exemples font voir à l'élève que, pour interroger, on emploie aussi le verbe *do* au présent, et son passé *did* au prétérit de l'indicatif; qu'il se met avant le sujet, qui est suivi du verbe que l'on conjugue, lequel ne varie pas, et qu'au futur et au conditionnel, on met le sujet entre *shall* et *should* et le verbe que l'on conjugue.

Remarquez que, dans *Votre frère change-t-il?* et dans les interrogations analogues, le pronom ne s'exprime pas en anglais, et que le sujet se met entre l'auxiliaire et l'infinitif; ainsi l'on dira : *Does* your brother *sing? Will* your brother *sing?* etc.

N. B. Avec les verbes *to be, to have,* et les verbes défectueux *must, ought,* etc., au lieu d'employer *do,* on met le sujet après le verbe comme en français. Mais ces phrases : *Votre ami est-il arrivé? Votre frère a-t-il parlé?* se traduiront ainsi : Is *your friend arrived?* Has *your brother spoken?* On voit que, comme nous venons de le dire, le pronom n'est pas rendu, et que l'interrogation commence par le verbe.

EXERCICE XXIX (1).

Parlé-je bien? — chante-t-il mieux que moi? — votre frère parle-t-il
       well
anglais? — croyons-nous? — venaient-ils? — leur père est-il à la
English   *at*
maison? — notre maître est-il venu? — parlez-vous anglais? —
home
parle-t-il bien? — vient-elle? — veniez-vous? — marcheriez-vous?
— jouez-vous aussi bien qu'elle. — joue-t-il aux échecs? — avez-vous
to please   *at chess*
jamais joué aux dames? — ce jeu vous amuse-t-il? — croyez-vous
  ever   *at draughts*   *game*   *to believe*

---

(1) Voyez notre *Nouveau Cours de Thèmes anglais,* page 36.

tout ce qu'il **vous** dit? — pensez-vous *que* cette histoire soit vraie?
to tell   to think   story   true
-- avez vous amené vos amis avec vous? — aimez-vous *le* voyage?
to bring   friend   to like   travelling

ARTICLE VII.

MODÈLE D'UN VERBE ANGLAIS CONJUGUÉ AVEC INTERROGATION ET NÉGATION.

INDICATIF.

PRÉSENT.

Do I not love?	n'aimé-je pas?
Dost thou not love?	n'aimes-tu pas?
Does he not love?	n'aime-t-il pas?
Do we not love?	n'aimons-nous pas?
Do you not love?	n'aimez-vous pas?
Do they not love?	n'aiment-ils pas?

PASSÉ.

Did I not love?	n'aimais-je pas?
Didst thou not love?	n'aimais-tu pas?
Did he not love?	n'aimait-il pas?
Did we not love?	n'aimions-nous pas?
Did you not love?	n'aimiez-vous pas?
Did they not love?	n'aimaient-ils pas?

FUTUR.

Shall I not love?	n'aimerai-je pas?
Shall thou not love?	n'aimeras-tu pas?
Will he not love?	n'aimera-t-il pas?
Shall we not love?	n'aimerons-nous pas?
Shall you not love?	n'aimerez-vous pas?
Will they not love?	n'aimeront-ils pas?

CONDITIONNEL.

Should I not love?	n'aimerais-je pas?
Shouldst thou not love?	n'aimerais-tu pas?
Would he not love?	n'aimerait-il pas?
Should we not love?	n'aimerions-nous pas?
Should you not love?	n'aimeriez-vous pas?
Would they not love?	n'aimeraient-ils pas?

Outre les interrogations précédentes , il y en a deux, en français, qui ne se rencontrent que dans peu de langues. Par exemple , on dit souvent : *Est-ce qu'il pleut ?* Le but de celui qui interroge n'est pas de savoir s'il pleut ou non , mais il fait entendre qu'il croit qu'il ne pleut pas, et qu'il serait surpris s'il pleuvait ; il faut donc bien distinguer cette façon d'interroger de celle de pur mouvement de curiosité, qui porte à demander s'il pleut : *Pleut-il (does it rain)?* Dans le premier cas (*est-ce qu'il pleut ?*) on traduit par : *It does not rain, does it ?* De même , par cette interrogation : *N'est-ce pas qu'il pleut ?* on croit qu'il pleut , et l'on en prend quelqu'un à témoin , ce qui se rend en anglais par : *It rains, does it not ?*

EXERCICE XXX (1).

Ne parle-t-il pas bien ? — ne vient-elle pas ? — ne puis-je pas
                 well
venir ? — ne pouvait-il pas marcher ? — n'êtes-vous pas mon ami ?
               to walk
— est-ce qu'il pleuvait ? — est-ce que je chante bien ? — Chanté-je
       to rain
bien ? — écrit-il mieux que moi ? — ne deviendra-t-il pas plus fort que
                    to become   *strong*
moi ? — nos amis ne sont-ils pas arrivés ? — le diner n'est-il pas fini ?
                    to end
— est-ce que vous écrivez ? — ne lisez-vous pas en ce moment ? —
               to read   *at*
n'ont-ils pas lu ce volume ? — le tailleur a-t-il fini mon habit ? —
                tailor   *coat*
ne voyez-vous pas les chasseurs ? — n'avez-vous pas lu le journal
  see   *sportsman*   *newspaper*
d'aujourd'hui (2) ?
  to-day

---

(1) Voyez notre *Nouveau Cours de Thèmes anglais* , page 36.
(2) Mettez *to-day* au génitif possessif.

ARTICLE VIII.

DES VERBES APPELÉS IMPERSONNELS.

Ils se conjuguent avec *it*, il, de la manière qui suit :

It rained, *It was raining,*	il pleuvait.
It did not rain, *It was not raining,*	il ne pleuvait pas.
Did it rain? *Was it raining?*	pleuvait-il?
Did it not rain? *Was it not raining?*	ne pleuvait-il pas?
It rains, *It does rain,* *It is raining,*	il pleut.
It has rained, *It has been raining,*	il a plu.
It does not rain, *It is not raining,*	il ne pleut pas.
It has not rained.	il n'a pas plu.
Does it rain? *Is it raining?*	pleut-il?
Has it rained,	a-t-il plu?
Does it not rain? *Is it not raining?*	ne pleut-il pas?
Has it not rained?	n'a-t-il pas plu?

Ainsi de suite aux autres temps, avec les signes ordinaires.

Conjuguez de la même manière *it snows*, il neige ; *it hails*, il grêle ; *it thunders*, il tonne ; *it lightens*, il fait des éclairs ; *it freezes*, il gèle ; *it thaws*, il dégèle, etc.

Du Verbe impersonnel il faut.

Ce verbe n'est point impersonnel en anglais ; il se conjugue de la manière suivante :

INDICATIF.

PRÉSENT.

I must (1),	il faut que je.
Thou must,	que tu.
He must,	qu'il.
We must,	que nous.
You must,	que vous.
They must,	qu'ils.

IMPARFAIT et PRÉTÉRIT.

I was obliged,	il fallait *ou* il fallut que je.
Thou wast obliged,	que tu.
He was obliged,	qu'il.
We were obliged,	que nous.
You were obliged,	que vous.
They were obliged,	qu'ils.

FUTUR.

I shall be obliged,	il faudra que je.
Thou will be obliged,	que tu.
He will be obliged,	qu'il.
We shall be obliged,	que nous.
You will be obliged,	que vous.
They will be obliged,	qu'ils.

Ainsi de suite pour tous les temps et leurs signes, comme ci-dessus.

Observez que le verbe qui suit le *que* en français doit

---

(1) Cela signifie, mot à mot, *je dois.* Remarquez cependant qu'il y a d'autres manières de rendre en anglais le verbe impersonnel *il faut.* BONIFACE.

se mettre à l'infinitif en anglais, et que le signe de l'infinitif *to* ne s'emploie pas après *must* (1).

EXEMPLES :

I must love,	il faut que j'aime.
I was obliged to love.	il fallut que j'aimasse, etc.

Du Verbe impersonnel il y a, *there is.*

There is s'emploie lorsque le mot qui suit est au singulier, et *there are* lorsqu'il est au pluriel. C'est comme si l'on disait en français : *là est, là sont.*

EXEMPLES :

Sing.	*There is a man,*	il y a un homme.
Plur.	*There are men,*	il y a des hommes.
Sing.	*There was a horse,*	il y avait *ou* il y eut un cheval.
Plur.	*There were horses.*	il y avait *ou* il y eut des chevaux.

Continuez ainsi, en mettant toujours la troisième personne du singulier de chaque temps du verbe *to be,* être, lorsqu'il s'agit du singulier, et la troisième du pluriel, quand il s'agit du pluriel.

De même, en interrogeant, on dit :

Is there a woman?	y a-t-il une femme?
Are there women?	y a-t-il des femmes?
Is there not a woman?	n'y a-t-il pas une femme?
Are there no women?	n'y a-t-il pas des femmes?

---

(1) Ce signe de l'infinitif, *to,* se supprime souvent après les verbes suivants : *to dare,* oser ; *to need,* avoir besoin ; *to make,* faire ; *to hear,* entendre ; *to feel,* sentir ; *to bid,* ordonner ; *to behold* ou *to see,* voir. *She dares not speak,* elle n'ose parler ; *you need not go,* vous n'avez pas besoin d'aller ; *I hear them call me,* je les entends m'appeler, etc. — BONIFACE.

EXERCICE XXXI (1).

Il neige. — il neigeait quand je vous ai rencontré (2). — il pleuvra
                                        to meet
ce soir. — il gèlera cette nuit. — il a plu toute la journée. — ne
evening   *all   day*
dégèle-t-il pas ? — il ne tonne pas. — il faut que j'écrive. — il faut
                                            to write
qu'il vienne. — il fallait que je parlasse. — fallait-il qu'il vînt? —
il ne faut pas que nous chantions. — il faudra que je vienne. —
il faudrit qu'il vînt, qu'il parlât. — il y a de bons livres dans la
bibliothèque. — il y avait cinquante hommes. — il y aura cent
 library
hommes. — y a-t-il des fleurs? -- n'y a-t-il pas des enfants ?
                 flower

CHAPITRE VI.

DES ADVERBES.

L'adverbe est un mot indéclinable, qui ne gouverne ni
n'est gouverné ; son usage, dans le langage, est de déterminer les véritables circonstances qui accompagnent nos
idées et nos actions.

Les grammairiens distinguent plusieurs sortes d'adverbes :

1° Les adverbes de temps, tels que :

After,	après.	*Before*,	auparavant.
Afterwards,	ensuite.	*Beforehand*,	d'avance, à l'avance.
Already,	déjà.		
Always,	toujours.	*Behindhand*,	en retard.

---

(1) Voyez notre *Nouveau Cours de Thèmes anglais*, page 38.
(2) Traduisez comme s'il y avait *quand je vous rencontrai.*

By and by,	tantôt.	*Now,*	maintenant.
Early,	de bonne heure.	*Often,*	souvent.
Ever,	jamais, toujours.	*Once,*	jadis, autrefois.
First,	d'abord.	*Presently,*	tout à l'heure.
Formerly,	autrefois.	*Seldom,*	rarement.
Henceforth, *Henceforward,*	désormais.	*Shortly,*	dans peu, sous peu.
Hitherto,	jusqu'à présent.	*Soon,*	bientôt.
Late,	tard.	*Still,*	encore, toujours.
Lately,	récemment.	*Then,*	alors.
Long,	longtemps.	*To-day,*	aujourd'hui.
Long ago,	il y a longtemps.	*To-morrow* (1),	demain.
Never,	jamais, ne jamais.	*To-night,*	ce soir.
Next,	ensuite.	*Yesterday,*	hier.
Not long ago,	il n'y a pas long-temps.	*Yet,*	encore.

2° Les adverbes de lieu, tels que :

Above,	en haut, au-dessus.	*Hence,*	d'ici.
		Here,	ici.
Anywhere	quelque part que ce soit, n'importe où.	*Hither* (2),	ici.
		Nowhere,	nulle part.
		Somewhere,	quelque part.
Backward,	en arrière.	*Thence,*	de là.
Before,	en avant.	*There,*	là.
Behind,	en arrière.	*Thither,*	là.
Below,	en bas.	*Whence,*	d'où.
Down, *Downward,*	en bas.	*Where,*	où.
		Whither,	où.
Elsewhere,	ailleurs.	*Within,*	dedans.
Everywhere,	partout.	*Without,*	dehors.
Far,	loin.	*Up,* *Upward,*	en haut.
Forth,	dehors, en avant.		
Forward,	en avant.		

---

(1) *Après-demain* se dit en anglais *the day after to-morrow*, et *avant-hier*, *the day before yesterday.*

(2) *Hither, thither* et *whither* s'emploient avec un verbe qui exprime le mouvement *vers* un endroit. Exemples : *He is coming hither*, il vient ici ; *they are going thither*, ils vont là ; *whither are you going?* où allez-vous? *Here, there et where* s'emploient lorsqu'il s'agit d'un fait qui se passe *dans* un endroit. Exemples : *He is here*, il est ici ; *they are working there*, ils travaillent là ; *where are you?* où êtes-vous? Dans le style de la conversation on observe rarement cette distinction, et on dit généralement : *where are you going? he is coming here*, etc.

3° De quantité, comme :

About,	environ.	*Much,*	} beaucoup.
Almost,	presque.	*Many,*	
As much, as many,	} autant.	*Nearly,*	presque.
		Over,	par trop.
Enough,	assez (1).	*Quite,*	tout à fait.
Hardly,	à peine.	*Scarcely,*	} à peine.
How much (2),	} combien (3),	*Scarce,*	
How many,		*So much,*	} tant.
Less,	moins.	*So many,*	
Little,	} peu.	*Too,*	trop (4).
Few,		*Too much,*	} trop.
More,	plus.	*Too many,*	
		Very,	très.

4° De qualité, comme :

Badly, ill,	mal.	*Well,*	bien.
Right,	juste, bien.	*Wisely,*	sagement.

5° D'affirmation, tels que :

Certainly,	certainement.	*Undoubtedly,*	sans doute.
Indeed,	en vérité.	*Yes,*	oui, etc.
Truly,	véritablement.		

(1) *Enough* suit toujours le nom, l'adjectif ou l'adverbe qu'il accompagne. Exemples : *He has money enough,* il a assez d'argent ; *we are strong enough,* nous sommes assez forts.

(2) *Much, how much, so much, too much,* s'emploient devant un nom au singulier. Exemples : *So much water,* tant d'eau ; *so many men,* tant d'hommes. La même différence existe entre *little* et *few. Little* s'emploie devant un nom au singulier et *few* devant un nom au pluriel. Ces adverbes, et les autres adverbes de quantité, tels que *more, less, little, few,* etc., ne sont pas suivis d'une préposition en anglais lorsqu'ils précèdent un nom.

(3) *Combien* précédant un adjectif au positif, et *que* exclamatif devant un adjectif se traduit par *how.* Exemple : *How beautiful it is!* que c'est beau ! Devant un adjectif au comparatif on emploie *how much.* Exemple : *How much finer this work is than the other!* combien cet ouvrage est plus beau que l'autre ! Isolément, et devant un nom, *combien* se rend par *how much* ou *how many : How much is it?* combien est-ce? *How many books have you?* combien avez-vous de livres ?

(4) Quand *trop* s'emploie isolément ou quand il est suivi de la préposition *de* devant un nom, ou quand il précède un participe passé, il se rend par *too much.* Devant un adjectif il se traduit simplement par *too.* Exemples : c'est trop, *it is too much* ; trop d'affaires, *too much business* ; les fleurs sont trop arrosées, *the flowers are too much watered* ; il est trop paresseux, *he is too idle.*

6° De négation, etc.

No. non , pas , non pas, ne... pas.

7 De doute, comme :

Perhaps,	peut-être.
Probably,	probablement, etc.

8° De comparaison, comme :

As much,	autant.	*Less,*	moins.
As many,		*More,*	plus.
Generally,	généralement.	*Most,*	le plus très, etc.

9° Enfin d'interrogation, tels que :

How?	comment?	*When?*	quand?
How often?	combien de fois ?	*Why?*	pourquoi ? etc.

Généralement on peut faire de tous les adjectifs anglais autant d'adverbes en y ajoutant *ly*, comme on les forme en français en y ajoutant *ment*.

EXEMPLES :

Assuredly,	assurément,	de *assured,*	assuré.
Commonly,	communément,	*common,*	commun.
Politely,	poliment,	*polite,*	poli.
Sensibly,	sensiblement ,	*sensible,*	sensible.

J'ai cru inutile de donner ici une liste de tous les adverbes anglais ; on les trouvera, suivant leur rang, dans le dictionnaire. Ce que j'en ai dit suffit pour mettre l'élève à portée de les distinguer.

EXERCICE XXXII (1).

Est-il arrivé déjà ? — vous êtes toujours en retard. — ne venez pas
to come

____

(1) Voyez notre *Nouveau Cours de Thèmes anglais* , page 39.

trop tôt. — il s'en alla très-tard. — que ferez-vous ensuite? — désor-
to go away

mais je viendrai de bonne heure. — mon cousin sera ici dans peu. —
ma tante viendra tout à l'heure.—est-il encore là? non, il est parti (1)
to go away,

il y a longtemps. — Nous les verrons demain. — je l'ai vu aujour-
d'hui. — ne restez pas en arrière. — d'où venez-vous? — où vont-ils?
to stay

— combien y a-t-il (2) de cet endroit à notre village? — environ
from   place

douze lieues. — plus de sept lieues. — vous êtes très-faible. — il a
league   than   weak

très-peu d'élèves. — elle est tout à fait jeune. — il est beaucoup trop
pupil   young

âgé pour cet emploi. — peut-être vous le verrez. — certainement
old   employment

vous irez. — pourquoi ne travaillez-vous pas? — quand travaillerez-
to work

vous?

<hr>

CHAPITRE VII.

DES PRÉPOSITIONS.

Les prépositions sont des mots indéclinables qui servent
à désigner les différents rapports qu'il y a entre les noms,
les pronoms, les verbes et les adverbes.

1° Entre les noms, comme *with your leave,* avec votre
   permission.

2° Entre les pronoms, comme *as for me,* quant à moi.

3° Entre les verbes, comme *after having dined,* après
   avoir dîné.

4° Entre les adverbes, comme *till now,* jusqu'à présent.

---

(1) Tournez *il partit.*
(2) Tournez *combien loin est-il,* etc.

Table des prépositions.

About,	concernant, autour de.	*From,*	de , dès, d'avec, d'après, etc.
Above,	au-dessus de.	*In* (2),	dans , en.
Across,	à travers.	*Into,*	
After,	après	*Near,*	près de, proche de.
Against,	contre.	*Nigh,*	
Along,	le long de	*Notwith-*	nonobstant.
Among,	parmi.	*standing,*	
Amidst,	au milieu.	*Of,*	de.
Amid,		*Off,*	loin de.
Around,	autour de.	*On,*	sur , à.
At (1),	à, chez, de.	*Opposite,*	en face de.
Athwart,	à travers.	*Over,*	au-dessus de, par-dessus.
Before,	avant, devant.		
Behind,	derrière.	*Since,*	depuis.
Beneath,	au-dessous de.	*Through,*	par, à travers.
Below,		*Throughout,*	tout à travers, outre.
Beside,	à côté de.		
Besides,	hormis, outre.	*To,*	à, pour, jusqu'à.
Between,	entre.	*Towards,*	vers, envers, à l'égard de.
Betwixt,			
Beyond,	au-delà.	*Till,*	jusqu'à.
By,	par, à côté de.	*Under,*	sous, au-dessous de.
Concerning,	touchant.	*Until,*	jusqu'à.
Down,	au bas de.	*Up,*	en haut de.
During,	durant, pendant.	*Upon,*	sur.
Except,	excepté, hormis.	*With,*	avec, de , par, etc.
Excepting ,	à l'exclusion de, à la réserve de.	*Without,*	sans, en dehors de.
		Within,	au dedans de.
For,	pour, eu égard à, par.		

Principales locutions prépositives.

According to,	selon, suivant.
As for,	quant à.
As to,	à l'égard de.
As far as,	jusqu'à.

1-2) *A* se traduit par *to* quand il est accompagné d'un verbe qui exprime le mouvement vers un lieu, ou qui marque un rapprochement quelconque, et par *at* dans les autres cas. La même différence existe entre *in* et *into*. Exemples : *I was going to Paris,* j'allais à Paris ; *we were at home,* nous étions au logis ; *he is in the garden,* il est dans le jardin ; *he is going into the garden,* il entre dans le jardin.

Because of,	à cause de.
By the side of,	à côté de.
By dint of,	à force de.
By means of,	moyennant, à la faveur de.
But for,	sans.
Contrary to,	contre.
Close to,	à fleur de, tout près de.
Even with,	à rez de, à fleur de.
Far from,	loin de
For less than,	à moins de.
For want of,	faute de.
In spite of,	malgré.
In order to,	afin de.
In sight of,	à la vue de.
In regard to,	à l'égard de.
Instead of,	au lieu de.
Next to,	auprès, après.
On account of,	par rapport à.
On this side of,	en deçà de.
Out of,	hors de, par.
Over against (vulgaire),	vis-à-vis de.
Secure from, *Sheltered from,*	} à couvert de.
Unknown to,	à l'insu de.
Up to,	jusqu'à.
With respect to,	à l'égard de.

De, du, des, à, au, aux, signes du génitif, du datif et de l'ablatif des noms, ne sont pas toujours représentés en anglais par leurs équivalents, *of, from, to;* et *with, by, for,* ne le sont pas toujours par *avec, par* et *pour,* qui leur correspondent : mais comme la signification de ces particules dépend de leur position et des mots qui les précèdent, je renvoie le lecteur à la syntaxe des adjectifs et des verbes, où j'ai suffisamment éclairci toutes les difficultés par des exemples, et à la table des verbes qui est à la fin de cette grammaire.

EXERCICE XXXIII (1).

Venez avec nous (2). — j'irai sans mon frère. — ceci est pour vous

---

(1) Voyez notre *Nouveau Cours de Thèmes anglais,* page 42.
(2) Après une préposition mettez toujours le pronom régime.

et moi. — sa maison est sur la colline. — nous nous promenions
hill   *to walk*
dans la forêt. — entrez dans la chambre. — je vais à Londres. —
forest   *am going*   *London*
mon père est à Orléans. — mon ami demeure à Rouen — allons jus-
to live
qu'à la rivière. — Nous ne pouvons pas aller loin, à cause du temps
weather
— Nous le ferons malgré lui. — vous ne pouvez acheter ce livre à
to buy
moins de douze francs. — il y est allé à l'insu de son père.

CHAPITRE VIII.

DES CONJONCTIONS.

Les conjonctions sont des mots invariables qui servent
à rapprocher deux ou plusieurs idées, pour les exprimer
dans une seule phrase. Exemple : Vous *et* moi nous savons l'anglais, *mais* votre frère ne le sait pas. *Et* et *mais*
sont deux conjonctions, sans le secours desquelles on
serait obligé de faire trois phrases, et de dire : Vous savez
l'anglais. Je sais l'anglais. Votre frère ne sait pas l'anglais.

Table des conjonctions.

After,	après que.
Although,	bien que, quoique, quand même.
And,	et.
As,	comme, que, parce que.
Because,	parce que.
Before,	avant que.
Besides,	d'ailleurs, en outre
Both... and,	et..... et.
Either... or,	ou,... ou.
Else,	ou, autrement.
Except,	à la réserve que.

For,	car.
Further,	de plus.
How,	comme.
However,	toutefois, en tout cas.
If,	si , au cas que.
Lest,	de peur que.
Moreover,	bien plus.
Nay,	bien plus , de plus.
Neither... nor,	ni..... ni.
Nevertheless,	néanmoins.
Nor,	ni, ne pas.
Now,	or.
Or,	ou.
Otherwise,	autrement , sinon.
Since,	puisque, car, depuis que.
So,	ainsi , donc.
Than,	que (dans les comparaisons d'infériorité . et de supériorité).
That,	que , afin que.
Therefore,	c'est pourquoi , donc.
Though,	quoique, bien que.
Then,	donc, puis.
Till,	en attendant que , jusqu'à ce que.
Unless,	à moins que.
Until,	en attendant que , jusqu'à ce que.
When,	quand, lorsque.
Why?	pourquoi ? à quoi bon ?
Whereas,	attendu que, au lieu que.
Wherefore ,	aussi, c'est pourquoi
While,	pendant que.
Whilst,	tandis que.
Without,	sans que.
Whether,	si.
Whether... or,	soit que, ou que.

Principales locutions conjonctives.

According as,	selon que.
As if,	comme si.
As though,	
As long as,	tant que.
As much as,	autant que.
As soon as,	aussitôt que.
As well as,	ainsi que.
For as much as,	d'autant que.
For fear,	de peur que.
In as much as,	en tant que.
In case,	au cas que.

In order that,	afin que.
———— — to,	afin de.
Insomuch that,	si bien que.
Just when,	à l'instant que.
Provided that,	pourvu que.
So that,	de sorte que.

CHAPITRE IX.

DES INTERJECTIONS.

Les interjections sont des mots qui expriment quelque mouvement subit, soit de douleur, de joie, de curiosité, d'applaudissement, de mépris, ou de colère, etc., tels que :

Ah!	ah !
Alas!	hélas !
Pho!	bah !
Well!	eh bien !
Right!	bon !
Pshaw!	bah !
Fye! fye upon!	fi ! fi donc !
Oh! oh! oh!	ah ! ah ! ah !
How! what!	comment ! quoi ! qu'est-ce !
Eh!	eh !
Lackaday! good God! bless me!	bon Dieu ! miséricorde !
Come!	allons !
Hush!	paix ! chut !
Oh oh! so oh!	holà ! eh ! ho ! hom !
Huzza!	*vivat !* qu'il vive ! vive la joie !
Zounds!	représentent les expressions françaises,
S'death!	*peste, diable, morbleu,* etc.
Egad!	ma foi !

EXERGICE XXXIV (1).

Quand vous aurez (2) fini votre travail apportez-le-moi (3). — Ne
to finish
venez pas encore, parce que je ne suis pas prêt. — je serai de retour
ready *back*
avant que vous ayez fini. — je n'ai pas trouvé le livre quoique je
to find
l'aie cherché partout. — nous *vous* attendrons ou vous ou votre frère.
to look for *to expect*
— je *n'*ai vu ni votre oncle ni votre cousin. — appelez-moi aussitôt
que vous serez prêt.—hélas! tout est perdu! — bah! ne craignez rien.
to lose *never fear*
eh bien! qu'avez-vous fait? allons! dépêchez-*vous*.
to make haste.

---

(1) Voyez notre *Nouveau Cours de Thèmes anglais*, page 44.
(2) Après les conjonctions *after*, après que; *as long as*, tant que; *as soon as*, aussitôt que; *when*, quand, lorsque, on emploie le présent en anglais au lieu du futur simple.
(3) Traduisez comme s'il y avait *apportez-le à moi*.

FIN DU PREMIER LIVRE.

LIVRE DEUXIÈME.

SYNTAXE.

CHAPITRE PREMIER.

DE L'ARTICLE.

Nous avons vu, dans la première partie de cet ouvrage, que les Anglais ont deux articles ; l'un défini, *the*, qui répond à l'article français *le, la, les* ; et l'autre indéfini, *a* ou *an*, qui répond aux mots français *un, une* ; mais il faut bien distinguer ce dernier article de l'adjectif numéral *one*, qui désigne le nombre *un, une*.

Nous allons maintenant examiner quel est l'usage des articles dans la construction des phrases.

1° L'article *the* sert à particulariser l'objet dont on parle ; ainsi, lorsqu'il s'agit d'une chose quelconque, prise dans un sens général et illimité, cet article devient inutile, et il ne faut pas en faire usage.

EXEMPLES :

La vertu est aimable, dites, *virtue is amiable*, et non, *the virtue, etc.*, parce qu'il s'agit de la vertu en général ; mais, si vous voulez rendre cette phrase : la vertu des princes fait le bonheur des peuples, dites, *the virtue of princes*, parce que le mot *virtue* est limité à la vertu des princes.

De même, si je veux rendre : l'or est précieux, je m'exprimerai ainsi, *gold is precious;* mais pour traduire : l'or du Pérou, je me servirai de l'article *the*, parce que j'entends l'or particulier au Pérou.

De même encore en parlant de la France, de l'Angleterre, et en général devant les noms propres de pays, il ne faut point d'article. Ex. : *France, England, Spain, Italy,* la France, l'Angleterre, l'Espagne, l'Italie (1).

Encore quand le nom propre d'une personne suit immédiatement son titre, sa qualité, sa profession, l'article, qui en français précède le titre, la qualité, etc., de la personne, est omis en anglais (2), à moins que le nom qui désigne le titre, etc., ne soit précédé d'un adjectif, car, dans ce dernier cas, l'article est employé. Ex. : Le général Washington, *general Washington;* le juge Blackstone, *judge Blackstone;* le comte Stanhope, *earl Stanhope;* le brave général Kellermann, *the brave general Kellermann;* le bon roi Henri quatre, *the good king Henry the fourth.*

EXERCICE **XXXV** (3).

La crainte de la mort et l'amour de la vie sont naturels à l'homme.
  fear   *death*   *life*   *natural*

---

(1) Il faut excepter de cette règle : *The Morea,* la Morée; *the Palatinate,* le Palatinat; *the Tyrol,* le Tyrol; et les noms propres de pays au pluriel. Exemples : *The Netherlands,* les Pays-Bas; *the East Indies,* les Indes orientales, etc.

Il ne faut pas étendre cette règle aux noms propres de fleuves, de rivières, de chaînes de montagnes, etc. On dit en anglais comme en français : *The Thames,* la Tamise; *the Seine,* la Seine; *the Alps,* les Alpes, etc.

(2) L'article s'emploie devant les titres suivants :

Archduke,	archiduc.	*Czarina,*	czarine.
Archduchess,	archiduchesse.	*Dauphin,*	Dauphin.
Chevalier,	chevalier.	*Emperor,*	empereur.
Czar,	czar.	*Empress.*	impératrice.

Et en général devant tous les titres qui ne sont pas reconnus en Angleterre.

(3) Voyez notre *Nouveau Cours de Thèmes anglais,* page 46 et suivantes.

— ce qui est agréable au goût est souvent contraire à la santé. — les
agreeable   taste   contrary   health
hommes devraient fuir le vice et s'attacher à la vertu. — le fer est
to shun   to adhere   iron
plus utile que l'or. — j'admire le courage de ces guerriers. — l'Italie
useful   gold   warrior
est le jardin de l'Europe. — la France est séparée de l'Espagne par
garden   Europe   to separate
les Pyrénées, et de l'Italie par les Alpes. — l'Angleterre est un beau
Pyrenees   fine
royaume, où j'ai dessein *de* passer l'hiver à mon retour de France,
kingdom   to intend   to spend winter on   return
et j'irai en Italie au printemps : j'irai aussi aux Indes occidentales.
to   in the spring   West Indies
— il a été à la Martinique (1) et à la Guadeloupe, îles des Antilles.
Martinico   Guadaloupe island   Antilles
— le roi Alfred expulsa les Danois d'Angleterre. — le cap Comorin (2)
Alfred to expel Danes
| est au sud (3) | de l'Hindostan. — le docteur Johnson est l'auteur
lies south | Hindostan   doctor
du Rôdeur. — le professeur Robertson est l'auteur de l'Histoire de
Rambler   professor   History
Charles-Quint. — le brave général C. commandait l'assaut. — l'am-
Charles the fifth   to command assault
bitieux cardinal Wolsey tomba en disgrâce. — l'empereur Charles-
to fall into
Quint et François premier étaient rivaux. — le czar Pierre le Grand
Francis the first   rival   Peter Great
défit le roi Charles douze qui se croyait invincible, et qui méprisait
to defeat   the twelfth   to think   to despise
son ennemi.
enemy

2° L'article *the* s'emploie en anglais devant un nom
commun qui n'exprime qu'un seul individu qui représente
toute son espèce ; et devant ceux dont il n'y a pas d'espèce,

---

(1) L'article se supprime en général devant les noms propres d'îles.

(2) L'article se supprime devant le mot *cape*, cap, quand celui-ci est suivi immédiatement d'un nom propre.

(3) L'anglais qui se trouve entre deux barres droites est la traduction du français renfermé entre les mêmes barres.

comme le soleil, la lune, etc. Il faut en excepter *heaven*, le ciel ; *paradise*, le paradis ; *hell*, l'enfer, et *earth*, la terre.

EXEMPLES :

Le chien est fidèle ,	the *dog is faithful*
*L'*âne est patient,	the *ass is patient.*
Le soleil ,	the *sun.*
*L'*étoile polaire,	the *polar star.*

Notez que *man*, homme, et *woman*, femme, ne prennent point l'article, comme noms génériques et indéfinis.

L'article *the* s'emploie devant les noms qui désignent tout un peuple, toute une secte, toute une classe d'individus quelconque, ainsi que devant un adjectif employé comme substantif au pluriel.

EXEMPLES :

Les Français et *les* Anglais ,	the *French and English.*
Les catholiques romains et *les* protestants ,	the *Roman catholics and* the *protestants.*
Les sages ,	the *wise.*

L'article *the* s'emploie quelquefois en anglais lorsque l'article défini est omis en français ; savoir : devant les noms de parenté dans un sens défini, et devant ceux qui marquent une liaison entre les personnes.

EXEMPLES :

Pierre, fils de Jean ,	*Peter,* the *son of John.*
Saturne , père de Jupiter ,	*Saturn,* the *father of Jupiter.*
Le czar Paul était fils de la czarine Catherine ,	*The czar Paul was* the *son of* the *czarina Catherine.*
Je parle de M. A., ami de M. L.	*I speak of Mr. A.,* the *friend of Mr. L.*

EXERCICE XXXVI (1).

Le bœuf est un animal laborieux. — le chien est l'ami et le com-
    ox   animal laborious   dog   com-
pagnon de l'homme. — la colombe est l'emblème de la constance. —
panion   dove   emblem   constancy
le coq est vigilant et courageux. — la lune est appelée Phœbé, Diane
    cock   vigilant   courageous   to call   Phœbe Diana
et Cynthie par les poëtes. — les Italiens, les Espagnols et les Portu-
    Cynthia   poet   Italian   Spaniard   Portu-
gais habitent le midi de l'Europe. — les Russes, les Suédois et
guese to inhabit   south   Russian   Swede
les Polonais habitent le nord. — les catholiques et les protestants
    Pole   north   catholic   protestant
| se firent la guerre | pendant longtemps. — l'usage du vin
| *made war on each other* | *a long time   use   wine*
est défendu aux mahométans. — les sages aiment la vérité et la cher-
    to forbid   Mahometan   truth   to
chent, les méchants la persécutent. —les quakers sont très-nombreux
seek   wicked   to persecute   quaker   numerous
en Amérique. — Guillaume trois, roi d'Angleterre et prince d'Orange,
    America   William   Orange
avait épousé la princesse Marie, fille de Jacques deux. — Louis le
    to marry   Mary daughter James
Grand, fils de Louis le Juste, avait Henri quatre pour aïeul. — je
Great   Just   his grandfather
parle de Charles, père de Charlotte, et ami de George.
to speak   Charlotte

Les articles *du, de la, des,* comme articles indéfinis, ne
s'expriment pas en anglais: on dit: *bread,* DU pain; *meat,*
DE LA viande; *men,* DES hommes. Mais si ces articles sont
pris en français dans un sens partitif, il faut les exprimer
par *some,* et par *any* dans les propositions négatives, interrogatives ou dubitatives.

____

(1) Voyez notre *Nouveau Cours de Thèmes anglais,* pages 50, 51 et
suivantes.

EXEMPLES :

Give me some *bread,*	some *meat,*	some *peaches.*
Donnez-moi *du* pain ,	*de la* viande ,	*des* pêches
I have not any *bread,*	Je n'ai point *de* pain.	
Will you have any *wine* (1) ?	Voulez-vous *du* vin ?	

EXERCICE XXXVII.

La Thessalie produit du vin, des oranges, des citrons, des olives
   Thessaly to produce   *lemon*   *olive*
et toutes sortes de fruits. — j'ai du raisin. et *moi* j'ai des poires.
       sort   *grapes*   *pear*
— je n'ai pas encore mangé de raisin cette année. — avez-vous des
            yet to eat
prunes? — vous ne mangez point de pain avec votre viande. —
plum   *meat*
voulez-vous (2) des légumes? — est-ce que vous ne prenez pas de
             vegetables   *to take*
sucre dans votre thé ? — vous prendrez de la crème, n'est-ce pas ? —
sugar   *tea*   *cream*
y a-t-il du foin dans l'écurie? — y a-t-il de l'avoine pour les chevaux?
      hay   *stable*   *horse*
— avez-vous apporté de l'orge pour la volaille ?
       to spring barley   *fowls*

4° L'article indéfini *a* ou *an* s'emploie devant les mots qui désignent le genre et l'espèce des choses, le titre, la profession, la qualité ou l'état des personnes, leur secte, leur nation, etc.

EXEMPLES :

The Busy-body a *comedy,*	l'Empressé, comédie.
Thebes, a *town of Greece.*	Thèbes, ville de la Grèce.

---

(1) Dans les phrases interrogatives analogues à celles-ci , *voulez-vous du vin? ne voulez-vous pas du vin?* on peut employer *some*, et dire : *will you have some wine? will not,* ou *won't you have some wine?* mais alors on fait entendre à la personne à qui on s'adresse que l'on suppose qu'elle prendra du vin; et ces phrases équivalent à peu près à celles-ci : *est-ce que vous ne prendrez pas de vin? vous prendrez du vin, n'est-ce pas?*

(2) Traduisez comme s'il y avait : *voulez-vous avoir,* etc.

The Thunderer, an eighty-four gun ship,	le Tonnant, vaisseau de quatre-vingt-quatre pièces de canon.
He is a tailor,	il est tailleur.
He was a master, now he is a footman,	il était maitre, à présent il est laquais.
He is an Englishman.	il est Anglais.

On emploie aussi l'article indéfini devant un substantif commençant une expression ou une phrase incidente par laquelle est modifiée la phrase principale : La fleur se fane rapidement, *image* naturelle de la beauté ; *the flower is very soon withered, a natural* image of *beauty.*

EXERCICE **XXXVIII** (1).

Il est Anglais quoiqu'il dise qu'il est Américain. — son frère
    Englishman   *American*
est musicien, l'autre jour il était soldat, et demain il sera maitre de
    musician   *soldier*   *dancing-*
danse. — son père est protestant, et sa mère est catholique. — son
   master   *catholic*
mari a été créé duc. — Le Rhin prend sa source au mont Saint-
    to make duke   *at mount*
Gothard (2), haute montagne des Alpes, traverse la partie orientale
              to pass through   *eastern*
de la Suisse, passe par le lac de Constance, sépare l'Allemagne
    Switzerland   *to divide Germany*
de la France, et débouche dans la mer du Nord. — Cinna, tragédie,
 from   *to fall into the North sea*   *Cinna*
est de Corneille. — le Misanthrope, comédie, est de Molière. — la
    by   *Misanthrope*
Henriade, poëme épique, est de Voltaire. — la Tâche, poëme di-
     poem epic   *Task*   *di-*
dactique, est de Cowper. — le Ménestrel, poëme anglais peu connu
dactic   *Minstrel*

---

(1) Voyez notre *Nouveau Cours de Thèmes anglais*, page 51 et les suivantes.
(2) Quand le nom d'une montagne est précédé en anglais du mot *mount* l'article ne s'exprime pas devant ce dernier mot.

en France, est de Beattie. — l'Essai sur la Critique, poëme didac-
Criticism
tique, est de Pope.

5° On emploie le même article après *what* dans les propositions exclamatives : *What a noise!* quel bruit! *what
a beautiful prospect!* quelle belle vue (1)!

On emploie aussi l'article dans les phrases suivantes et
dans les analogues :

Quel coquin de valet!	*what a rascal of a servant!*
Quel trésor d'homme!	*what a treasure of a man!*
Quelle sorte de maison ont-ils?	*what sort of a house have they?*

EXERCICE XXXIX (2).

Quel grand homme! — quelle méchante femme! — quel dom-
bad
mage! — quelle jolie petite fille! — quelle énorme machine! —
pity   pretty   girl   enormous engine
quel beau cheval! — quel superbe ouvrage votre ami vient de publier!
splendid   work   has just published
— quelle occupation ennuyeuse *que* celle-ci? — quelle belle tragédie!
tiresome   this is
— quel ange de femme! — quelle sorte de maison de campagne
angel   country-house
avez-vous? — quelle sorte de bateau avaient-ils? — quel genre de
boat   kind
roman m'avez-vous donné à lire (3)?
novel

6° On s'en sert devant les noms de nombre, de poids ou
de mesure, pour exprimer les mots *le, la, les* ou *par*,
en parlant du prix des objets, etc., dans un sens indéfini.

---

(1) Il faut se garder d'employer l'article après *what* dans les phrases interrogatives comme celles-ci : *Quel livre avez-vous? quelle rivière voyez-vous?*
Il faut traduire ces phrases littéralement : *What book have you? what river
do you see?*

(2) Voyez notre *Nouveau Cours de Thèmes anglais*, page 56.

(3) Tournez *avez-vous donné me?* etc.

EXEMPLES :

Beef costs six pence a pound,	le bœuf coûte douze sous *la* livre.
Corn is sold at a crown a bushel,	le blé se vend un écu *le* boisseau.
That work is sold at two francs a number,	cet ouvrage se vend deux francs la livraison (1).

EXERCICE XL (2).

Ce vin coûte quinze sous la bouteille. — ce drap coûte deux louis
　　　　　to cost　　　　　　*bottle*　　　*cloth*　　　　　　*louis*
l'aune. — ces œufs se vendent six francs le cent. — ce nouvel ouvrage
ell　　　　*egg*　　*to be sold*
coûte dix francs le volume. — ce professeur reçoit un traitement de
　　　　　　　　　　　　　　　　　　　　　　　　　　　salary
cinq mille francs par an. — ces oranges coûtent deux francs la
　　　　　　　　　　　　　　　　orange
douzaine. — nous fîmes ce voyage à pied, à raison de deux lieues à
dozen　　　　　*to perform journey on*　*at the rate of*
l'heure. — je paie à tous mes ouvriers cinq francs par jour.
　to pay　　　　*workman*

7° L'article *a* ou *an* est mis en anglais entre l'adjectif et le nom, lorsque l'adjectif français est précédé de *si*, d'*aussi* ou de *trop*, et il suit les mots *such*, tel ; *half*, demi.

EXEMPLES :

That is as fine a horse as any I ever saw,	*Mot à mot :* C'est un cheval aussi beau qu'aucun que j'aie jamais vu. — C'est un des plus beaux chevaux que j'aie vus.
Too difficult a lesson,	une leçon trop difficile.
Such a man,	un tel homme.
Half an hour,	une demi-heure.

---

(1) L'article indéfini s'emploie en anglais pour traduire les mots *par, au, à la,* etc. Dans presque toutes les phrases analogues aux précédentes, sans même qu'il y soit question de prix. Exemples : *He has a thousand pounds a year,* il a mille livres *par* an ; *we go five leagues an hour,* nous faisons cinq lieues à l'heure.

(2) Voyez notre *Nouveau Cours de Thèmes anglais,* page 56.

Il s'emploie aussi après le mot *many*, pour exprimer *maint, plus d'un.*

EXEMPLES :

Many a *time*,	mainte fois.
Many a *year*,	plus d'une année.

EXERCICE **XLI** (1).

Il était impossible *de* prévoir une si grande calamité. — un tel
             to foresee   *calamity*
service méritait une telle récompense. — elle est trop tendre mère;
    to deserve   *reward*   *tender*
elle gâte ses enfants. — je n'ai jamais vu nulle part un si beau point
   to spoil   *anywhere*   pros-
de vue. — il demeure à une demi-lieue de la ville. — je n'ai jamais
pect   *to live*   *from*   *never*
vu un si beau cheval. — j'ai acheté une demi-douzaine de crayons. —
saw   *to busy*   *pencil*
vous êtes un homme trop juste *pour* exiger une telle chose. — je l'ai
                    to require
vu mainte fois assis à l'ombre de cet arbre. — plus d'un homme de
    sitting in shade
génie est mort dans le besoin.
    want

CHAPITRE II.

DE LA CONSTRUCTION DES NOMS.

1° Pour exprimer le rapport de *possession*, au lieu d'employer la préposition *of* (de), il est beaucoup plus ordinaire en anglais d'ajouter *'s* au nom qui en français est

---

(1) Voyez notre *Nouveau Cours de Thèmes anglais*, page 56.

précédé de la préposition *de*. Alors ce nom est mis le premier en anglais, et l'article qui précède l'autre se retranche.

EXEMPLES :

The pupil's book,	*le* livre *de* l'écolier.
William's goodness,	*la* bonté *de* Guillaume.
Louisa's hand,	*la* main *de* Louise.
My friend's wife,	*la* femme *de* mon ami.

On emploie aussi cette forme du génitif lorsque l'objet exprimé par le premier nom français est la propriété de la personne représentée par le second, comme dans le premier des exemples précédents ; ou que ce premier nom exprime une qualité que la personne représentée par le deuxième possède, comme dans le second exemple ; ou que l'objet exprimé par le premier nom appartient à cette personne comme une partie d'elle-même, comme dans le troisième exemple ; ou lorsque les deux noms désignent des êtres animés, comme dans le dernier exemple.

Lorsque l'un des deux noms exprime une mesure d'espace ou de temps, ce nom prend souvent en anglais la terminaison du possessif, comme *a mile's distance,* la distance d'un mille, *a year's salary*, les appointements d'un an ; *a moment's pain,* un moment de douleur (1).

EXERCICE XLII (2).

L'ambition de César fut punie de mort. — où est la femme de votre
    Cæsar to punish with   *wife*

---

(1) Le possessif ne s'emploie que dans les cas qui viennent d'être énumérés. Aussi ne rendrait-on pas par cette construction les exemples suivants : *La lecture des poëtes est utile, la crainte de Dieu* est le commencement de la sagesse. — BONIFACE.

Cependant en poésie, où on personnifie les êtres inanimés, on donne souvent la forme du possessif à un nom d'objet matériel, ou à un nom abstrait.

(2) Voyez notre *Nouveau Cours de Thèmes anglais*, page 58.

frère? — les yeux de votre sœur sont bleus. — la maison de campagne
                                     country-house
de mon oncle *n*'est qu'à deux lieues de la ville. — un des soldats du
                    but   *town*
roi a déserté. — il observa tous les mouvements de l'ennemi. —
   to desert   *movement*   *enemy*
Vespasien, empereur romain, fut le père de Titus. — les chevaux
Vespasian   *Roman*   *Titus*
du roi viennent de passer. — les enfants de cette femme sont mal
     have just passed by   *woman*   *ill-*
élevés. — les enfants de sa sœur sont beaucoup plus aimables que les
bred   *amiable*
siens. — le chapeau de votre cousin est dans la chambre de mon
            hat   *room*
frère, avec les gants de mon père et la canne de mon oncle. — le
          glove   *cane*
courage de nos soldats triompha de tous les obstacles. — les cris des
          to triumph over every
guerriers retentissent sur ces bords où régnaient jadis la paix,
warrior to resound   *shore*   *formerly reigned peace*
l'abondance et le bonheur. — nous *n*'étions qu'à une journée de
 plenty   *happiness*   *only*
marche de l'ennemi.
march

2° Lorsque le nom qu'on doit mettre au génitif est suivi
de quelques mots qui le complètent, c'est au dernier de
ces mots que s'ajoutent l'apostrophe et l'*s*.

EXEMPLE :

L'armée du roi de Prusse,   *the king of Prussia's army.*

Il ne faut pas cependant que ce signe du génitif soit
trop éloigné du substantif possesseur, ce qui arriverait si
le complément était étendu, comme dans : Voilà la fille de
Jean, le fidèle et laborieux jardinier du château; dans ce
cas le substantif même prend le signe du génitif, et, le nom
de l'objet de la possession se met immédiatement après lui :
ou, s'il y a équivoque, on emploie la préposition *of*.

EXERCICE XLIII (1).

La cour du roi Louis quatorze. — l'édit de l'empereur d'Allemagne.
court
　　　　　　　　　　　　　　　　　　　　　　　　　Germany
— l'armée de Charles douze, roi de Suède, fut défaite. — la maison
　　　　　the twelfth　　　　　　*to defeat*
de M. C., le plus riche libraire de Londres, a été vendue — le roi
　　　　　　　　　　　　　　　　　　in　　　　　　*to sell*
d'Angleterre, Edouard six, fut le successeur d'Henry huit. — où
　　　　　Edward the sixth　　　*successor Henry the eighth*
est le chapeau de votre frère Richard?　admirez-vous la sagesse
d'Alfred le Grand? — nos amis étaient au bal de la reine d'Angleterre.
　　　　　　　　　　　　　　　　　ball　　　*queen*
— voici la maison du directeur du chemin de fer.
this is　　　　　　　*director*　　　*rail-road*

3° Lorsque l'objet exprimé par le premier nom français
est la propriété de plusieurs personnes, on n'ajoute l'apostrophe et l'*s* qu'au dernier des noms des possesseurs.

EXEMPLE :

Le perroquet de Marie, de Louise et de Juliette,
Mary, Louisa, and Juliet's parrot (2).

4° Lorsqu'il y a de suite plusieurs génitifs gouvernés
l'un par l'autre, comme dans *la maison de l'ami de votre
père*, il faut traduire en commençant par le dernier, *your
father's friend's house*.

EXERCICE XLIV (3).

La voiture de mon oncle et de ma tante est peinte *en* jaune. — le
carriage　　　　　　　　　　　*aunt*　　*to paint　yellow*

---

(1) Veyez notre *Nouveau Cours de Thèmes anglais*, page 60.
(2) Si on ajoutait la terminaison du possessif aux trois noms, on sous-en-
tendrait *parrot* après chacun d'eux; et ces mots se traduiraient ainsi en
français : le perroquet de Marie, celui de Louise et celui de Juliette.
(3) Voyez notre *Nouveau Cours de Thèmes anglais*, page 60.

jardin de mon frère et de mon cousin est derrière notre maison. —
le cheval de Jean, de Richard et d'Alfred est dans l'écurie. — voilà
John   *stable*   *that is*
l'ouvrage de ma mère et de ma sœur. — c'est le parc de l'ami de
                       park
votre frère. — le frère de la femme de chambre de ma sœur a été tué
           chamber-maid   *was*
à l'armée.
in

5° Les adjectifs employés comme substantifs ne peuvent
prendre la terminaison additionnelle de l'apostrophe et de
l'*s*, il faut les faire précéder de la préposition *of,* et faire
la construction comme en français.

EXEMPLE :

La vertu fait les délices des sages,
Virtue is the delight of the wise.

EXERCICE XLV (1).

L'opinion des savants devrait être préférée à celle des ignorants.
      learned   *to prefer*   *ignorant*
— le bonheur des méchants s'écoule comme un torrent. — cette
         wicked to pass away like
immense fortune est l'héritage des pauvres. — les écrits des savants
       inheritance   *writings*
sont souvent ennuyeux pour beaucoup de lecteurs. — les plaisirs des
       tedious
vertueux sont grands.

6° Lorsque la préposition *à,* précédée du verbe *être,*
dans le sens d'*appartenir,* est employée devant un nom,
au lieu de faire précéder le nom de la préposition *to* en
anglais, on doit y ajouter une apostrophe et une *s.*

---

(1) Voyez notre *Nouveau Cours de Thèmes anglais,* page 60.

EXEMPLE :

C'est à mon frère,   *it is my brother's* (1).

Le nom qui suit le mot *chez* en français prend en anglais la terminaison du possessif.

EXEMPLES :

Je vais chez mon frère,   *I am going to my brother's.*
Il demeure chez son père,   *he lives at his father's* (2).

Le mot *house,* maison, est ici sous-entendu.
On sous-entend quelquefois de la même manière le mot *church,* église.

EXEMPLE :

J'ai été à l'église de Saint-Paul,   *I have been to Saint Paul's.*

EXERCICE **XLVI** (3).

A qui est ce manchon ? — je croyais que c'était à ma sœur. — est-ce
        muff   *to think*
à votre cousine ? — non, c'est à ma tante ; mais celui-ci est à ma
cousine, et celui-là est à ma mère. — cette maison est à M. Green.
— ce livre est à Jean. — le cheval que vous voyez dans l'écurie est
        John

---

(1) On se sert quelquefois en anglais d'un double génitif possessif où l'on emploie la préposition *of* et la terminaison *'s* ensemble. Exemples : *He is a friend of your brother's,* c'est un ami de votre frère ; *il Penseroso, a poem of Milton's,* Il Penseroso, poëme de Milton. La préposition *of* s'emploie aussi de la même manière avec le pronom possessif qui suit le nom. Exemples : *He is a friend of mine,* il est mon ami ; *that cousin of yours is very proud,* ce cousin, à vous, est très-fier ; *that head of yours is very giddy,* cette tête, à vous, est très-étourdie. Cette dernière forme, avec le pronom démonstratif *that,* est familière.
(2) Le mot *house* ne peut être sous-entendu de cette manière après un pronom. Ainsi, *chez lui* se dit en anglais *at his house* ; chez moi, *at my house.*
(3) Voyez notre *Nouveau Cours de Thèmes anglais,* page 64.

à Henri. — j'ai vu votre ami chez son père. — vous avez laissé votre
                  at   *to leave*
parapluie chez mon beau-frère. — avez-vous vu l'église de Saint-
umbrella   *brother-in-law*   *Saint*
Pierre, à Rome?
Peter

7° Lorsque le nom français au génitif exprime de quelle matière se compose l'objet représenté par le premier, le dernier de ces noms s'emploie en anglais adjectivement, et précède l'autre nom sans prendre de terminaison.

EXEMPLES :

Une robe de soie,   *a silk gown.*
Une tasse de porcelaine,   *a china cup.*

Si le premier nom anglais exprime l'usage auquel est consacré l'objet représenté par le second, on les réunit par un trait d'union.

EXEMPLES :

Un pot au lait,   *a milk-pot.*
Une table de cuisine,   *a kitchen-table.*

EXERCICE XLVII (1).

Mon père a une maison de campagne *à* deux lieues de la ville. —
                    country
ma sœur s'est acheté une robe de soie, un chapeau de velours et
       has bought herself   *bonnet*   *velvet*
un voile de dentelle. — le pot d'argent est sur la fenêtre du vestibule,
   veil   *lace*   *tankard*   *window*   *hall*
ou sur la table du salon. — je demande un pot de lait et non pas un
           parlour   *to ask for*   *pot*   *not*
pot au lait. — avez-vous la clef de la cave au vin? — achetez-moi du
               key   *cellar*
papier à lettre.
paper letter

---

(1) Voyez notre *Nouveau Cours de Thèmes anglais*, page 64.

CHAPITRE III.

DES NOMS DE NOMBRE.

1° Avant *hundred, thousand* et *million,* les Anglais emploient l'article indéfini *a,* pour en exprimer l'unité : mais lorsque ces nombres se trouvent précédés des nombres *deux, trois, quatre,* etc., on les fait également précéder de *two, three, four,* etc. en anglais ; cependant ils restent écrits comme au singulier, quoique précédés d'un nombre pluriel.

EXEMPLES :

Cinq cents hommes,	*five hundred men.*
Quinze cents chevaux ,	*fifteen hundred horses.*

Les Anglais disent cependant *hundreds, thousands,* pour des centaines, des milliers.

2° Le nombre qui suit *hundred* doit être précédé de *and* (et) ; il en est de même de celui qui suit *thousand* ou *million,* toutes les fois que ce nombre est au-dessous de cent.

EXEMPLES :

Cent cinquante ,	*a hundred* and *fifty.*
Mille cinquante,	*a thousand* and *fifty.*

3° Lorsque *thousand* est suivi de *hundred,* ou que *million* est suivi de *thousand* ou de *hundred,* au lieu de l'article *a*, on les fait précéder de l'adjectif numérique *one*.

EXEMPLE :

Un million mille cent dix.
One *million* one *thousand* one *hundred* and *ten*.

4° Les Anglais emploient les nombres ordinaux, en les faisant précéder de l'article défini *the*, pour marquer tout ordre de succession, soit des souverains du même nom, soit des jours du mois, ou des divisions d'un ouvrage, comme les chapitres d'un livre, etc.

EXEMPLE :

George *trois* naquit le *quatre* juin mil sept cent trente-huit.
George the third *was born on* the fourth *of June*, one *thousand seven hundred and thirty eight.*

EXERCICE XLVIII (1).

Je l'ai entendu *dire* plus de cent fois. — la flotte était composée
      to hear   *than*
de plus de mille vaisseaux. — une population d'un million d'âmes.
    ship   *soul*
— le passage des Thermopyles fut défendu par trois cents Spartiates.
    Thermopylæ to defend   *Spartan*
— il y avait trois mille fantassins et six cents cavaliers. — cela
          foot soldiers
| est arrivé | l'an mil sept cent quatre-vingt-dix. — il demeure
| *happened* | *in the year*
| rue Saint-Jacques, | n° cent quarante-cinq (2). — ils tombèrent
| *in Saint-James's street* | *to fall*
par centaines. — | on y voyait | des milliers d'insectes. — vous
           | *there were seen* |

---

(1) Voyez notre *Nouveau Cours de Thèmes anglais*, page 65.
(2) Employez le nombre cardinal ici comme en français.

me devez mille soixante-dix francs. — il s'est retiré du commerce
   to owe   *retired*
avec une fortune d'un million huit cent mille francs.— | il y en a |
                                               | *there are* |
plus de mille. — Conrad trois fut proclamé empereur en onze cent
                 Conrad   *in*
trente huit. — la Bastille fut prise le quatorze juillet mil sept cent
                     to take   *July*
quatre-vingt-neuf. — c'est chapitre cinq, page trois. — Louis qua-
                        chapter   *Lewis*
torze était petit-fils de Henri quatre. — Charles deux, fils de Philippe
          grandson   *Henry*   *Philip*
quatre, petit-fils de Philippe trois, et arrière-petit-fils de Philippe
                                         great
deux, laissa son royaume à Philippe cinq. — la France fut déclarée
       to leave   *kingdom*
république le vingt un septembre mil sept cent quatre-vingt-douze.
  republic   *September*

CHAPITRE IV.

DE LA CONSTRUCTION DES ADJECTIFS.

1° J'ai déjà dit que les adjectifs anglais précèdent ordinairement les substantifs. J'ajouterai seulement ici que lorsqu'il s'en trouve plusieurs de suite, on peut se dispenser de les lier ensemble par une conjonction ; ainsi l'on dit également :

A long and *tedious book,* ou *A long tedious book,*	un livre long *et* ennuyeux.
An ingenious and *sensible man,* ou *An ingenious sensible man.*	un homme ingénieux *et* judicieux.

2° Les adjectifs de dimension, tels que *wide* (large),

high (haut), se mettent après les noms de mesure sans exprimer le *de*, au lieu qu'en français ils les précèdent.

EXEMPLES :

A ladder twenty feet high,	une échelle haute *de* vingt pieds.
A ditch twenty feet deep and ten broad,	un fossé profond *de* vingt pieds et large *de* dix.

On ne pourrait pas dire, comme en français : *a ladder high of twenty feet; a ditch deep of twenty feet and broad of ten.*

Lorsque le nom de l'objet mesuré se trouve suivi du verbe *avoir*, il faut traduire ce verbe par *to be*, être. Si donc vous avez à exprimer les phrases suivantes :

L'échelle *a* vingt pieds de hauteur *sur* deux de largeur,
Le fossé *a* dix pieds de largeur *sur* trois de profondeur,

il faudra dire :

The ladder is *twenty feet high* and *two broad,*
The ditch is *ten feet broad* and *three deep,*

ou en traduisant *sur* par *by*,

The ladder is *twenty feet high* by *two broad.*
The ditch is *ten feet broad* by *three deep.*

On peut aussi remplacer l'adjectif de dimension par le nom précédé de la préposition *in* :

EXEMPLES :

The ladder is twenty feet in height *by two* in breadth.
The ditch is ten feet in breadth *by three* in depth,

mot à mot : *en hauteur, en largeur, en profondeur.*

EXERCICE XLIX (1).

Une honnête fierté sied *à* l'homme. — un orgueil démesuré
    decent pride to become   *unbounded*
le rend méprisable. — les événements rares frappent d'admiration.
to render contemptible   *to strike with*
  un homme brave et généreux *ne* combat jamais (2) pour une
                          to fight
cause injuste. — j'ai bâti une maison vaste et commode; la façade
                  spacious convenient front
a cent pieds de long sur soixante de haut. — le jardin a un mille de
                                mile
long et un demi-mille de large. — ce puits a quarante toises de pro-
          wide   *well*   *fathom*
fondeur. — ma chambre a vingt pieds de long sur quatorze de large.
       room
— cette rivière a six cents pieds de large. — les gens pauvres et
      river   *broad*   *people*
misérables sont souvent plus charitables que les riches.

3° Le superlatif ne s'emploie en anglais que quand on
compare une chose à deux ou plusieurs autres ; lorsqu'il
s'agit de deux objets seulement, on emploie le comparatif.

EXEMPLES :

Which is the prettier *of the two sisters?*
Laquelle est la *plus jolie* des deux sœurs?

Give me the longer *of the two sticks,*
Donnez-moi le *plus long* des deux bâtons.

4° Lorsqu'après un comparatif il y a le mot *de*, il faut
examiner si le mot qui suit est un objet de comparaison,
alors *de* s'exprimera par *by*.

---

(1) Voyez notre *Nouveau Cours de Thèmes anglais*, page 69.
(2) Mettez *jamais* avant le verbe en anglais.

EXEMPLES :

Il est plus grand *de* toute la tête,	*he is taller* by *a whole head.*
Il est plus court *de* deux pouces,	*he is shorter* by *two inches.*

5° Mais si *de* précède un objet de comparaison, et qu'il soit pris dans le sens de *que*, il faudra se servir de *than.*

EXEMPLES :

Ce livre est plus *d'*à moitié fait,	*that book is more* than *half done.*
Il a gagné plus *de* dix mille livres,	*he has won more* than *ten thousand pounds.*

On peut rendre aussi *plus de* par *above,* et dire, *he has won* above *ten thousand pounds.*

Après un comparatif d'égalité, le *que* s'exprime par *as.*

EXEMPLES :

Je suis aussi grand *que* lui,	*I am* as *tall* as *he.*
Je suis *aussi* savant *que* vous,	*I am* as *learned* as *you.*

Mais, s'il n'y a pas de comparaison, le *que* qui suit *si* ou *tant* s'exprime par *that.*

EXEMPLES :

Il est *si* prudent *que* tout le monde le consulte.	*he is so prudent,* that *every body consults him.*
Il est *tant* usé *que* je ne puis plus m'en servir.	*it is so much worn,* that *I can no longer make use of it.*

EXERCICE **L** (1).

Il est le plus grand des deux. — de ces deux frères, l'aîné est le
       great   *elder*
plus généreux et le cadet est le plus prudent. — votre père est plus
   generous   *younger*   *prudent*

---

(1) Voyez notre *Nouveau Cours de Thèmes anglais,* page 71.

grand que vous de toute la tête. — vous êtes plus âgé que moi de
　　　　　　　　　　　　　　　　　　　　　　　　　old
dix ans au moins. — votre sœur est plus jolie que vous de moitié.
　at least　　　　　　　　　　　　*pretty*
— vous êtes plus fort que moi de beaucoup. — ce livre est plus d'à
　　　　strong　　　　　*far*
moitié fait. — la rivière a plus de deux cents pieds de large. — cette
　to do
montre me coûte plus de douze guinées. — cette bibliothèque coûte
watch　　　　　　　　　　　　*guinea*　　　　　*library*
plus de cent livres *sterling*. — je ne suis pas aussi âgé que vous,
　　　　　　　pound
mais je suis aussi savant et peut-être plus sage que vous ; cependant
　　　　　learned　　　　　　　　　　　　　　　　　　*yet*
vous êtes plus célèbre que moi, quoique je mérite *de* l'être autant
　　　　　　　　　　　　　　　　though　to deserve　so
que vous. — il est si sot que tout le monde *se* moque de lui. — vous
　　　　　foolish　every body　to laugh at
êtes si fier que personne n'ose vous parler. — mon ami est aussi
grand mathématicien que vous. — nous sommes aussi assidus que
great mathematician　　　　　　　　　　　　　*assiduous*
vous, et cependant nous n'apprenons pas si bien.
　　yet　　　　　　　*to learn*

6° Les façons de parler suivantes,

> Plus je vous vois, plus je vous aime,
> Moins j'étudie, moins j'apprends,
> J'apprends d'autant plus que je lis davantage,

se rendent en anglais en mettant *the* devant chaque expression comparative :

> *The more I see you, the more I love you,*
> *The less I study, the less I learn,*
> *The more I read, the more I learn* (1).

----

(1) Cette locution française, *d'autant plus, d'autant moins*, se rend par *so much the more, so much the less* : Il profite *d'autant moins* qu'il joue davantage, *he improves* so much the less *the more he plays*. — Note de M. D. H.

Notez que si le verbe qui suit *plus* ou *moins* dans ces sortes de phrases se trouve suivi d'un adjectif ou d'un adverbe, cet adjectif ou cet adverbe doit être mis au comparatif, au commencement de la phrase anglaise, et précédé de l'article *the*.

EXEMPLE :

Plus il est *riche*, *plus* il est *avare*,
The richer *he is*, the more covetous *he is*.

De même, si le verbe qui suit *plus* ou *moins* se trouve suivi d'un nom modifié par un de ces adverbes, ce nom doit être mis au commencement de la phrase anglaise, précédé de l'adverbe *more* ou *less*, et de l'article *the*.

EXEMPLE :

Moins il a d'*argent*, *plus* il a de *gaieté*,
The less money *he has*, the more spirits *he has*.

7° Un adjectif ne peut pas être employé substantivement en anglais au singulier, il faut alors le faire suivre d'un nom générique, tel que *man, woman, boy*, etc.

EXEMPLES :

Le *sage* est prudent,   *the* wise man is *prudent*,
C'est une *orgueilleuse*, etc.   *she is a* proud woman, etc.

EXERCICE LI (1).

Plus je connais les hommes, moins | j'attache de prix à | la vie.
| *to value* |
— plus je le vois, plus je l'aime. — le vice rend l'homme malheureux
         to like   *to make*   *wretched*
et méprisable. — la vertu nous rend plus grands que les richesses. —
                     great   *riches*

---

(1) Voyez notre *Nouveau Cours de Thèmes anglais*, page 72.

celui-ci est très-mauvais, celui-là est pire, et | le sien | est le
this   *that* | *his* |
plus mauvais de tous. — plus une chose est difficile, plus elle est
                      difficult
honorable. — Simonide disait que plus il considérait la nature de
      Simonides   *to consider*
Dieu, plus elle | lui semblait | obscure. — plus vous êtes riche,
God | *seemed to him* | *obscure*
plus vous êtes avare. — plus le jour est long, plus la nuit est courte.
       covetous
— il est plus d'à moitié mort. — plus il a de succès, moins il a
                      success
d'orgueil. — plus vous prenez de peine, plus vous ferez de progrès.
   pride   *pains*   *to make*
— moins il montrait d'inclination | à le faire, | plus l'autre
       to show | *to do it* |
| le pressait. | le sage réfléchit avant d'agir. — l'orgueilleux n'est
| *to urge him* | *he acts*
pas aimé. — vous êtes un petit paresseux. — il appela sa sœur une
   beloved   *lazy*
petite étourdie. — c'est un ignorant. — pauvre malheureuse! — l'in-
    giddy   *unfortunate*
digent | a droit | au superflu du riche.
   | *has a right* |

CHAPITRE V.

DE LA CONSTRUCTION ET DE L'EMPLOI DES PRONOMS.

1° Le pronom sujet d'un verbe, exprimé ou sous-entendu, se rend, pour les premières personnes, par *I* ou
we, et non par *me* ou *us*; pour les troisièmes, par *he*, *she*
ou *they*, et non par *him*, *her* ou *them*.

EXEMPLES :

Who is there?	qui est là ?
It is I,	c'est moi.
It is he,	c'est lui.

He is happier than I, *than* she, *than* they, il est plus heureux que *moi,* qu'*elle,* qu'*eux.* Dans ce cas, l'emploi d'une autre forme est une faute grossière.

2° Le pronom qui est régime d'un verbe doit suivre ce verbe en anglais, et s'il y en a deux, le régime direct doit être mis avant le régime indirect.

EXEMPLES :

I see you,	je vous vois.
I give it you,	je vous le donne.
You have taken it from me.	vous me l'avez pris.

3° Lorsqu'en français plusieurs pronoms se rencontrent devant un verbe, il est d'usage de les résumer en un pronom collectif qui sert de nominatif à ce verbe. En anglais ce pronom collectif ne s'exprime pas; ainsi l'on dit :

You, he, his brother, sister, and I are satisfied,
Vous, lui, son frère, sa sœur, et moi *nous* sommes contents.
You and I learn English.
Vous et moi *nous* apprenons l'anglais.

4° Le pronom se supprime aussi en anglais dans les phrases où, en français, il forme un pléonasme.

Moi, je ne le ferai jamais.	*I will never do it,*
Je *les* connais, lui et son ami.	*I know* him *and his friend.*

EXERCICE LII (1).

L'ambition est une noble passion, mais elle cause souvent de grands
great
maux. — voyez cet arbre, il *ne* produit point de fruit; je le couperai,
evil   *to produce no*   *to cut down* (2)

---

(1) Voyez notre *Nouveau Cours de Thèmes anglais,* page 74.
(2) Mettez *down* après le pronom régime.

s'il ne donne point de fruit cette année. — ces deux arbres sont
     to yield
morts : c'est la mousse qui les a | fait mourir ; | vous voyez qu'elle
         moss | *to kill* |
bouche les pores des arbres. — vous l'a-t-elle envoyé ? — je n'osais
to stop   *to send*   *to dare*
vous le dire. — je le savais ; vous me l'aviez déjà dit. — Vous et moi
     to tell
nous allâmes chez M. B., et de là au spectacle. — vous, son frère,
     to go   to   *play*
le mien, lui et moi nous étions à l'église lorsqu'il commença à pleu-
voir. — Pierre et moi nous allâmes à la chasse. — c'est moi qui ai
                     to go   a hunting
planté cet arbre. — qui a ouvert la porte du jardin ? Moi.
to plant   *to open*

5° Les Anglais emploient souvent les pronoms possessifs pour rendre l'article défini français ; savoir, en parlant
dans un sens défini, des parties du corps, des facultés de
l'âme et de l'esprit, etc.

EXEMPLES :

Il eut *la* jambe droite emportée,   *he had* his *right leg car-*
                                            ried off.
Il perdit la raison,   *he lost* his *reason.*

Notez que, dans ces sortes de phrases, les pronoms *me,*
te, se, lui, nous, vous, leur, ne s'expriment pas en anglais.

EXEMPLES :

Vous *me* coupez le doigt,   *you cut* my *finger.*
Il *lui* tira les oreilles,   *he pulled* his *ears.*

Notez aussi que les verbes qui sont réfléchis en français
dans ces sortes de phrases, ne le sont pas en anglais.

EXEMPLES :

Je me suis coupé le doigt,   *I have cut my finger,*
Elle s'est foulé le pied en dan-   *she has sprained her foot in dan-*
sant,   *cing.*

EXERCICE LIII (1).

Vous m'avez meurtri le bras et la jambe. — son onguent m'a guéri
   to bruise   *ointment* *to heal*
le pied. — ce chirurgien ne put jamais lui remettre la jambe. — en
   surgeon   *to set*
jouant au volant avec ma sœur, il se cassa le nez avec sa raquette.
 at shuttlecock   *to break nose* *battledore*
— nous leur brûlerons la cervelle. — je lui enfonçai une aiguille
   to blow out brains   *to thrust* *needle*
dans la main, et il m'enfonça son canif dans le bras. — il s'est
         penknife
égratigné le visage avec une épine. — voulez-vous me donner la
to scratch face   *thorn*
main? — permettez-moi de vous offrir le bras. — il s'est cassé le
   te allow   *to offer*
bras en tombant de son cheval.
   to fall

6° Les pronoms possessifs *mon, ton, son, notre, votre, leur,* ne se répètent point avant chaque substantif comme en français, et l'on dit avec un seul pronom :

My father, mother, brother, sister and uncles.
Mon père, *ma* mère, *mon* frère, *ma* sœur et *mes* oncles.
Your coachman, horses and coach are good for nothing.
Votre cocher, *vos* chevaux et *votre* carrosse ne valent rien.

On ne répète pas non plus le pronom dans la phrase suivante et dans les analogues :

Je *vous* aime, je vous honore et vous estime,
I love, honour and esteem you.

7° Lorsque le verbe *être* signifie *appartenir*, les pronoms *à moi, à toi, à lui, à elle, à nous, à vous, à eux,* etc. qui le suivent, s'expriment par les pronoms possessifs absolus, *mine,* le mien; *thine,* le tien; *his,* le

---

sien, les siens (à lui); *hers*, le sien, les siens (à elle ; *ours*,
le nôtre, les nôtres, etc.

EXEMPLE :

Ce livre est à *vous*, ce cheval est à *eux*, et ce chapeau est à moi,
That book is yours, *that horse is* theirs. *and this hat is* mine.

EXERCICE LIV (1).

Cet homme ne pense pas; son âme est comme affaissée sous le
        to think   *as it were depressed*
poids de son corps. Sa femme, au contraire, est une charmante
weight   *body*   *wife*   *on the contrary*
femme ; son esprit et son bon naturel la font aimer de tout le
woman   *wit*   *good-nature*   *beloved by*
monde. — à qui parlez-vous? — à qui est cette maison? — à qui
l'avez-vous donné?—à qui est ce chapeau?—ce cheval est à moi; il
est bien meilleur que le vôtre — à qui est ce chapeau? c'est à mon
père. — vous dites que ce livre est à votre cousine; je vous assure
                                     to assure
qu'il n'est pas à elle, mais à ma sœur. — si cette bourse est à vous,
                                purse
pourquoi ne la prenez-vous pas? — prenez cette montre, elle est à
                                watch
vous. — non, elle n'est point à moi; je n'ai point de montre. — elle
est donc à votre oncle.

8° Les pronoms démonstratifs *celui, celle, ceux, celles,*
suivis d'un pronom relatif et ayant rapport aux personnes,
s'expriment par les pronoms personnels *he, she, they,*
et, après un verbe dont ils sont le régime, par *him, her,*
those.

EXEMPLES :

Celui qui le dit est un menteur.   { He who *says so is a liar.*
                                          { He *is a liar* who *says so.*

---

(1) Voyez notre *Nouveau Cours de Thèmes anglais,* page 78.

Je ne vois pas *celle dont* vous parlez.	*I do not see* her *whom you speak of.*
Ceux qui méprisent cet homme ne le connaissent pas.	They who *despise that man do not know him.* They *do not know that man* who *despise him.*

9° Si vous trouvez dans une phrase plusieurs verbes de suite gouvernés par un des pronoms *qui, lequel,* etc., ne le répétez point comme en français, et dites avec un seul pronom :

He is a man who *drinks, plays, and thinks of nothing but pleasure,*

C'est un homme *qui* boit, *qui* joue, et *qui* ne songe qu'au plaisir (1).

10° *Celui-là* et *celui-ci,* quand ils se rapportent à des personnes, ne se rendent pas en anglais par *this* et *that.*

---

(1) Observations sur *what, which, whose, of which.*

1° On dit : *What pleases me is to see him play,* ce qui me plaît, c'est de le voir jouer, et *I see him play, which pleases me,* je le vois jouer, ce qui me plaît.

De sorte que *what* est relatif à ce qui suit, et *which* à ce qui précède.

2° *Whose* est formellement génitif de *who* (*whoes, whose*) et se place toujours avant le substantif qui le régit : *The man whose merit,* l'homme dont le mérite ; *the man in whose virtue,* l'homme dans la vertu duquel, etc.

On voit que l'article se supprime entre *whose* et le substantif qui suit.

Si le substantif qui régit *whose* est régime de verbe, il se met avant ce verbe : *This man, whose virtue we revere,* cet homme dont nous révérons la vertu.

Voici encore quelques phrases où le pronom *whose* est employé ; elles serviront de types pour les phrases analogues : *Happy is the father whose children love him thus!* heureux est le père *que ses* enfants aiment ainsi ! *They whose fortune does not permit them to pass the summer in the country,* etc., ceux à *qui leur* fortune ne permet pas de passer l'été à la campagne. *I have just heard whose horses these are,* je viens d'apprendre à qui sont ces chevaux.

Dont, au génitif et en relation avec un nom de chose, se rend par *of which,* et se place après le substantif : La maison *dont* le prix, etc., *the house the price of which,* etc.

Si *dont* en rapport avec un nom de personne n'est pas suivi d'un substantif qui le régit, il s'exprime par *of whom* : Voici l'homme *dont* nous venons de parler, *here is the man of whom we have just been speaking.* — BONIFACE.

Il faut employer *the former*, le premier, pour celui-là ; et
the latter, le dernier, pour celui-ci.

EXEMPLE :

Johnson et Garrick étaient amis : *celui-là* était lexicographe, mo-
raliste et biographe, *celui-ci* acteur et auteur dramatique.
　Johnson and Garrick were friends : the former *was a lexico-*
grapher, a moralist and a biographer, the latter *an actor and a*
dramatic author.

EXERCICE LV (1).

Celui qui trahit l'amitié devrait être banni de toute société.— celui
　　　　　　　　　　　　　　to banish　　　　*society*
qui se croit le plus spirituel des hommes *n*'est souvent qu'un sot. —
　　　　　　　witty　　　　　　　　　　　　*but　fool*
celui-là seul est heureux qui croit l'être. — celui-là ne connaît pas
　　　　　　　　　　　to think one's self so
les hommes qui se fie à leurs promesses. — celui qui *ne* pense qu'à lui
　　　　to trust to　　　　　　　　　　　*but of himself*
n'a rien à attendre des autres. — ce sont des paresseux qui dorment,
　　　to expect from　　　*they*　　*lazy people*
qui boivent, qui mangent toute la journée, et qui ne veulent pas
　　　　　　　　　　　　all day long
travailler. — je connais une femme qui s'est ruinée au jeu et qui
　　　　　　　　　　　　　　　to ruin in gaming
continue de jouer. — George est à Rome, et Guillaume à Londres ;
　　　　to game　　　　　*at*
celui-là m'écrit toutes les (2) semaines, et celui-ci m'écrit à peine
　　　writes to me　　　　　　　　　　　　*scarcely*
deux fois par an. Le jeune homme dont je vous ai parlé mérite d'être
　　　　　　　　　　　　　　　　　spoke to deserve
encouragé. — ce qui flatte les sens amollit le cœur. — la dame dont
to encourage　　　　　*sense to soften*
vous voyez le portrait est celle dont je vous parlais ce matin, et dont
　　　　picture　　　　　　　　*to speak*

---

(1) Voyez notre *Nouveau Cours de Thèmes anglais,* page 79.
(2) Traduisez comme s'il y avait *chaque semaine.*

le frère fut tué en duel par le capitaine **B—**, dont il avait dit *du*
       in a   *to speak*
mal. — que pensez-vous de ces fusils ? — celui-ci est mauvais,
ill   *gun*
celui-là est pire ; mais ceux-là sont les plus mauvais de tous.

11° *Celui, celle, ceux, celles* (en anglais, *this, that, these, those*), s'expriment rarement devant la préposition *de* marquant le rapport d'appartenance : il est plus ordinaire d'ajouter *'s* au nom qui suit :

EXEMPLE :

Mon cheval est meilleur que *celui* de votre père,
My horse is better than your father's.

Mais devant un adjectif au pluriel employé substantivement, ou devant un nom de chose, il faut rendre *celui, celle,* par *that,* et *ceux, celles,* par *those.*

EXEMPLES :

L'opinion des savants doit être préférée à *celle* des ignorants.
The opinion of the learned ought to be preferred to that *of the ignorant.*
Les plaisirs de la vertu sont plus purs que ceux du vice.
The pleasures of virtue are purer than those *of vice.*

EXERCICE LVI.

Voici nos chapeaux : le mien n'est pas aussi joli que celui de ma
                       bonnet
sœur. — lequel de vous deux demande son chapeau ? moi j'ai celui de
                      to ask for
mon cousin ; donnez-le lui. — vous avez pris le livre de mon frère,
voici le vôtre. — vos enfants sont plus obéissants que ceux de votre
here is   *dutiful*
ami. — la vie (1) des pauvres est souvent plus exempte de soucis que
                                  free from care
celle des riches.

---

(1) Traduisez *les vies des pauvres sont,* etc.

12° *Quelque*, devant un adjectif suivi de *que*, s'exprime par *however*, et le *que* qui suit l'adjectif se retranche.

EXEMPLES :

However *rich one may be*,	*quelque* riche *que* l'on soit.
However *prudent you may be*,	*quelque* prudent *que* vous soyez.

Mais devant un substantif, et suivi de *que*, *quelque* s'exprime par *whatever*, et le *que* qui suit le substantif se retranche.

EXEMPLES :

Whatever *riches you have*,	*quelques* richesses *que* vous ayez.
Whatever *patience you have*,	*quelque* patience *que* vous ayez.

Quel que soit, quels que soient, etc., se rendent par *whatever be, whatever may be* (1).

---

(1) Ces sortes d'expressions se rendent de plusieurs manières : voici quelques exemples dont la traduction servira de modèle pour d'autres :

Quels que soient vos motifs.	*Whatever your motives may be.*
Quelle que soit son autorité.	*Whatever be his authority.* *However great his authority may be.* *Though his authority be ever so great.* *Let his authority be ever so great.*
Quelque importante que soit l'affaire.	*However important the business may be.* *How important soever the business may be.* *Be the business ever so important.*
Quelles que soient les lois.	*Let the laws be what they may.*

Quand *quelque* se rapporte à une personne, il peut être relatif à l'individu même ou à sa qualité : dans le premier cas il se rend par *whoever*, et dans le second par *whatever* : Le voleur *quel qu'il* soit, sera puni, *the robber, whoever he may be, will be punished* ; jeune ou vieux, riche ou pauvre, *quel qu'il* soit, il sera bien reçu, *young or old, rich or poor, whatever he may be, he will be well received.* — BONIFACE.

On emploie *whichever*, et pour les personnes et pour les qualités ; quand il s'agit d'une personne, d'une qualité, etc. entre deux ou plusieurs. Exemples : *quel que* soit celui d'entre eux qui a commis la faute, il en sera

13° Lorsque le pronom *le* représente un adjectif on le rend par l'adverbe *so*, et quand il représente un nom on le rend souvent par le mot *one*, ainsi :

Si vous êtes heureux, je ne *le* suis pas.
If you are happy, I am not so (1).
Il est général, et vous *le* serez aussi.
He is a general, and you will be one likewise

EXERCICE LVII (2).

Quelles que soient vos occupations, vous devriez m'écrire plus souvent. — quelque bonnes que soient vos raisons | on ne les
| *they will not*
écoutera pas. | quelque belle qu'elle soit, c'est son esprit que j'ad-
be listened to | *handsome*   *sense*
mire. — quelque peine qu'il se donne, il ne réussira pas. — quels
    trouble   *to succeed*
que soient vos talents, ne leur attribuez pas un succès qui est l'effet
du hasard. — quelque puissant qu'il soit, je ne le crains pas. — cet
   chance   *powerful*   *to fear*
homme est jardinier. — quel qu'il soit qu'il vienne. — qui que vous
    gardener   *to come*
soyez, quittez ces lieux. — s'il est jeune vous l'êtes aussi. — nous
   to leave this place   *too*
sommes pauvres, mais ils ne le sont pas moins que nous.

---

puni, *whichever of them has committed the fault, he will be punished;* riche ou pauvre *quel* qu'il soit, sa faute est la même, *rich or poor,* whichever *he may be, his fault is the same.*

(1) Quelquefois le mot *le* ne se rend pas en anglais dans ces sortes de phrases. Exemple : Si vous n'êtes pas fatigué je le suis, *if you are not tired I am.*

(2) Voyez notre *Nouveau Cours de Thèmes anglais*, page 81.

CHAPITRE VI.

DU PRONOM INDÉFINI *ON*.

1° *On*, dans les phrases proverbiales ou morales et ayant rapport aux personnes dans un sens général, se rend en anglais par *one*, équivalent de ON; par *we*, nous, ou par *people*, les gens, ou par *they*.

EXEMPLE :

On voit les défauts des autres plus tôt que les siens propres ,
One *sees other people's failings sooner than one's own* .
   ou We *see other people's failings sooner than our own,*
   ou bien , People *see others' failings sooner than their own.*

2° *On*, suivi d'un verbe dont l'action est commune à plusieurs personnes réunies, se rend par *they* en anglais.

EXEMPLE :

On travaille nuit et jour à la Tour,
They *work night and day at the Tower* (1).

3° Lorsque le verbe qui suit le pronom *on* est suivi de *que*, la proposition anglaise peut commencer par *it*, et le verbe se rend alors par le passif.

---

(1) Si l'action est censée faite par une seule personne, *on* se rend par le pronom qu'on mettrait à sa place d'après le sens. On frappe, some one *knocks;* ha! on ne veut pas obéir, ha! you *won't obey*

L'expression française *on y va* se rend en anglais par *coming;* le reste (*I am*) est sous-entendu. — BONIFACE.

EXEMPLES :

On suppose que nous aurons la guerre.
Il is supposed we shall have war.
On dit qu'il y a eu une bataille.
Il is said there has been a battle (1).

EXERCICE LVIII (2).

On aime à croire ce qu'on désire. — on peut être aussi bon que
   to like to believe
l'on veut, si l'on veut être bon. — on *ne* devrait avoir honte que du
   will   to wish   to be ashamed but
vice ou de l'ignorance. — on peut avoir mille connaissances intimes,
                                        acquaintance intimate
sans avoir | un seul | ami. — si l'on a un seul ami on doit se
without having | one | should
croire heureux. — on devrait songer à l'avenir, mais sans négliger
to think   to think of   neglecting
le présent.—on ne doit pas s'affliger aujourd'hui parce qu' | il peut
                                                           | *one may*
arriver qu'on soit | malheureux demain. — on a mis un embargo
happen to be | to lay   embargo
sur tous les vaisseaux. — on a résolu au (à) conseil du roi d'envoyer
         ship   *in council*
des troupes en Espagne, et on croit que le parlement approuvera
troops to Spain   to think
toutes les mesures du gouvernement. — on observe que depuis les
                    government
dernières nouvelles on travaille nuit et jour à la Tour.—on dansait sur
         news   *to be dancing*
le gazon. — on faisait | beaucoup de bruit | au parterre. — on se
   turf   to make | a great noise | in the pit
battait à la porte. — on applaudissait dans les loges et l'on sifflait au
to fight   *box   to hiss*
parterre. — on dit que les ennemis nous étaient supérieurs en
nombre. — on disait d'abord que nous avions gagné la victoire; mais
                                          to gain
à présent on dit que nous avons été battus | comme il faut. |
                                to beat | soundly |

---

(1) Du reste on emploie souvent dans ce cas : They *say there has been
a battle.*
(2) Voyez notre *Nouveau Cours de Thèmes anglais*, page 82.

4° Les propositions françaises où *on* se trouve suivi d'un verbe actif avec son régime se rendent en anglais par le passif.

EXEMPLE :

On aime le père et l'on craint le fils,
The father is beloved and the son is feared.

Mot à mot : le père est aimé et le fils est craint.

5° Lorsque *on* se trouve répété dans une phrase, et que le sens de la phrase veut que le premier *on* se rende par un *substantif*, il faut rendre le second *on* par le pronom qui doit remplacer ce substantif; mais si le premier *on* se rend par un *pronom*, on répète ce pronom pour le second *on*.

EXEMPLES :

On flatte les tyrans, mais *on* ne les aime pas.
Tyrants *are flattered, but* they *are not beloved.*
On le flatte, mais on ne l'aime pas.
He *is flattered, but* he *is not beloved.*

6° Lorsqu'on a à traduire en anglais par le passif une proposition commençant par *on*, et contenant deux régimes dont l'un est indirect, on prend quelquefois le régime indirect pour en faire le sujet de la proposition passive, et on conserve le régime direct.

EXEMPLE :

On nous a promis une récompense,
W e are promised a reward.

EXERCICE LIX (1).

L'ingratitude est un crime si honteux qu'on n'a jamais trouvé d'homme qui voulût | s'en avouer coupable. | — on les prit sur
             would | *own himself guilty of it* | *in*

---

(1) Voyez notre *Nouveau Cours de Thèmes anglais*, page 82.

le lait. — on le renvoya à sa famille. — on le vit sauter par-dessus
   to send back (1)   *to leap*

le mur du jardin. — on a envoyé dix mille hommes renforcer notre
                to reinforce

armée. — comment | ajouter foi | à ce qu'on rapporte si
      | *can one give credit* | *to report*

différemment? — on nous avait dit que le spectacle devait commen-
       to tell   *play* *was*

cer à huit heures. — on jouera Tartufe après-demain, mais on ne le
      to perform

jouera pas ce soir. — on nous avait promis un billet pour la première
              ticket

représentation de la nouvelle pièce. — on aime beaucoup le nou-
       play   *to like*

veau professeur, mais on regrette son prédécesseur. — on a élu un
           predecessor

président et un vice-président. — on respecte le nouveau directeur,
mais on ne l'aime pas autant que le dernier.
       late one

CHAPITRE VII.

DE L'EMPLOI DES PRONOMS *EN*, *Y* ET *OU*.

Ces trois pronoms ont une double signification en français. On les considère, 1° comme relatifs au lieu où l'on
va, où l'on est, d'où l'on vient. Exemples : *J'en viens, j'y
vais, c'est où je veux aller*, etc. 2° Comme relatifs aux
choses ou aux personnes dont on parle. Exemples : *J'en
veux, je m'y attends, l'affaire où je suis engagé*, etc.
Sous ce second point de vue, il est évident que *en*, *y* et *où*
tiennent lieu des personnes ou des choses dont il s'agit

(1) Mettez *back* après le pronom régime.

dans le discours, et qu'ils représentent à leur égard les pronoms personnels et relatifs, *lui, elle, eux, ceci, cela, duquel, auquel,* etc. Les Anglais n'ont point de mots qui correspondent à ces deux significations ; mais ils se servent des pronoms *him, her, them, it, this, that, what, which,* etc., avec les prépositions gouvernées par le verbe auquel ils se rapportent : c'est ce que je vais développer dans les articles suivants.

ARTICLE PREMIER.

DU PRONOM *EN.*

1° Lorsque *en* a rapport aux personnes, il s'exprime par les pronoms personnels, précédés de la préposition que gouverne le verbe anglais.

EXEMPLES :

You like Newton, you are always talking of him.
Vous aimez Newton, vous *en* parlez toujours.
I know those people, you will be satisfied with them.
Je connais ces gens-là , vous *en* serez satisfait.

2° S'il a rapport aux animaux et aux choses inanimées, il s'exprime par *it.*

EXEMPLES :

He took a stick, and gave me a blow with it.
Il prit un bâton , et m'*en* donna un coup.
They say you have a place at court, I am very glad of it.
On dit que vous êtes placé à la cour, j'*en* suis charmé.

3° Lorsqu'il est pris dans un sens partitif, il s'exprime par *some,* quelque ; et si la phrase est négative, dubitative ou interrogative, par *any,* aucun.

This is good fruit, give me some, ce fruit est bon , donnez-m'*en.*
He will not give us any,   il ne nous *en* donnera pas.
If I see any,   si j'*en* vois.
Have you any?   *en* avez-vous ?

4° Quelquefois *en* tient lieu d'un pronom possessif ; alors on l'exprime par *his, her, their, its.*

Wine is dangerous, I know its *effects.*
Le vin est dangereux, j'*en* connais les effets.
If you knew her, you would not speak in her *praise.*
Si vous la connaissiez, vous n'*en* feriez pas l'éloge.

5° *En* ne s'exprime pas devant un nom de nombre ou un adverbe de quantité.

6° *En,* relatif au lieu, s'exprime par *thence,* ou bien par *from,* de, avec *it* ou avec le nom du lieu (1).

Are you going to court? No : I am coming from it,
Allez-vous à la cour ? Non : j'*en* viens.

7° Quelquefois le pronom *en* ne s'exprime pas en anglais.

Combien *en* avez-vous ?
How many have you?
J'*en* ai six, je n'*en* veux pas davantage.
I have six, I will not have any more.
C'est une belle ville, mais les rues *en* sont sales.
It is a fine city, but the streets are dirty.

---

(1) *Thence* s'emploie peu dans le langage ordinaire de la conversation ; on se sert plutôt de l'autre forme en parlant.

EXERCICE LX (1).

Vous aimez beaucoup cette dame, vous en parlez toujours. — c'est
    to like very much

un excellent élève; vous en serez content. — il est très-content
    pupil   *satisfied with*   *very much pleased*

de ses soldats; il en parle très-avantageusement.— mon cousin veut
with   *highly*

me forcer à faire une chose qui m'est désavantageuse; je n'y con-
     to do

sentirai point. — vous m'avez rendu le plus grand service; je vous

en remercie. — j'en suis ravi; si je ne l'avais pas fait, j'en serais
to thank for   *overjoyed and*

fâché. — ces conditions sont trop dures; je ne veux plus en
sorry for

| entendre parler. | —prenez de la viande et mangez-en. — vous
| *to hear of* |

avez de belles pommes; donnez-m'en. — prenez-en. — j'en prendrai
     apple

deux. — prenez-en davantage. — qu'en ferais-je? — je n'en ai pas
       to do with

mangé cette année. — en avez-vous mangé? — c'est un homme

généreux; j'en ai éprouvé la générosité. — j'aime le punch, mais
     to experience   *punch*

j'en crains les effets. — allez-vous à la campagne? — j'en viens.
       into

— je pars pour Versailles, et vous en venez.—vous n'en reviendrez
to be setting out for   *to return*

pas quand vous voudrez.
     you please

ARTICLE II.

DU PRONOM *Y.*

1° *Y* relatif aux personnes suit la même règle que *en.*

EXEMPLE :

When a man is dead, he is no longer thought of.
Quand un homme est mort, on n'y pense plus.

---

(1) Voyez notre *Nouveau Cours de Thèmes anglais*, page 84.

2° *Y* se rapporte plus souvent aux choses qu'aux personnes ; alors il s'exprime par le pronom *it* ou *them*.

EXEMPLES :

That is a good place ; he had long aimed at it.
C'est une bonne place ; il *y* aspirait depuis longtemps.
He has done it, but he will get nothing by it.
Il l'a fait, mais il n'*y* gagnera rien.
He does not like his profession, he is not fit for it.
Il n'aime pas sa profession, il n'*y* est pas propre.
They are not sincere, do not trust to them.
Ils ne sont pas sincères, ne vous *y* fiez pas.
He is engaged in a strange affair ; he will not succeed in it.
Il est engagé dans une étrange affaire, il n'*y* réussira pas.
It is only a report, I give no credit to it.
Ce n'est qu'un bruit qui court, je n'*y* ajoute. pas foi.

3° Lorsqu'il s'agit de lieu, *y* s'exprime par *there,* et après un verbe de mouvement par *thither,* dans le sens de *là,* et par *here* (et *hither* pour le mouvement) dans le sens d'*ici* (1).

EXEMPLES :

You were there,	vous *y* étiez.
Will you go thither ?	voulez-vous *y* aller ?
He is here,	il *y* est.
Come hither *likewise,*	venez *y* aussi.

EXERCICE LXI (2).

J'y penserai. — j'y compte. — je n'y consentirai pas. — pensez-
to consider of to rely upon   to consent to   to think of
vous à mon ami ? — j'y pense. — c'est un ingrat ; n'y pensez plus.
— voilà un beau tableau ; mettez-y un cadre. — allez-y, car il y est
there is   painting   frame

---

(1) Dans le style de la conversation on emploie très-rarement *hither* et *thither ;* on se sert plutôt de *here* et *there,* même avec un verbe de mouvement.

(2) Voyez notre *Nouveau Cours de Thèmes anglais,* page 86.

déjà. — dites-lui de venir ici, que son père l'y attend.—son frère y est
　　　　　　　　　　　　　　　to wait for　　　　　*has been*
| depuis une heure. | — je vous mènerai à la cour. — menez-y moi
|　*this hour*　　|　　　　*to take*
aussi. — menez-nous y. — Votre frère n'ira-t-il pas au théâtre ce
soir? — il y est allé déjà. — voulez-vous y aller avec moi? — allons-y
ensemble.
together.

ARTICLE III.

DU PRONOM *OU.*

1° *Où* n'a jamais rapport aux personnes, mais seulement aux choses. On l'exprime en anglais par le pronom
relatif *which,* en français *lequel, laquelle, lesquels, lesquelles, que,* etc., précédé de la préposition que gouverne
le verbe anglais. On peut retrancher *which* et mettre la
préposition à la fin de la phrase.

EXEMPLES :

This is an affair in which *I will not be concerned.*
C'est une affaire *où* je ne veux pas entrer.
The misfortunes in which *I was plunged.*
Les malheurs *où* j'ai été plongé.
That is the end he aims at.
C'est le but *où* il tend.
The age we live in.
Le siècle *où* nous vivons.
The door of his study is locked, from which *I conclude he is not
there.*
La porte de son cabinet est fermée à clef, *d'où* je conclus qu'il n'y
est pas.

2° *Où,* comme adverbe de lieu, s'exprime par *where,*
et par *whither* avec un verbe de mouvement; et *d'où,* par
whence (1).

____

(1) *Whither* et *whence* ne s'emploient presque pas dans le style de la
conversation.

EXEMPLES :

Where *is he?*	*où* est-il ?
Whither *are you going?*	*où* allez-vous ?
Whence *do you come?*	*d'où* venez-vous ?

EXERCICE LXII (1).

L'hôtel où vous logez est dans la rue où je vais. — l'état où je
　　to lodge at　　　　　　　　　　　　　*state*
le trouvai me fit pitié. — cela se voit trop souvent dans le siècle
to find in to excite one's pity　　to be seen　　　　　　age
où nous vivons. — c'était le but où il tendait. — où courez-vous ? —
　　　　　　　　　　end　　to aim at
d'où vient que vous n'êtes pas allé avec vos camarades ? — où
comes it
sont-ils allés ? — on ne vous a pas laissé aller avec eux, d'où je
conclus que vous n'avez pas bien travaillé.

ARTICLE IV.

PLACE QU'OCCUPENT *Y* ET *EN* DANS LE DISCOURS.

Y s'exprime après le verbe et à la suite des pronoms,
ainsi que *en* : mais, lorsque ces deux pronoms se rencontrent ensemble dans une même phrase, *en* doit être
exprimé avant *y;* ce qui est précisément le contraire de la
construction française.

EXEMPLES DE *Y*.

He is gone thither,	il *y* est allé.
I will send him thither,	je l'*y* enverrai.
I have left it there,	je l'*y* ai laissé.

---

(1) Voyez notre *Nouveau Cours de Thèmes anglais,* page 86.

EXEMPLES DE EN.

I have not yet spoken to you about it,	je ne vous *en* ai pas encore parlé.
He has given me some,	il m'*en* a donné.
She had not sent me any,	elle ne m'*en* avait pas envoyé.

EXEMPLES DE Y ET EN :

I will not send you any there,	je ne vous *y en* enverrai point.
You will find some there,	vous *y en* trouverez.
Be sure I will carry some there,	soyez sûr que j'*y en* porterai.

Cette construction est la même pour tous les temps et dans toutes les circonstances, soit affirmativement, soit négativement, soit en interrogeant avec ou sans négation.

EXERCICE LXIII.

Souvenez-vous d'y porter du papier, des plumes et de l'encre ; car
to remember
vous y en aurez besoin. — envoyez-moi des fraises dans le jardin. —
occasion for   *strawberry*
je vous y en enverrai. — je vous y en porterai moi-même. — j'y en
to send   *to bring*
ai vu. — nous y en avons porté. — nous y en avons laissé pour vous.
— y a-t-il de l'encre dans l'encrier ? — j'y en ai mis.

CHAPITRE VIII.

DES VERBES A L'INDICATIF.

1° Les Anglais emploient le participe actif, précédé du verbe *être* (to *be*), pour marquer une action simultanée ou continue : Il est à danser, *he is dancing*. Quand je vous ai vu, vous parliez à une dame, *when I saw you, you were talking to a lady*.

2° Lorsqu'on indique un temps où l'action qu'exprime un verbe a eu lieu et que ce temps n'est plus, quand ce ne serait qu'une partie du même jour ou de la même heure, il faut mettre le verbe au prétérit défini en anglais, c'est-à-dire au parfait : Je *me suis levé* de bonne heure ce matin, *I rose early this morning*. Je *l'ai vu* il y a cinq minutes, *I saw him five minutes ago*.

EXERCICE LXIV (1).

Quand je suis entré dans la chambre, elle chantait, et son frère jouait de la flûte. — comme je passais par le jardin, elle s'y promenait
through
un livre à la main. — je n'ai passé qu'un mois dans cette ville,
with a   in her   to spend
et je suis allé dix fois au spectacle pendant ce court séjour. — comme
stay
j'allais vers la ville, il en revenait. — J'y songe dans ce moment. —
to return   to think of at
j'y réfléchissais quand vous m'avez parlé. — écoutez ; elle pince de la
to play on
harpe.

CHAPITRE IX.

DES VERBES AU SUBJONCTIF.

1° Le subjonctif français ne se rend pas toujours par le subjonctif anglais ; on traduit généralement par un des

(1) Voyez notre *Nouveau Cours de Thèmes anglais*, page 88.

temps de l'indicatif (celui qu'on emploierait en français dans le même cas si l'indicatif pouvait s'employer) tout verbe français au subjonctif gouverné par un verbe qui exprime le doute, l'interrogation, la négation ou un sentiment de l'âme.

EXEMPLES :

Croyez-vous qu'il *pleuve* maintenant?
Do you think it rains *now ?*
Je ne pense pas qu'il *pleuve* demain.
I do not think it will rain *to-morrow.*
Il *importe* que vous *écriviez.*
It is necessary *that you* should write.
Il convient que vous soyez récompensé.
It is proper *that you* should be *rewarded.*

2° Il en est de même de la plupart des verbes précédés de conjonctions qui en français exigent le subjonctif.

EXEMPLES :

Nous l'attraperions *quoiqu'il courût.*
We should overtake him though *he should run.*
Nous l'attraperons *quoiqu'il coure.*
We shall overtake though *he runs.*
Il n'est pas si pauvre *qu'il ne puisse* faire l'aumône.
He is not so poor that *he cannot give alms.*
Il est impossible *que* vous le *voyiez.*
It is impossible that *you should see him.*
De crainte qu'il ne parle.
Lest *he* should speak.
Supposé qu'ils viennent.
Suppose *they* should come.

Quand il s'agit d'un futur incertain, douteux, on emploie le subjonctif en anglais après la conjonction *if,* si.

EXEMPLE :

S'il fait beau demain nous sortirons.
If *il* be *fine to-morrow we shall go out.*

Croyez-vous que votre sœur arrive demain ? pensez-vous qu'il ait
fini son ouvrage ? — je crains qu'il ne l'ait pas encore terminé. —
to fear
je ne crois pas que son nouvel ouvrage paraisse à temps *pour* obte-
to appear in
nir tout le succès *qu'il* mérite. — je crains que vous ne soyez pas
ready *to deserve*
prêt quand le jour de l'examen arrivera (2). — je doute qu'il
examination
obtienne le premier prix cette année. — j'espère le surpasser, quoi-
to obtain *prize* *surpass*
qu'il soit plus âgé que moi. — on n'ose pas lui parler de peur qu'il
old *to dare*
ne se fâche. — si le vent est favorable demain nous ferons voile.
to fly into a passion *fair* *to set sail*
— s'il ne pleut pas après-demain vous irez voir votre tante.
to go and see

3° On emploie généralement *may* quand le subjonctif
français peut se tourner par le verbe *pouvoir*.

Afin que vous *soyez* heureux.
In order that you may be *happy.*
Pour que nous *puissions* les voir.
That we may see *them.*
Je désire que vous *réussissiez* dans toutes vos entreprises.
I wish you may succeed *in all your undertakings.*

4° On peut souvent mettre le second de deux verbes, qui
est au subjonctif en français, à l'infinitif, en faisant du

---

(1) Voyez notre *Nouveau Cours de Thèmes anglais*, page 90.
(2) Mettez ce verbe au présent.

sujet de ce verbe le régime du premier, et en supprimant le *que*.

EXEMPLE :

Je désire qu'il *vienne* immédiatement,
I wish him to come *immediately* (1).

EXERCICE LXVI.

Dépêchez-vous | de faire tous vos préparatifs, | afin que vous
make haste | *to get every thing in order* |
soyez prêt à partir avec moi. — dites-lui de les amener avec lui,
ready to set out   *to tell*   *to bring*
afin que nous puissions les voir. — je désire que vous ne perdiez rien
to lose
dans cette entreprise. — il faudra que vous y alliez vous-même. —
undertaking
il sera nécessaire que vous fassiez ce travail vous-même. — il est
bon que vous soyez seul pour faire cela. — je désire que vous soyez
alone
tous là quand il viendra.

CHAPITRE X.

DES DIFFÉRENTES MANIÈRES DE RENDRE *IL Y A.*

1° L'expression française *il y a* se rend par *there,* suivi du verbe *to be* (être), au singulier ou au pluriel, selon le nombre du nom qui suit (*there is a man, there are two men*), et au même temps que le verbe *avoir* en français.

Lorsque *il est, il était,* etc., a la même signification

______

(1) Le subjonctif français qui suit les expressions *il convient que, il est nécessaire que, il est bon que,* etc., se rendent quelquefois en anglais par un régime précédé de *for* et suivi d'un infinitif. Exemples : Il est nécessaire que vous y alliez, *it is necessary for you to go there;* il convient qu'il le fasse, *it is proper for him to do it.*

que *il y a, il y avait,* etc., on le rend en anglais par *there is, there was,* etc.

2° Lorsque *il y a* se trouve suivi de *que* et d'un autre verbe au passé indéfini, précédé de *ne,* pour marquer l'espace de temps qui s'est écoulé depuis l'action qu'exprime ce verbe, on le rend par *it is,* le *que* se rend par *since,* et le verbe qui suit est mis au prétérit défini en anglais.

EXEMPLE :

Il y a trois jours *que je ne l'ai vu,*   it is *three days* since I saw him.

3° Lorsque *il y a* est suivi d'une expression de temps et d'un des verbes *être* et *avoir,* ce dernier est mis en anglais au passé indéfini, s'il est au présent en français ; et à ce qu'on appelle le plus-que-parfait, s'il est à l'imparfait en français. Avant un nom de temps, on emploie le démonstratif *this* et *these,* si le verbe *il y a* est au présent.

EXEMPLES :

Il y a une heure que vous l'avez,   *you have had it this hour* (1).
Il y avait une heure que vous l'aviez,   *you had had it an hour.*
Il y avait deux heures que vous y étiez,   *you had been there two hours.*

EXERCICE LXVII (2).

Il y a environ trente millions d'âmes en France, il n'y en a que
    about   *soul*
dix en Angleterre. – Il y a un homme là-bas qui désire vous parler.
          yonder   *to speak to*
— Il y a eu hier un grand incendie dans la rue de***. — combien y
                 how many
a-t-il eu de maisons brûlées? — il y en a eu six. — y a-t-il eu
quelqu'un *de* tué ? — non ; mais il y a eu plus de vingt personnes
   any one

___

(1) On peut employer cette construction, en lui donnant une forme négative, pour rendre l'exemple de la règle précédente : *I have not seen him these three days.*

(2) Voyez notre *Nouveau Cours de Thèmes anglais,* page 92.

blessées. — il n'y a pas eu autant de maisons brûlées qu'on le disait.
— | l'année dernière | le feu prit dans la même rue ; il y eut douze
    | *last year* | *a fire broke out*
maisons brûlées, et quatre familles *qui* périrent dans les flammes.
— il y a des gens qui disent que s'il y eût eu moins de confusion
parmi les ouvriers, il n'y aurait point eu de dommage. — il y a des
                                                  damage
auteurs qui prétendent qu'Homère naquit à Smyrne ; d'autres
                                  to be born
soutiennent qu'il était né à Rhodes, d'autres ailleurs. — il y a eu
to maintain
bien des disputes sur ce sujet ; mais parmi les diverses opinions des
many
savants, il n'y a que celle de Vico qui paraisse répondre à toutes les
objections.

4° Lorsque *il y a* s'emploie au présent avec un nom de
temps, pour marquer la durée d'une action qui continue
jusqu'au moment où l'on parle, on commence la phrase
anglaise par le passé indéfini du verbe *être,* suivi du verbe
français au participe actif, et le nom de temps est précédé
du démonstratif *this* au singulier, et *these* au pluriel.

EXEMPLE :

Il y a trois heures que nous marchons,
We have been walking these three hours.

5° Si le verbe *il y a* est employé à l'imparfait (*il y
avait*) pour exprimer une action qui continuait encore
lorsqu'un autre fait s'est accompli, on commence la phrase
par le plus-que-parfait du verbe *to be* (être), suivi du verbe
français au participe actif ; mais alors on n'emploie pas le
pronom démonstratif avant le nom de temps.

EXEMPLE :

Il y avait trois heures que nous marchions, quand vous êtes venu,
We had been walking three hours, when you came.

EXERCICE LXVIII (1).

Il y a cent quarante-trois ans que Molière est mort. — combien
has been dead
y a-t-il que la Fontaine est mort? — il y a cent vingt-un ans. — il y
a quatre ans que je la connais; il n'y a que | quinze jours | que
| *a fortnight* |
je demeure ici. — le cardinal de Granvelle disait à Philippe II : il y
to live
a aujourd'hui un an que l'empereur | s'est démis de | tous ses États.
now   *since* | *to resign* | *dominions*
— il y a aujourd'hui un an qu'il s'en repent, répondit le prince. —
combien y a-t-il que vous étudiez l'anglais? — il y a deux mois. —
how long
combien y a-t-il que vous êtes à Londres? — combien y a-t-il qu'il
est à Paris? — combien y avait-il qu'elle était à Dublin? — combien y a-t-il qu'elle est à Édimbourg? — combien y a-t-il qu'elle est
| partie de | ce pays? — il y a six mois. — il y a près d'un an que je ne
| *to leave* |
l'ai vue. — combien y a-t-il que votre frère voyageait en Allemagne?
to travel   *Germany*
— combien y a-t-il qu'il voyage en Angleterre?

6° *Il y a,* suivi d'un nom de temps, se rend en anglais
de différentes manières; mais, lorsqu'il s'emploie au présent avec un autre verbe au passé, on le rend par *ago*
(passé), qui se met à la fin de la phrase, et le verbe se met
au passé défini.

EXEMPLE :

Je le vis *il y a* une heure , un mois, etc.
I *saw him an hour* ago, *a month* ago, etc.

7° Lorsque *il y a* s'emploie pour marquer la distance,
on le rend par *it is.*

EXEMPLE :

Il y a soixantre-trois milles de Londres à Winchester,
It is *sixty-three miles from London to Winchester.*

---

(1) Voyez notre *Nouveau Cours de Thèmes anglais*, page 92.

15

EXERCICE LXIX (1).

Je vis son frère il y a trois mois. -- votre tante vint me voir il y a six semaines. -- il a quitté la maison il y a six mois. — combien
to leave
y a-t-il de Versailles à Paris? il y a quatre lieues. -- y a-t-il une voiture publique de Calais à Paris? — combien y a-t-il de Londres à
from   *how far*
Lille? — il y a dix-huit lieues de Dunkerque à Lille, et cinquante de Paris à Lille.

CHAPITRE XI.

DES VERBES *POUVOIR*, *DEVOIR* ET *VOULOIR*.

1º *Can*, verbe défectueux, qui en français se traduit par l'une des formes du verbe *pouvoir*, est remplacé à l'infinitif par *to be able* ; au présent de l'indicatif, il fait *can*, et au passé *could*.

2º *Pouvoir* se rend aussi par *may* au présent, et *might* au passé. *Can* s'emploie pour exprimer le pouvoir de faire quelque chose, et *may* pour exprimer la possibilité qu'une chose soit ou qu'elle arrive. *May* exprime aussi le droit, la permission qu'on a, ou que l'on donne à quelqu'un, de faire quelque chose : *You may, if you can*, vous le pouvez (vous en avez la permission), si vous êtes à même de le faire.

3º Lorsque *pouvoir* peut être remplacé par *être à même de, en état de*, il faut le rendre par *can* au présent, et par *could* au passé. Pour les autres temps et les autres

---

(1) Voyez notre *Nouveau Cours de Thèmes anglais*, page 92.

modes, il faut employer le verbe *to be*, être, suivi de *able*, capable.

4° Lorsque le participe des verbes *devoir* ou *pouvoir* est précédé du verbe *avoir* au conditionnel, on commence la phrase anglaise par le second verbe français, qui est rendu par le passé *might* ou *could* (pour rendre *pouvoir*), et *should* ou *ought to* (pour rendre *devoir*) ; puis le verbe *avoir* se rend par l'infinitif ; ensuite le verbe qui en français suit *pouvoir* ou *devoir* à l'infinitif est mis en anglais au participe passé.

EXEMPLES :

Vous auriez pu le faire, *you could have done it.*
Vous auriez dû le faire, *you ought to have done it.*

Mot à mot, *vous pourriez l'avoir fait, vous devriez l'avoir fait.*

5° *Devoir*, au conditionnel, se rend par *should*, et par *ought to* si l'on veut réveiller l'idée d'*un devoir*, d'*une conséquence nécessaire.*

6° *Vouloir*, employé au conditionnel pour exprimer le désir, et suivi d'un autre verbe à l'infinitif, se rend en anglais par le verbe *to like* ; employé au présent ou à l'imparfait de l'indicatif, pour exprimer le désir, *vouloir* se rend en anglais par le verbe *to wish*, souhaiter ; et quelquefois par *to want*, avoir besoin.

EXERCICE LXX (1).

Pouvez-vous faire cela ? — je peux le faire ; mais je n'ai pas le temps de le faire aujourd'hui. — je ne peux pas attendre. — je ne pouvais pas le faire plus tôt. — nous pouvons sortir à présent, la porte est ouverte. — il pouvait le voir de sa fenêtre. — vous pouvez y aller par eau. — pour pouvoir le faire aujourd'hui, il faut com-

---

(1) Voyez notre *Nouveau Cours de Thèmes anglais*, page 94.

mencer tout de suite. — j'espère pouvoir le faire demain. — si vous ne pouvez pas le faire aujourd'hui, vous pourrez peut-être le faire demain. — nous aurions pu nous égarer. — cela peut être. — j'aurais
to lose one's way
pu vous le montrer hier. — vous auriez pu tomber. — il aurait pu se faire du mal. — vous auriez dû réfléchir. — vous n'auriez pas dû
to hurt one's self
lui répondre ainsi. — je voudrais demeurer toujours à la campagne. — vous voudriez venir quelquefois à Paris. — vous voulez me tromper. — je ne voulais que vous faire peur. — il voulait résister;
to frighten
mais il fut désarmé. — on était obligé de le tenir pour l'empêcher de se jeter sur son adversaire qu'il voulait tuer. — je ne voudrais
to rush
pas passer toute ma vie dans cette ville. — vous voudriez retourner dans votre pays. — je voulais lui | faire voir en quoi | il avait
                    | *to show*   *how* | *to be in*
tort. — il veut faire un militaire de son fils.
the wrong

CHAPITRE XII.

DES ADVERBES.

On distingue les adverbes des autres particules indéclinables, soit prépositives, soit conjonctives, en ce qu'ils ne sont suivis d'aucun nom, et que ces particules en demandent nécessairement un après elles. Exemple: *He walks before,* il marche devant. Dans cet exemple, *before* est adverbe; mais s'il y avait, *he walks before her,* il marche devant elle, alors le mot *before* ne serait plus adverbe, mais préposition.

J'ai dit que la construction des adverbes se fait comme en français, c'est-à-dire que généralement ils suivent le verbe dans les temps simples, et qu'on les met entre l'auxiliaire et le participe dans les temps composés; cependant il faut observer que les adverbes de qualité, qui, pour la plupart, se terminent en *ly*, sont presque toujours placés après le nom ou le pronom gouverné par le verbe, lorsque ce nom ou pronom est à l'accusatif. Ainsi, au lieu de *He loves dearly his sister*, il aime tendrement sa sœur, il faut dire, *He loves his sister dearly*, parce que *his sister* est à l'accusatif; mais, si le verbe gouverne tout autre cas, l'adverbe doit immédiatement le suivre. Exemple : *He boasts amazingly of his birth*, il se vante étrangement de sa naissance ; parce que *of his birth* est au génitif. Il est néanmoins quelquefois indifférent de mettre les adverbes avant ou après les verbes. On dit également, *I heartily love you*, je vous aime de tout mon cœur, au lieu de, *I love you heartily*; *I humbly beg of you*, je vous demande humblement, au lieu de *I beg humbly of you*. La lecture des bons auteurs fera connaître le choix que l'on doit faire. Souvenez-vous seulement que *always*, *ever*, toujours; *never*, jamais; *often*, souvent; *seldom*, rarement; *still*, encore ; *soon*, bientôt, doivent suivre immédiatement le nominatif du verbe; dites : *I always say*, etc. *I never say*, etc. *I often say*, etc. *I seldom say*, etc. et non *I say always*, *I say never*, *I say often*, *I say seldom*, etc. Je dis toujours, je ne dis jamais, je dis souvent, je dis rarement, etc., etc. Mais ces mêmes adverbes se placent après le verbe *être*.

EXERCICE LXXI (1).

Marchez devant, je vous suivrai. — vous avez bien (2) traduit
to translate
ce chapitre. — vous vous êtes conduit noblement dans cette affaire.
chapter
— je suis terriblement fatigué. — c'est habilement fait. — il a été
skilfully

---

(1) Voyez notre *Nouveau Cours de Thèmes anglais*, page 96.
(2) Mettez *well* après le régime du verbe.

sévèrement puni. —vous avez lu cette comédie admirablement. —
je l'invite souvent | à venir nous voir, | mais il ne vient jamais.
  to invite | *to come and see us* |
—je vais rarement chez mon oncle. —quand vous l'aurez (1) vu
revenez promptement | à la maison. |
    quickly | *home* |

CHAPITRE XIII.

DES PRÉPOSITIONS.

I. On appelle en anglais prépositions *inséparables* certaines particules qui entrent dans la composition des mots,
et qui en changent la signification. Exemple : *to go,* aller,
to undergo , subir. Comme ces particules tiennent essentiellement aux mots qu'elles précèdent, il faut, pour les
connaître, consulter les dictionnaires.

II. Beaucoup de prépositions, qu'on a appelées *prépositions séparables,* et beaucoup d'adverbes, se mettent à la
suite des verbes pour étendre leur signification, c'est-à-
dire qu'en ajoutant à un verbe une préposition ou un adverbe quelconque, les deux significations se confondent.
Par exemple, *down* signifie en bas, *up* en haut, *out* dehors,
in dedans, *again* encore, *near* proche, *off* au loin, *back*
en arrière, *away* à une distance, etc. Ajoutez ces mots à
un verbe, comme *to go,* aller, vous aurez les significations
suivantes :

		Mot à mot.
To go down,	descendre.	**Aller en bas.**
To go up,	monter.	**Aller en haut.**

(1) Les adverbes de temps , tels que *when,* quand ; *as soon as,* aussitôt que ;
after, après que, etc. ; n'exigent pas le futur après eux en anglais. Exemple : *When you have finished it bring it to me,* quand vous l'aurez fini apportez-le moi.

Mot à mot.

To go out,	sortir.	Aller dehors.
To go in,	entrer.	Aller dedans.
To go again,	retourner.	Aller derechef.
To go off,	s'en aller.	Aller au loin.
To go back,	reculer.	Aller en arrière.
To go away,	partir.	Aller à une distance.
To go near,	s'approcher, etc., etc.	Aller proche, etc., etc.

Back, away, etc. ont encore d'autres significations ;
l'on dit :

To keep back,	retenir.
To take away,	emporter.
To take up,	relever.
To take off,	ôter.
To pull off,	arracher.
To set out, etc., etc.	partir, etc., etc.

Cette facilité de changer ainsi la signification des verbes
par l'addition d'une préposition, tient au génie de la langue
anglaise, et lui prête beaucoup d'énergie. (Voyez le tableau
des verbes avec les prépositions, à la fin de cette grammaire.)

EXERCICE LXXII (1).

Montez dans votre chambre. — entrez dans mon cabinet. — pour-
study
quoi ne sortez-vous pas avec votre frère ? — rendez-moi mon livre
aussitôt que vous l'aurez lu. — quand partez-vous ? — je partirai
demain matin. — Descendez à la cave chercher une bouteille de
cellar and get
madère. — emportez tous ces livres. — ôtez votre habit. — approchez-
Madeira *coat*
vous *de* moi.

III. Les prépositions *de régime* sont celles qui suivent
les noms, les adjectifs, les verbes, et quelquefois même
les prépositions, pour désigner leurs rapports avec les

---

(1) Voyez notre *Nouveau Cours de Thèmes anglais*, page 97.

mots qui se trouvent à leur suite. Comme j'ai déjà parlé de ces prépositions et de leur régime, il ne reste plus que quelques observations à faire sur leurs différents usages et sur les diverses significations dont la plupart sont susceptibles.

1° *Above*, joint à un verbe, signifie, *supériorité, prééminence*, etc.

EXEMPLE :

He is above *him in dignity*,   il le *surpasse* en dignité.

On l'emploie aussi au lieu de *more than*, plus que, plus de, etc.

EXEMPLES :

I value him above *the rest*,   je l'estime *plus que* le reste.
I staid there above *three days*,   j'y resterai *plus de* trois jours.

2° *About*, autour, aux environs, etc. signifie aussi *sur, touchant, de, vers, dans, par*, dans les circonstances suivantes, et autres semblables.

EXEMPLES :

About *the house*,   *autour* de la maison.
About *the end of the year*,   *sur* la fin de l'année.
About *that affair*,   *touchant* cette affaire.
About *two o'clock*,   *vers* deux heures.
They cry about *the streets*,   on crie *dans* les rues.

La même préposition, après un verbe, désigne qu'on est près de faire l'action dont il s'agit, ou même qu'on s'en occupe actuellement.

EXEMPLES :

I am about *that affair*,   je m'occupe de cette affaire.
He was about *to fight*,   il était près de se battre.
     about *to depart*,   près de partir.

3° *Against*, contre, près de, proche de, a aussi les significations suivantes :

Against *he comes*,	*pour le temps* de son arrivée.
Be ready against *we come back* (1),	tenez-vous prêt *pour* notre retour.

EXERCICE LXXIII.

Il surpasse son frère en connaissances. — promenons-nous un peu
knowledge
dans la ville. — je m'occupe du dernier chapitre de mon livre. —
je suis sur le point de faire un long voyage. — je vais maintenant
to perform   journey
chez mon maître d'armes, et je reviendrai ici vers trois heures de
fencing-master   in
l'après-midi. — a-t-il fait quelques observations touchant cette affaire.
— vous a-t-il parlé de votre cousin? — je vais à la campagne, j'y
into   country
resterai plus de trois mois.

4° *Away*, après un verbe, désigne l'éloignement de l'objet, comme *take that away*, ôtez cela. Mais souvent ce mot s'emploie suivi de la préposition *with* quand le verbe est sous-entendu, il tient lieu d'un verbe, et a plusieurs significations, dont voici quelques exemples :

Away *with this*,	ôtez ceci.
Away *with him*,	qu'il s'en aille.
Away *with him to school, to town, to France*, etc.	envoyez-le à l'école, à la ville, en France, etc.
Away *with those prejudices*,	défaites-vous de ces préjugés.
Eat away, *drink* away, etc.,	mangez toujours, mangez à force, buvez à force, etc.
To laugh away *any one's anger*.	chasser la colère de quelqu'un à force de rire.

Plusieurs prépositions s'emploient de la même manière

---

1 Le mot *against* employé dans ce sens est vulgaire.

sans verbe : cette tournure de phrase ajoute beaucoup de force à l'expression. En voici quelques exemples :

Out with him!	qu'il sorte !
Up with the flag!	levez le drapeau !
Down with the tyrant!	à bas le tyran !

5° *By*, signe de l'ablatif, en français *par*, signifie aussi *auprès de*.

EXEMPLE :

Stand by *me*.	restez *auprès* de moi.

Après ce même verbe, il signifie quelquefois *avoir, obtenir, gagner*, etc.

EXEMPLE :

I don't know how he came *by it*,   je *ne* sais comment il l'a *eu*.

6° *At, in, to, into*, se rendent souvent en français par *à. At* et *in* s'emploient lorsqu'il n'y a point de mouvement, *to* et *into* lorsqu'il y a mouvement, comme :

We were at home,	nous étions *au* logis.
He is in *London*,	il est *à* Londres.
I was going into *the play-house*,	j'entrais *au* spectacle.
I was going to *Paris*,	j'allais *à* Paris.
I went to *church*,	j'allai *à* l'église.

EXERCICE LXXIV (1).

Qu'il s'en aille | à l'instant! | — emmenez *vite* ce chien! —
          | *instantly* |
emmenez *vite* cet enfant à l'école ! — dépêchez-vous d'écrire ! — abattez *vite* l'arbre ! — *qu'on se dépêche* de hisser les voiles! —
       sail
comment a-t-il pu obtenir sa promotion? — je ne sais pas comment

____

(1) Voyez notre *Nouveau Cours de Thèmes anglais*, page 97.

j'ai eu ce livre. — allez-vous à Londres | la semaine prochaine ? |
| *next week* |
— non, je resterai à Paris jusqu'à la fin du mois. — allez-vous au
end
marché ? — venez à la foire avec moi. — ma sœur est dans le jardin.
market *fair*

CHAPITRE XIV.

DES VERBES AVEC *DE*, *POUR*, ETC.

1° Tous les verbes précédés de la préposition *de*, et
mis en français à l'infinitif, se rendent en anglais par l'infinitif pur et simple, ou par le participe présent, précédé
de *of*, *from*, *with*, etc. (1).

EXEMPLES :

It is time to set out,	il est temps *de* partir.
I have the honour of being, etc.	j'ai l'honneur *d'être*, etc.
You hinder me from doing it,	vous m'empêchez *de* le faire.
You upbraid me with loving you,	vous me reprochez *de* vous aimer.

2° *De* ne s'exprime point avant les verbes lorsqu'il est
précédé de *à moins*, unless ; *avant*, before : mais il faut
tourner la phrase de la manière suivante :

Unless you send for him, he will not come,
A moins de l'envoyer chercher, il ne viendra pas.

(1) Les verbes sont, ainsi que les adjectifs, suivis de certaines prépositions ; par exemple, l'on dit en français, *forcer à*, *empêcher de*, etc. : mais
cet *à* et ce *de* ne sont pas toujours exprimés en anglais par *to* et *of* ; c'est-à-
dire que tel verbe, suivi de la préposition *de* en français, peut l'être souvent
en anglais de *to*, de *from*, de *which*, etc. Voyez le recueil de ces verbes à la
fin de cette grammaire. — POPPLETON.

He will write to me before *he goes out.*
Il m'écrira *avant de* sortir.

Comme s'il y avait :

A moins que vous ne l'envoyiez chercher, etc.
Avant qu'il sorte, etc.

3° *Pour*, suivi d'un infinitif, ne se rend pas en anglais.

EXEMPLE :

Pour faire cela, etc.   *to do that,* etc.

Si *pour* marque intention, il faut le rendre par *in order.*

Il l'a fait *pour* vous plaire,   *he did it* in order *to please you.*

On peut encore employer ces mots, *with a design to,* en mettant le verbe à l'infinitif, ou même tourner la phrase par le subjonctif.

EXEMPLE :

That I may do that,   pour faire cela.

Ainsi ces mots, *je le fais pour vous plaire,* peuvent être rendus indifféremment par l'une ou par l'autre des phrases suivantes :

I do it to please you,
I do it in order to please you,   } je le fais pour vous plaire.
I do it with a design to please you,
I do it that I may please you,

Remarquez cependant que, lorsqu'on préfère le subjonctif aux différentes manières de rendre *pour*, il faut que le verbe soit mis au même temps que celui qui précède.

EXEMPLE :

I did it that I might please you.
Je l'ai fait pour vous plaire.

Et non *that I may*, parce que le premier étant à l'imparfait de l'indicatif, il faut que le second lui corresponde.

4° *Pour*, entre deux noms ou deux verbes français sans article, ou entre deux infinitifs sans préposition, ne peut s'exprimer en anglais ; ainsi l'on ne peut traduire littéralement les phrases suivantes :

Mourir pour mourir, il vaut mieux mourir en combattant qu'en fuyant.
Maison pour maison, j'aime mieux celle-ci que l'autre.

Mais il faut changer la construction, et dire :

When a man must die, it is better he should die fighting than running away.
Since I must have one of these two houses, I like this better than the other.

Mot à mot :

Quand un homme doit mourir, il vaut mieux qu'il meure combattant que fuyant.
Puisque je dois avoir une de ces deux maisons, j'aime mieux celle-ci que l'autre.

EXERCICE LXXV (1).

Vous avez tort de penser ainsi. — je vous invite à choisir. —
to beg
dites-lui de me l'apporter. — | dites-lui | de vous conter son
| desire him | to tell
histoire. — son père lui a écrit de venir. — il ne peut s'empêcher
to refrain
de jouer. — je suis fatigué d'écrire. — je me réjouis de vous
from   tired with   to rejoice at
revoir. — j'étais sur le point de partir. — il y a deux sortes de
to see again (2)   of to set out

---

curiosités : l'une d'intérêt, qui nous porte à désirer d'apprendre ce
to induce
qui peut nous être utile ; l'autre d'orgueil, qui vient du désir de
may   *to proceed from*   *of*
savoir ce que les autres ignorent. — les hommes sont faits pour
to be ignorant of   *to make*
travailler comme les oiseaux pour voler. — je ferai tout pour vous
every thing
obliger. — vous connaissez trop bien le monde pour vous conduire
to behave
autrement. — je vous le dirai avant de m'en aller. — à moins d'y
otherwise   *to tell*   *to go away*
aller vous-même, vous ne l'aurez pas. — avant de lui apprendre
to tell
cette nouvelle, il faut vous assurer qu'elle est vraie.
to be sure

CHAPITRE XV.

DES CONJONCTIONS.

§ I.

DIVERSES MANIÈRES D'EXPRIMER LE *QUE* FRANÇAIS AVEC LES VERBES.

1° *Que* entre deux verbes s'exprime par *that*, ou se retranche :

EXEMPLE :

Je crois *qu'il est* honnête homme,
I believe that *he is an honest man*,
ou *I believe* he *is an honest man*.

2° *Que*, après le verbe *craindre*, est souvent suivi de
ne ; mais ce *ne* se retranche en anglais, et l'on dit,

Je crains qu'il *ne soit* venu,	*I fear he is come.*
Je crains qu'il *ne vienne,*	*I fear he will come.*

Si cependant le même *que* est suivi de *ne pas*, il faut se servir de la négation *not*.

EXEMPLE :

Je crains qu'il *ne vienne* pas,   *I fear he will* not *come.*

Le même *que* après *ne pas douter* s'exprime par *but*.

EXEMPLE :

Je ne doute pas *qu'il ne vienne.*   *I do not doubt* but *he will come.*

EXERCICE LXXVI (1).

Je crois qu'il reviendra. — il | a dit | qu'il reviendrait. — je
  to think | *said* |
ne crois pas qu'il y soit dans ce moment. — croyez-vous qu'il y soit
dans le cours de la journée? — je ne crois pas qu'il vienne aujour-
      course   *day*
d'hui. — je crains que vous ne le trouviez pas. — il craint que je ne
le dise à son père. — je craignais qu'il n'y fût. — elle craint qu'il
  to tell (2)
n'y aille sans elle. — je ne doute pas qu'il ne le fasse. — elle ne doute
pas qu'elle ne soit bien reçue. — je ne doute pas que cela ne vous
fasse plaisir. — je ne doute pas qu'il ne fasse beau demain. — je
  to give   *to be fine*
crains qu'il ne réussisse pas. — je crains que je n'aie pas fini à
    to succeed   *in*
temps.

3° Souvent un verbe français se trouve au subjonctif après un *que*, sans pour cela qu'il y ait doute ou incertitude ; alors le subjonctif français doit être rendu par un

---

(1) Voyez notre *Nouveau Cours de Thèmes anglais*, page 100.
(2) Le verbe *to tell* répond souvent au verbe français *informer*, et prend pour régime direct la personne à qui on parle, et pour régime indirect la chose que l'on dit, en la faisant précéder de la préposition *of*. Ex. : Dites-le à mon frère, *tell my brother of it*; mot à mot, *informez mon frère de cela.*

régime et la préposition *for*, en mettant le verbe à l'infinitif. C'est après les locutions impersonnelles , *il est nécessaire que*, *convenable que*, *bon que*, *temps que*, *possible que*, *facile que*, *difficile que*, etc. (Voyez la note 1 page 166).

EXEMPLES :

Il est nécessaire *que* vous y alliez,
It is necessary for *you to go thither.*
Il était convenable *ou* il était bon *qu'ils y fussent.*
It was proper for *them to be there.*

Comme les trois premières locutions françaises expriment une idée de devoir, on peut aussi employer *should*, suivi de l'infinitif sans préposition, et dire :

Is is necessary you should *go thither.*
It was proper they should *be there.*

EXERCICE LXXVII (1).

Il est très-nécessaire que vous y soyez vous-même. — il n'était pas convenable qu'il y allàt. — il est temps qu'il arrive. — il était temps
to come
que nous y fussions. — il n'est pas possible que vous y arriviez avant lui. — il est bon que vous sachiez d'avance tout le danger de votre
beforehand
entreprise. — il était difficile qu'il fût prévenu à temps (2) de notre
undertaking   *to inform*
départ. — il sera nécessaire qu'il nous suive.
depart   *to follow*

---

(1) Voyez notre *Nouveau Cours de Thèmes anglais*, page 100.
(2) Mettez *à temps* à la fin de la phrase.

4° *Que* restrictif précédé de *ne* s'exprime par *but*, qui équivaut à *ne. . . que.*

EXEMPLE :

Je n'ai *que* vingt schellings dans ma bourse,
I have but twenty shillings in my purse.

On peut aussi l'exprimer par *only*, seulement, ou *nothing but*, rien que, comme dans les exemples suivants :

Je *ne* vois *que* du plaisir dans la vie champêtre.
I see nothing but pleasure in a rural life.
Il *ne* parle *que* de richesses.
He talks of nothing but riches.
Je *n'*estime *que* les qualités du cœur.
I esteem the qualities of the heart only.
Je *ne* sors *que* deux fois la semaine.
I go out only twice a week.

5° Ce même *que* précédé de *ne pas* s'exprime par *unless*, à moins que ; *till* ou *until*, jusqu'à ce que, selon le sens de la phrase.

EXEMPLES :

Je ne parlerai pas *qu'il ne* sorte.
I will not speak unless he goes out.
Je n'irai pas le voir *qu'il ne* m'y ait invité.
I will not go and see him till he has invited me.
Il ne sera pas content *qu'il n'*aille avec vous.
He will not be satisfied unless he goes with you.

EXERCICE LXXVIII (1).

Il n'est pas possible que vous le fassiez en | si peu de temps. |
| *so short a time* |
— je n'ai que cela à vous donner. — je ne vois que de la peine sans

profit dans cette entreprise. — il ne boit que de l'eau. — Je ne voulais
to wish
que vous éprouver. — je ne vous en dirai pas le prix que vous ne me
to try
promettiez de l'accepter. — je n'irai pas chez lui qu'il ne soit venu
to   *has been*
chez moi. — elle ne sera pas contente qu'elle n'ait un châle comme
to   *satisfied*   *shawl like*
celui de sa sœur. — je ne le verrai pas qu'on ne m'y force. — je
to force to it
n'irai pas chez vous que vous ne me promettiez de venir me voir (1)
to promise
de temps en temps.
from time to

6° *Que* exclamatif s'exprime par *how* devant les participes, les adjectifs et les adverbes, et par *how much* devant les verbes et les substantifs singuliers. S'il s'agit de nombre, il faut se servir de *how many*. S'il y a un adjectif ou un adverbe dans la phrase, il doit suivre immédiatement le *how* qui traduit le *que* exclamatif.

Que je suis fâché de vous avoir déplu !
How *vexed I am at having displeased you!*
Que vous êtes bon !
How *you are kind!*
Que la vie coulerait doucement si les hommes savaient en jouir !
How *sweetly would life glide away, if men knew how to enjoy it!*
*Qu'*il grandit !
How much *he grows!*
*Qu'*il vous estime !
How much *he esteems you!*
Que je vous ai donné de peine !
How much *trouble I have given you!*
Que de dangers vous avez courus !
How many *dangers you have gone through!*

---

(1) Mettez la conjonction *and* entre les deux verbes.

7° *Que* dubitatif ou conditionnel s'exprime par *whe-ther*.

EXEMPLES :

Qu'il écrive ou non, cela revient au même.
Whether *he writes or not, it amounts to the same.*
Qu'il vienne ou non, il ne m'empêchera pas de sortir.
Whether *he comes or not, he will not hinder me from going out.*

On peut aussi se servir de l'impératif, et dire :

Qu'il vienne ou non, je ne m'en soucie pas, etc.
Let *him come or not, I do not care,* etc.

Whether signifie aussi *soit que.*
8° *Que* interrogatif, qui se rend ordinairement par *what,* signifie souvent *pourquoi* ; alors il s'exprime par *why.*

EXEMPLES :

Que ne veniez-vous?
Why *did you not come?*
Que ne fait-elle ce qu'on lui demande?
Why *won't she do what is required of her?*

EXERCICE LXXIX.

Que je vous ai d'obligations ! — que je suis content de vous voir !
glad
— que vous êtes | de mauvaise humeur ! | — que vous lui ferez de
| *ill-humoured* | *to afford*
plaisir ! — que vous êtes pâle aujourd'hui ! — que d'hommes ont
péri ! — que de malheurs vous avez éprouvés ! — que de peine vous
misfortune   to experience   trouble
avez prise ! — qu'il pleuve ou non, je viendrai. — qu'il fasse beau
to be
ou qu'il fasse mauvais temps, il n'est jamais | chez lui. | — que
| *at home* |

ne répondez-vous quand on vous parle? — que ne faites-vous ce
to do
qu'on vous dit de faire?
to tell to do

9° Lorsque *que* à la fin d'une phrase se trouve suivi d'un substantif qui est le sujet du verbe, il faut commencer la phrase anglaise par ce substantif qui termine la phrase française, et retrancher le *que* qui précède ce substantif, ainsi que le pronom *ce* qui commence la phrase.

EXEMPLE :

C'est une funeste passion *que* le jeu.
Gaming is a horrid passion.

10° *Que* se retranche également en anglais dans une phrase exclamative où il se trouve placé en français entre un nom précédé de *quel, quelle, quels,* etc., et un autre nom ou un pronom qui termine la phrase. Ce nom ou pronom à la fin de la phrase est suivi en anglais du verbe *to be.*

EXEMPLES :

Quel terrible élément que le feu !
What a terrible element fire is !
Quel beau jardin que le vôtre !
What a fine garden yours is !

11° *Que,* signifiant *parce que,* s'exprime par *because.*

EXEMPLE :

C'est *que* je ne savais pas, etc.
Il is because *I did not know,* etc. (1)

____

(1) La forme française se rencontre souvent dans la poésie.

EXERCICE LXXX.

C'est un terrible fléau que la guerre. — c'est que vous ne faites
      scourge   *to pay*

pas attention. — si je ne le fais pas, c'est que je ne le puis pas. —
               to do

s'il n'est pas venu, c'est qu'il ne sait pas que vous êtes ici. — s'il
n'est pas parti, c'est qu'il attend son frère. — quelle belle maison
     gone   *to wait for*

que la vôtre ! — quel beau pays que l'Italie ! — quelle haute mon-
                            Italy

tagne que celle ci ! — s'il ne *se* baigne pas, c'est qu'il a peur de l'eau.
                 to bathe   *to be afraid*

12° *Que,* après un adjectif précédé de *tout,* s'exprime
en anglais par *as,* et le mot *tout* qui précède l'adjectif se
retranche.

EXEMPLE :

Tout malade *qu'*il est.   *Sick* as *he is.*

13° *Que* s'exprime par *as* après le mot *tel,* et après
tout autre adjectif précédé de *si.*

EXEMPLES :

Il n'est pas *tel que* vous dites.
He is not such as *you say.*
Je ne suis pas *si* sot *que* de le croire.
I am not so *foolish* as *to believe it.*

Mais si le même *que* suit *autre* ou *autrement,* expri-
mez-le par *than.*

EXEMPLES :

Je n'ai pas d'autre livre *que* celui-là.
I have no other book than *that.*
S'il en était autrement *que* comme vous l'avez supposé.
If it were otherwise than *as you supposed.*

14° *Que*, dans le sens d'*afin que*, s'exprime par *that*, dans le style soutenu, mais dans le langage de la conversation on change généralement la construction, de manière à éviter l'emploi de ce mot.

EXEMPLE :

Venez ici *que* je vous parle.
Come here, I wish to speak to you.

EXERCICE LXXXI.

Tout fâché qu'il est, il vous pardonnera. — tout puissant qu'il est.
   angry   *powerful*
je ne le crains pas. — Tout pauvre qu'il est, il est très-heureux. — tout malheureux qu'il est, il ne *se* plaint pas. — je ne l'ai pas
                                       to complain
trouvé tel que je le croyais. — un homme tel que vous ne devrait pas
             to think
avoir peur. — il n'a pas d'autre cheval que celui-ci. — vous ne feriez
to be afraid
pas autrement qu'il n'a fait. — donnez-moi la lettre que je la lise.

15° Quelquefois aussi les Français s'en servent pour *de crainte que*, *de peur que*, etc.; rendez-le alors en anglais par *lest* ou *for fear*.

EXEMPLE :

Dépêchez-vous   *qu'*il ne vienne.
Make haste lest (or for fear) *he should come.*

16° Quelquefois après un nom de temps, *que* signifiant *quand* peut s'exprimer par *when* :

EXEMPLE :

Le jour qu'il mourut,   *the day* when *he died*.

Mais on dirait mieux :

   The day that he died.

17° *Que* signifie quelquefois *comme*, *quand*, et alors il s'exprime en anglais par *as*, *when*.

EXEMPLES :

Il arriva, *que* je sortais.
He arrived as *I was going out.*
Il finissait, *qu'*à peine j'avais commencé.
He finished, when *I had hardly begun.*

18° *Que*, signifiant *cependant*, s'exprime par *yet* ou se retranche.

EXEMPLES :

On le prendrait sur le fait *qu'*il ne rougirait pas.
Though he were taken in the fact, yet he would not blush.
Son propre frère le demanderait qu'il ne l'accorderait pas.
if his own brother were to ask for it he would not grant it.

19° Enfin on se sert souvent de *que* au milieu des phrases pour éviter les répétitions de *si* et de *comme* : alors il ne faut point l'exprimer en anglais ; mais il faut dire avec la seule conjonction *and* :

Si votre frère était à la cour, et *que* vous voulussiez me servir.
If your brother were at court, and you would serve me.
Comme cette affaire est publique, et *que* tout le monde le sait.
As this affair is public, and every body knows it.

EXERCICE LXXXII.

Dépêchez-vous, qu'il ne soit sorti. — il arriva, que je montais
to be getting
à cheval. — je sortais, qu'il descendait de voiture. — j'étais sur
on horseback   to be alighting
la route, qu'il ne faisait pas encore jour. — je | suis arrivé, |
to be   yet daylight | arrived |

qu'on ouvrait les portes. — j'en aurais dix mille, que je ne vous
en donnerais pas. — on m'offrirait des millions pour me le faire faire,
any
                                     to make do
que je ne le ferais pas. — si vous aviez été présent et que vous l'eussiez
vu. — comme vous êtes son ami et que vous pouvez lui parler libre-
ment, dites-lui ce que je viens de vous dire. — comme vous êtes
                   to have just said you
étranger, et que vous ne connaissez pas nos usages, vous ne serez
a foreigner   *customs*
peut-être pas fâché | qu'on vous les fasse connaître. |
| *to be made acquainted with them* |

§ II.

OBSERVATIONS SUR LA TRADUCTION DE QUELQUES CONJONCTIONS ANGLAISES.

Both devient conjonction lorsqu'il est devant deux noms;
alors il répond au *tant que,* au *soit* et à l'*et* répétés des
Français.

EXEMPLES :

Both *young and rich,*	*tant* jeune *que* riche. *et* jeune *et* riche. *soit* jeune, *soit* riche.
Both *by sea and land,*	*tant* par mer *que* par terre. *et* par mer *et* par terre. *soit* par mer, *soit* par terre.
Both *within and without,*	*tant* au dedans *qu'*au dehors. *et* au dedans *et* au dehors. *soit* au dedans, *soit* au dehors.

When signifie *lorsque* et *quand;* mais il ne demande
pas toujours le futur après lui comme en français. Exemple : When *I call you, you will come; quand* je vous
appellerai, vous viendrez. Mais si *quand* est suivi du
conditionnel, il faut l'exprimer en anglais par *though.*

Though *he should consent to it, that could not be done,*
Quand ou *quand même* ou *quand bien même* il y consentirait,
  cela ne pourrait pas se faire.

On dit dans le même sens :

Though he were to consent to it,
Quand il y consentirait, etc.

Either et *or* se rendent en français de la manière
suivante :

Either *from clemency* or *pride, he has forgiven him,*
Soit par clémence, *soit* par orgueil, il lui a pardonné.
Soit clémence *ou* orgueil, etc.

Whether et *or* se rendent également par *soit que* répété.

Whether *he did it himself* or *got it done by another, that is
    indifferent to me,*
Soit qu'il l'ait fait lui-même, *soit* qu'il l'ait fait faire par un
    autre, cela m'est indifférent.

EXERCICE LXXXIII (1).

Votre maître est riche, mais nous avons un maître et riche et
généreux. — il y a dix ans que je voyage, tant par mer que par
to travel
terre. — vous ne l'obtiendrez pas quand vous iriez vous-même le
demander. — quand même vous commenceriez cet ouvrage aujour-
to ask for

---

(1) Voyez notre *Nouveau Cours de Thèmes anglais*, page 103.

d'hui il ne serait pas terminé avant la fin du mois. — vous ne réussiriez pas quand vous iriez vous-même. — ce beau vase a été cassé soit par accident, soit par l'insouciance des domestiques. —

carelessness   servant

cette église est magnifique, tant au dedans qu'au dehors.

FIN DU SECOND LIVRE.

LIVRE TROISIÈME.

DES IDIOTISMES ANGLAIS ET FRANÇAIS.

Différentes significations du verbe to be *, être.*

1° Le verbe *to be* représente le verbe français *avoir* dans les circonstances suivantes :

To be		Avoir	
	hungry (1),		faim.
	thirsty,		soif.
	cold,		froid.
	warm,		chaud.
	ashamed,		honte.
	afraid,		peur.
	in the right (2),		raison.
	in the wrong,		tort.
	obliged,		obligation.
	prudent,		de la prudence.
	reserved.		de la réserve.
	grateful,		de la reconnaissance.
	ten years old,		dix ans.
	twenty years old,		vingt ans.
	thirty years old, etc.		trente ans , etc., etc.

2° Le même verbe représente le mot *faire,* lorsqu'il s'agit du temps.

EXEMPLES :

It is				
It was	*warm,*	il fait	chaud.	
It will be, etc.	*cold,*	il faisait	froid.	
	fine,	il fit	beau.	
	bad,	il fera etc.	mauvais.	
	cloudy,		un temps nébuleux.	
	stormy weather.		un temps orageux.	

---

(1) On voit qu'en anglais, au lieu d'employer le verbe *avoir* avec un nom ou un adjectif employé substantivement, on se sert dans ce cas d'un adjectif avec le verbe *être,* et ces expressions se traduiraient littéralement : *être affamé, être altéré,* etc.

(2) On peut dire aussi : *to be right, to be wrong.*

3° *To be* représente aussi *se porter*, comme :

I am			je me porte	
I was	well, ill,		je me portais	bien, mal,
I shall be	pretty well.		je me porterai	assez bien.
I should be, etc.			je me porterais	

4° Il signifie aussi *devoir* dans un sens indéterminé, sans exprimer aucune obligation, aucune volonté en particulier.

EXEMPLES :

| I am to go, | je dois aller, etc. |
| I was to give. | je devais donner, etc. |

Des signes (1) *do, did; will, would; shall, should; may, might; can, could.*

Ces monosyllabes, joints à des verbes, servent à désigner leur temps et leur mode : mais souvent on les emploie seuls ; alors ils ont une signification qui leur est propre, et ils se conjuguent de la manière suivante :

Conjugaison du verbe to do.

INFINITIF PRÉSENT.	*To do,*	faire.
PARTICIPE PRÉSENT.	*Doing,*	faisant.
PARTICIPE PASSÉ.	*Done,*	fait.

INDICATIF.

PRÉSENT.

I do,	je fais.
Thou dost,	tu fais.
He does,	il fait.
We do,	nous faisons.
You do,	vous faites.
They do,	ils font.

---

(1) Ces verbes sont appelés *signes* par quelques grammairiens, lorsqu'ils sont employés comme auxiliaires.

IMPARFAIT et PRÉTÉRIT.

I did,	je faisais	*ou* je fis.
Thou didst,	tu faisais	tu fis.
He did,	il faisait	il fit.
We did,	nous faisions	nous fîmes.
You did,	vous faisiez	vous fîtes.
They did,	ils faisaient	ils firent.

FUTUR.

I shall or *will do, etc.,*   je ferai, etc.

CONDITIONNEL.

I should or *would do, etc.,*   je ferais, etc.

IMPÉRATIF.

Do, fais ; *let him do,* qu'il fasse ; *let us do,* faisons ; *do,* faites ;
let them do, qu'ils fassent.

SUBJONCTIF.

PRÉSENT.

That I do,   que je fasse.

IMPARFAIT et PRÉTÉRIT.

That I did,   que je fisse.

Les autres temps composés se conjuguent comme aux
différents verbes avec l'auxiliaire *to have.*
Will se conjugue ainsi :

To be willing,	vouloir.
Willing,	voulant.

I will (1), or *am willing, etc.,*	je veux , etc.
I would or *was willing, etc.,*	je voulais, je voulus, etc.
I shall be willing, etc.,	je voudrai , etc.
I should be willing , etc.,	je voudrais, etc.
That I be willing, etc.,	que je veuille, etc.
That I were willing, etc.,	que je voulusse, etc.

---

(1) *I will* exprime une volonté. *I am willing* exprime seulement le consen-
tement, et répond à peu près à *je veux bien.*

Observations.

Ce verbe n'ayant point de participe passé, on ne peut le faire précéder de l'auxiliaire *to have* ; ainsi, au lieu de dire comme en français, j'aurais voulu faire cela, il faut dire : Je voudrais avoir fait cela, *I should like to have done that.*

Observez encore que lorsqu'en français le verbe *vouloir* est suivi de *que*, il faut se servir de *have* pour le représenter en anglais :

Je veux *que* vous le fassiez,   *I will* have *you do it.*
Je voudrais *qu'*il le fît,   *I would* have *him do it.*

Comme s'il y avait, *je veux avoir vous faire cela, je voudrais avoir lui faire cela.*

On dit aussi : *I would* have had *you do that,* je voudrais que vous eussiez fait cela.

Can se conjugue ainsi :

To be able,   pouvoir.
Being able,   pouvant.

I can, etc.,   je puis, etc.
I could, etc.,   je pouvais, je pus, etc.
I shall be able, etc.,   je pourrai, etc.
I should be able, etc.,   je pourrais, etc.
That I be able, etc.,   que je puisse, etc.
That I were able, etc.   que je pusse, etc.

May, imparfait *might,* a à peu près le même sens que *can,* et supplée de la même manière aux temps qui lui manquent, à l'aide du mot *able.* Nous avons déjà expliqué (page 80) la différence entre *can* et *may.*

Comme ces verbes n'ont pas de participes, les expressions : j'aurais pu lire ; j'aurais pu voir, etc., se traduisent par le prétérit de *can,* l'infinitif du verbe *to have,* et le participe passé du verbe *lire, voir,* etc.

I could have read it,   j'aurais pu le lire.
He could have seen it,   il aurait pu le voir.
They might have written,   ils auraient pu écrire.
You might have spoken,   vous auriez pu parler.

Should, signe du conditionnel, s'emploie, ainsi que *shall*, pour signifier *devoir, obligation*, soit directement, soit indirectement, savoir, *shall* pour le futur, et *should* pour le conditionnel, comme on l'a vu dans la première partie. J'observerai seulement ici que *should* devant un verbe tient lieu du conditionnel du verbe *devoir*; ainsi l'on dit :

I should do that, *I ought to do that,*	je devrais faire cela.
You should, *You ought to,*	vous devriez, etc.
I should have done that, *I ought to have done that.*	j'aurais dû faire cela, etc.

On peut aussi se servir de *should* à la fin d'une phrase, pour exprimer le verbe impersonnel *il faut*.

EXEMPLE :

That is not done as it should be,   cela n'est pas fait comme il faut.

Du *Verbe* to do, *faire* (1).

To do, soit qu'on le considère comme signe ou comme auxiliaire, est un des agents les plus puissants et le plus fréquemment usités de la langue anglaise ; c'est celui qui prête à cette langue le plus d'énergie et de flexibilité.

1° On l'emploie non-seulement pour *nier* et pour *interroger* au présent et au passé, mais encore pour affirmer plus positivement une chose, en le faisant précéder ou suivre le verbe.

I do *love him.*   *I love him, I* do.

2° Il répond à notre verbe *faire*, dans le sens de la con-

---

(1) Cet article a été communiqué par M. Delalande-Hadley, à qui l'on doit aussi les thèmes sur les idiotismes.

cession, de la prière, de l'exhortation, quand nous disons, *faites, faites cela.*

> *Shall I go and see him? — Yes,* do.
> *Go and see him,* do.

3° Il est aussi l'expression littérale du verbe *faire* en français, substitué au verbe dont on veut éviter la répétition.

EXEMPLES :

Vous travaillez mieux à présent que *vous ne faisiez* l'année dernière. *You work now better than* you did *last year.*

4° Il correspond au verbe français *se porter bien ou mal (être en bonne ou en mauvaise santé).*

> *How* do you do ?   comment *vous portez-vous?*

5° Il sert à éviter la répétition du principal verbe de la phrase, et est souvent au verbe ce que le pronom est au substantif, et répond, dans ce cas, aux expressions, *n'est-ce pas? vraiment? assurément, je vous assure, oui*, etc.

EXEMPLES :

> *You saw him,* did you not?
> *You did not see him,* did you?
> *Did you see him? —* I did.
> *I spoke to him,* I did.

Telles sont les principales observations que nous avons à faire sur le verbe *to do;* l'usage et la traduction des auteurs en feront encore mieux connaître l'emploi, et surtout la différence qui existe entre ce verbe et *to make,* qui exprime plutôt *le faire physique, l'acte manuel.*

Faire se rend toujours par *to make* lorsqu'il se trouve placé devant un autre verbe.

Du Verbe to please, plaire.

To please, comme verbe actif, se conjugue de même que les autres verbes. On dit : *I please, I do please, I am pleasing, etc.*, je plais, etc.

Il s'emploie quelquefois comme verbe neutre, et traduit le verbe *plaire* impersonnel.

> *I do this because I please.*
> Je fais ceci parce qu'il me plaît *de le faire.*
> *You may do it if you please.*
> Vous pouvez le faire si cela vous plaît.
> *He may go there if he pleases.*
> Il peut y aller si cela lui plaît.
> *Give it to me if you please.*
> Donnez-le moi s'il vous plaît.

On peut aussi s'exprimer par la voix passive :

EXEMPLES :

I am pleased } }
I was pleased } to do so, { il me plaît }
I shall be pleased } { il me plaisait } d'agir ainsi.
{ il me plaira }

Comme s'il y avait : *je suis plu, j'étais plu, je serai plu, etc.*

De même on peut dire : *The king was pleased to order*, il plut au roi d'ordonner ; *you are pleased to say so*, cela vous plaît à dire, etc.

Se plaire à s'exprime en anglais par *to take delight in*, ou par *to delight in*. On dit : *He takes delight in smoking*, il se plaît à fumer ; *you delight in teazing him*, vous vous plaisez à le tourmenter.

Combinaisons de certaines prépositions avec les adverbes here, there, where.

Les adverbes *here, there, where* (en français *ici, là, où*), se trouvent suivis des prépositions *at, about, by, in, on, to, unto, upon, with;* alors ces adverbes de lieu perdent leur signification naturelle, et prennent la place des pronoms démonstratifs *this, that* et *which,* comme on le verra par la table suivante :

		au lieu de
Hereat,	à ceci.	*At this.*
Thereat,	à cela.	*At that.*
Whereat,	à quoi.	*At which.*
Hereabout,	autour d'ici, ici autour.	*About this place.*
Thereabout,	là autour, autour de là.	*About that place.*
Whereabout,	en quel endroit, vers où, où.	*About which place, about what place.*
Hereby,	par ceci.	*By this.*
Thereby,	par cela, par là.	*By that.*
Whereby,	par quoi, par où.	*By which.*
Herein,	en ceci.	*In this.*
Therein,	en cela.	*In that.*
Wherein,	en quoi.	*In which.*
Hereon,	sur ceci.	*On this.*
Thereon,	sur cela.	*On that.*
Whereon,	sur quoi.	*On which.*
Hereto,	à ceci.	*To this.*
Thereto,	à cela.	*To that.*
Whereto,	à quoi.	*To which.*
Hereunto,	à ceci.	*Unto this.*
Thereunto,	à cela.	*Unto that.*
Whereunto,	à quoi.	*Unto which.*
Hereupon,	sur ceci.	*Upon this.*
Thereupon,	sur cela.	*Upon that.*
Whereupon,	sur quoi.	*Upon which.*
Herewith,	avec ceci.	*With this.*
Therewith,	avec cela.	*With that.*
Wherewith,	avec quoi.	*With which.*

Manière de rendre en anglais quelques idiotismes français.

Verbe il faut.

Le verbe *il faut,* précédé des pronoms *me, te, lui, nous, vous, leur,* signifie *avoir besoin,* et se rend en anglais par le verbe *to want,* ou par *must,* suivi de *have.*

EXEMPLES :

Il me faut de l'argent ; il m'en faut absolument.
I want money; I must absolutely have some.
Il vous faut un habit neuf, le vôtre est tout usé.
You must have a new coat, yours is quite worn out.
Il lui faut un bon laquais.
He wants a good footman.
Il nous fallait du linge, des bas et des souliers ; sans quoi nous serions restés à la campagne.
We wanted linen, stockings and shoes; otherwise we should have remained in the country.
Il me faut deux habits neufs pour cet été.
I must have two new coats for this summer.
Vous faut-il du papier? Non ; il ne m'en faut pas.
Do you want any paper? No, I don't want any.
Dans peu il me faudra un autre domestique.
I shall want another servant in a very little time.

Penser, devant un autre verbe, signifie souvent *être près de, sur le point de* : il s'exprime alors en anglais par *almost* ou *nearly* avec le verbe qu'il accompagne, ou bien par *to be near* ou *to be on the point of* avec le participe présent du verbe.

EXEMPLES :

J'ai pensé tomber du haut de la maison,	*I nearly fell from the top of the house.*
Il a pensé mourir de frayeur,	*He almost died with fear.*
Nous avons pensé partir sans vous,	*We were on the point of starting without you.*
Vous avez pensé être écrasé par cette charrette,	*You were near being run over by that cart.*

Le verbe *faillir*, employé dans le même sens, se traduit de la même manière (1).

---

(1) On trouve chez quelques auteurs anglais l'expression *to have like to have*, pour rendre *penser, faillir*. Exemple : *I had like to have been drowned*, j'ai failli me noyer. Mais les autres formes sont préférables. On dit très-bien

EXEMPLES :

J'ai failli être surpris par l'orage,	*I was nearly overtaken by the storm.*
Il a failli se noyer,	*he was near being drowned.*

Savoir devant un verbe à l'infinitif se traduit en anglais par *to know how* ou par le verbe *can* ; et le conditionnel *je ne saurais, nous ne saurions, etc.*, dans le sens de *je ne puis, nous ne pouvons*, se traduit par le présent du verbe *can* : *I cannot, we cannot, etc.*

EXEMPLES :

Je sais le faire,	*I know how to do it.*
Je sais nager,	*I can swim.*
Vous ne sauriez l'expliquer,	*you cannot explain it.*

Qu'y faire se rend par *to help it.*

EXEMPLES :

Je ne saurais qu'y faire,	*I cannot help it.*
Nous ne saurions qu'y faire,	*we cannot help it* (1).

Qu'y faire? interrogatif se traduit par *how can it be helped?*

Il me tarde de s'exprime par le verbe régulier *to long to*, avoir un vif désir de.

EXEMPLES :

Il me tarde d'arriver au terme de mon voyage.
I long to arrive at my journey's end.

I narrowly escaped drowning, j'ai failli me noyer ; mot à mot, j'ai étroitement échappé de me noyer. Je l'ai échappé belle se rend en anglais par *I had a narrow escape.*

(1) *Je n'y puis rien* se rend par *I cannot help it* ; qu'y puis-je ? *how can I help it?* y puis-je quelque chose ? *can I help it?*

Il lui tarde de voir l'Angleterre.
He longs to see England.
Il leur tarde d'aller à la campagne.
They long to go into the country.

Ne tenir qu'à s'exprime par *to be in one's power.*

EXEMPLES .

Il ne tient qu'à vous de le mettre en liberté.
It is in your power to set him at liberty.
Il ne tendait qu'à vous de l'empêcher.
It was in your power to prevent him.

Ne pas laisser de s'exprime par *nevertheless*, et familièrement, *for all that*, ainsi qu'il suit :

Je ne laisse pas d'écrire,	*I write nevertheless.*
Je n'ai pas laissé de lui rendre un grand service,	*I have nevertheless rendered him a great service.*
Nous n'avons pas laissé de lui en parler,	*we have spoken to him about it for all that.*
Nous n'avons pas laissé de marcher environ trois lieues.	*for all that we have walked about three leagues.*

Souhaiter, vouloir, immédiatement suivis de *pouvoir,* doivent l'être en anglais du signe *might* ou *could*; mais s'ils sont suivis d'un autre verbe que *pouvoir,* ils s'expriment généralement par le conditionnel du verbe *to like,* sans être suivis de *could.*

Je souhaiterais pouvoir le faire,	*I wish I could do it.*
Je voudrais aller à Londres,	*I should like to go to London.*
J'aurais souhaité pouvoir vous rendre service,	*I wish I could have been of service to you.*
J'aurais voulu apprendre la géométrie,	*I should like to have learned geometry.*

Tant s'en faut s'exprime par *far from it.*

EXEMPLES :

L'avez-vous fait? Tant s'en faut,	*have you done it? Far from it.*
Je ne désire pas le voir, tant s'en faut,	*I do not wish to see him, far from it.*

18

Mais si cette expression est suivie d'un *que* et d'un verbe, il faut tourner la phrase en anglais de la manière suivante :

Tant s'en faut que je vous fasse aucun mal,	*so far from my doing you any mischief.*
Tant s'en fallait que vous lui fissiez du bien,	*so far from your doing him any good.*

Peu s'en faut se rend par *all but* et par les tournures de phrase que nous avons employées plus haut pour traduire les verbes *penser, faillir.*

EXEMPLES :

Peu s'en faut que vous ne soyez aussi grand que votre frère,	*you are all but as tall as your brother.*
Notre banc est trop bas, peu s'en faut que nous ne soyons assis par terre,	*our form is too low, we are almost sitting on the ground.*
Peu s'en est fallu qu'il ne tombât dans le puits.	*he narrowly escaped falling into the well.*

N'avoir garde de s'exprime par *to take care not to.*

EXEMPLES :

Je n'ai garde de le dire,	*I take care not to say so.*
Je n'ai garde d'y aller,	*I take care not to go there.*

Ne faire que de se rend par *to be but just, to have but just.*

EXEMPLES :

Je ne fais que de me lever,	*I am but just up.*
Je ne faisais que de sortir,	*I was but just gone out.*
Vous ne faisiez que de me parler,	*you had but just spoken to me.*

Venir de se rend par une tournure semblable.

EXEMPLES :

Je viens de le voir,	*I have just seen him.*
Il venait de monter,	*he had just come up.*

Un pronom personnel et un verbe précédés de *pour que*, *de ce que*, ou résumés par le pronom démonstratif *ce*, qui sert de sujet au verbe suivant, se rendent en anglais en tournant le pronom personnel en pronom possessif, et en mettant le verbe au participe présent.

EXEMPLES :

Il est fâché de ce que vous êtes ici,	*he is angry at your being here.*
Je suis content de ce qu'il est venu me voir,	*I am pleased with his having come to see me.*
Si vous êtes content, ce n'est pas une raison pour que je le sois aussi,	*your being pleased is not a reason for my being so too.*

Avoir beau se rend en anglais de plusieurs manières. En voici quelques exemples :

J'ai beau lui parler, il veut toujours faire à sa tête.
It is useless for me to speak to him, he always will have his own way.
Il a beau faire, il n'en viendra jamais à bout.
Let him do what he will, he will never compass it.
Vous auriez beau crier, personne ne vous entendrait.
It would be in vain for you to cry out, nobody could hear you.
Ils auront beau chercher, ils ne trouveront rien.
They may look as long as they please, they'll find nothing.
Nous aurons beau dire, il ne nous croira pas.
We may say what we will, he won't believe us.

Avoir mal à se dit indifféremment en français de toutes les parties du corps : les Anglais se servent aussi généralement de *to have a pain in*, pour exprimer cette idée ; exceptez-en seulement les façons de parler suivantes :

Avoir mal	{ aux oreilles. à la tête. aux dents. à l'estomac. aux yeux. aux pieds. au nez.		To have	{ *the ear-ache.* *the head-ache.* *the tooth-ache.* *the stomach-ache.* *sore eyes.* *sore feet.* *a sore nose.*

Remarquez que l'on peut, en supprimant le verbe *to have*, faire un verbe du mot *ache*, et dire :

La tête me fait mal,	*my head aches.*
L'estomac me fait mal, etc.	*my stomach aches, etc.*

Mais on ne peut pas faire la même chose à l'égard du mot *sore*, qui est adjectif; on peut seulement le faire précéder du verbe *to be*, de cette manière :

Les yeux me font mal,	*my eyes are sore.*
Les pieds me font mal, etc.	*my feet are sore, etc.*

Il est cependant plus élégant de dire : *I have the head-ache, I have sore eyes, etc.*

THÈMES SUR LES IDIOTISMES

ANGLAIS ET FRANÇAIS.

THÈME PREMIER.

Sur le verbe to be, *être, représentant en anglais les verbes français* avoir, faire, se porter *et* devoir, *marquant plutôt une action prochaine ou une décision, une volonté, qu'une obligation proprement dite.*

Boire sans avoir soif, et manger sans avoir faim, est un défaut plus commun chez les hommes que parmi les animaux. — Combien de
      among
gens, sous ce rapport, devraient avoir honte de | cette manière d'agir |
   in this respect | *a habit* |
qui les place au-dessous des bêtes. — Ils ont tort, je crois; et tel qui a raison de leur reprocher (1) cette conduite a rarement
many
plus de prudence qu'eux. — Je vous ai beaucoup d'obligation pour
           to be under
tous les égards que vous me témoignez. — Vous êtes pour moi cet
   kindness   *to show*
être bienfaisant dont parle l'Évangile : *J'avais faim*, et vous m'avez donné à manger; *j'avais soif*, et vous m'avez donné à boire; *j'avais froid*, et vous m'avez mis à couvert des rigueurs de la saison. —
      to shelter   *rigour*
J'aurai toujours de la reconnaissance pour vos bienfaits. — Les maux que j'ai soufferts m'apprendront à avoir plus de prudence et de réserve à l'avenir. — Il fait très-chaud, et j'ai très-soif. — Hier, en
   in   *on*
revenant de la chasse, j'avais très-faim. — Vous paraissez avoir bien

---

(1) Traduisez *les reprocher avec*, etc.

froid, approchez-vous du feu. — Jeudi dernier il faisait très-mauvais
    to come near .

temps, mais hier il fit très-beau, et il y eut beaucoup de masques
dans les rues. — J'ai honte d'en convenir, mais j'aime à voir courir
        to confess it

tous ces fous-là. — J'en avais peur quand je n'avais que cinq ans;
et maintenant que j'en ai trente-cinq, j'aurais tort d'en avoir peur,
et j'aurais honte d'en convenir. — Je me porte mieux aujourd'hui
que je ne me portais hier; et demain peut-être je ne me porterai pas
si bien. — Je devais aller à la campagne hier, mais il faisait trop
froid, et je ne me portais pas assez bien; j'irai aujourd'hui, parce
qu'il fait plus beau et que je me porte mieux. — Vous devez aller à
l'école au commencement du mois prochain; votre père le veut ainsi,
    in the

et il a raison. — Vous avez dix ans, vous vous portez bien; vous
auriez tort de ne pas   profiter   de vos heureuses dispositions. —
      to avail one's self of   *abilities*

Ayez du respect pour vos maîtres et de la reconnaissance pour les
soins (1) qu'ils prennent de vous. — Je hais les gens qui n'ont pas de
reconnaissance; pour moi j'en aurai toute ma vie pour ceux à qui
j'ai obligation.

THÈME DEUXIÈME.

Sur les verbes défectueux will, would; shall, should; may, might;
    can, could; *et sur le verbe* to do, *considérés comme signes,*
    comme auxiliaires des autres verbes, et comme ayant aussi par
    eux-mêmes une signification particulière.

Qu'elle fasse ce qu'elle voudra, | je ne m'en embarrasse
         | *I shall trouble myself no further*
plus. | — J'aurais voulu qu'elle le fît; mais puisqu'elle ne l'a
about it |
pas voulu, je ne veux plus (2) me mêler de ses affaires. — Elle a fait
      to meddle with
ce qu'elle a dû faire, et on a tort de la blâmer. — Elle aurait pu
répondre plus obligeamment à la personne qui venait la prier de me

---

(1) Mettez *soins* au singulier.
(2) Traduisez *ne — plus* par *no longer* ou bien rendez *plus* par *any more*
en plaçant ces mots à la fin de la phrase.

rendre ce service. — Elle aurait dû nous offrir une place dans sa voiture. — Si elle ne l'a pas fait, c'est qu'elle n'y a point pensé. — Vous devriez écrire plus vite, et vous auriez dû vous y exercer de bonne heure. — L'homme devrait partager son temps entre l'étude

early

et la récréation, de sorte que celle-là en eût la plus grande part. — A certain âge, et souvent quand il n'est plus temps, on sent

at a

mieux avec quelle économie on aurait dû employer le temps de sa jeunesse. — Que voulez-vous que je fasse pour vous? Quel service puis-je vous rendre? — Je désire que vous alliez voir le juge qui doit prononcer sur mon affaire. Allez-y, je vous prie. — Quoi! vous

to decide   case

voulez que j'aille voir un homme qui reçoit les gens avec tant de hauteur et de fierté? Je veux que vous fassiez ce que tout le monde

haughtiness

fait. Que voulez-vous? si je pouvais le faire moi-même, je le ferais; mais vous savez que je ne le puis pas. — Je voulais aussi vous charger

to give

d'une lettre pour notre ami, mais je n'ai pas pu l'écrire. Auriez-vous pu me faire ce plaisir? Non-seulement je l'aurais pu, mais je l'aurais voulu de tout mon cœur, et vous n'auriez pas dû en douter (1). — Je puis faire cela, mais je ne le veux pas. Vous ne devriez ni penser ni agir de la sorte. Vous n'auriez pas dû vous exprimer de la sorte;

in that manner

vous auriez encore moins dû persévérer dans votre désobéissance. — Auriez-vous dû montrer tant d'obstination, et vos parents n'auraient-ils pas dû vous punir très-sévèrement? — Ni eux ni vous n'avez agi comme il faut. Puis-je parler à monsieur votre père? Pourrait-il me recevoir un moment? Aurais-je pu lui parler ce matin? Si vous aviez pu venir de bonne heure, il aurait pu alors vous recevoir.

THÈME TROISIÈME.

Sur le verbe to please, *employé sous toutes les formes.*

Vous vous plaisez beaucoup à travailler; je vous en félicite. —

on it to congratulate

Les manières de cet homme me plaisent beaucoup. — Les choses

---

(1) *Douter* ne prend pas de préposition après lui en anglais.

vont ici-bas comme il a plu à Dieu de les ordonner. — Je ne puis
    here-below
vous dire si j'irai avec vous, parce que j'ignore si cela plaira à
    whether   *not to know*
ma mère; mais je puis vous assurer, pour ce qui me regarde, que
            as far as it concerns me
cela me plairait beaucoup. — Si vous me demandez pourquoi j'ai
agi ainsi, je vous répondrai : parce que cela m'a plu; et j'agirai
toujours de même, tant que cela me plaira. C'est une belle préroga-
       as long
tive de n'être jamais obligé de faire que ce qui nous plaît. La musique
me plaît; vous vous plaisez à jouer des instruments, comme je me
plais à vous écouter. — Le temps deviendra beau ce printemps,
s'il plaît à Dieu. — Donnez ce livre à votre mère, s'il vous plaît.
Elle me fera plaisir s'il lui plaît de l'accepter. Je souhaite que la
lecture lui en plaise comme à moi. Votre sœur me plaît beaucoup,
son caractère plaît à tout le monde. Chacun se plaît à lui rendre
justice, même ceux qui se plaisent le plus à critiquer la conduite
des autres. Vous plairait-il de me faire faire connaissance avec elle.
            to make acquainted
Je le voudrais bien, mais je ne sais pas si cela lui plairait, car elle
ne se plaît pas beaucoup à faire de nouvelles connaissances; néanmoins je l'essaierai pour vous plaire. — Oui, faites-moi ce plaisir, s'il
vous plaît : je vous en aurai beaucoup d'obligation.

THÈME QUATRIÈME.

Sur les idiotismes relatifs à certaines particules formées des
adverbes here, there, where, *avec les prépositions* about, at,
by, of, in, with, etc., *lesquels adverbes tiennent alors la place*
des pronoms this, that, which.

Il est très-difficile de former des phrases de conversation
auxquelles on puisse appliquer ces particules, dont on ne
trouve guère d'exemples que dans les formules du barreau
et en style de palais.

On peut cependant les appliquer aux manières de parler
suivantes :

En quel endroit vous trouverai-je? N'allez pas là autour. Vous me trouverez sur le pont de Westminster, ou là aux environs. Il doit y avoir autour d'ici un camp de vingt mille hommes. — Pouvez-vous me dire à peu près où demeure votre ami? Il demeure dans la rue ***, à un mille et demi, ou à peu près, de votre hôtel. Attendez ici aux environs jusqu'à ce que je revienne. Il n'a pas de quoi payer
to pay for

sa pension.
board

THÈME CINQUIÈME.

Sur quelques idiotismes anglais correspondants à d'autres idiotismes français.

J'ai besoin d'un manchon, et il me faut aussi une paire de gants, car il fait très-froid. Ne vous faut-il pas aussi un manteau de velours et quelques autres marchandises? Si vous avez besoin de meubles, vous en trouverez près d'ici, et à un prix très-raisonnable. Ne vous manque-t-il point encore quelque chose? Vous n'avez qu'à parler, Monsieur, et vous aurez à l'instant tout ce qu'il vous plaira. — Votre frère a pensé être tué par son cheval ; et sa mère, qui était présente, a manqué mourir de frayeur. — Si vous perdiez votre fortune, nous ne saurions qu'y faire ; il faudrait bien vous soumettre aux événements avec résignation. — Il me tarde bien de jouir d'un repos que j'aurai acheté bien cher, et que j'aurai bien mérité si je le trouve à la fin. — Quoique les difficultés inséparables d'une langue soient très-nombreuses, nous ne laissons pas d'avancer. — Nous n'avons pas laissé de traduire un certain nombre d'auteurs anglais. Si vous persévérez jusqu'à la fin du cours, quoiqu'il ne nous reste que fort
though we have very
peu de temps, nous ne laisserons pas d'expliquer quelques chants
little time left
du poëme de Milton. — Je voudrais pouvoir le traduire en entier
to translate the whole of it
avec vous. J'aurais désiré pouvoir le commencer plus tôt. Il ne tiendra qu'à vous, au reste, que nous l'expliquions tout entier,
after all
et que nous repassions en même temps tous les principes de la
*to look over**rudiments*
langue anglaise. — Je souhaiterais pouvoir vous obliger dans cette affaire, mais je n'ai plus aucun crédit à la cour. Tant s'en faut que j'y sois puissant, qu'au contraire j'y ai laissé un grand nombre

d'ennemis. Tant s'en fallait que j'y respectasse l'usage, qu'au con-
custom
traire j'y disais toujours la vérité. Y avez-vous trouvé beaucoup de
gens disposés à l'entendre? Tant s'en faut. Peu s'en est fallu que
je n'y aie été victime de ma franchise. Je n'ai garde d'y retourner.
to fall a victim to
Je ne faisais que d'en partir, quand vous m'avez écrit. Tant s'en
faut que je vous blâme, qu'au contraire je vous loue. Tant s'en faut
que vous soyez à plaindre (1), qu'au contraire on doit vous féliciter.
Peu s'en est fallu que vos amis ne partageassent votre disgrâce.
to share
Ceux qui ont contribué à votre éloignement des affaires ne laissent
removal
pas de vous regretter. Ce sont des ingrats, car vous n'avez pas laissé
de leur rendre d'importants services. — Elle aurait beau se plaindre,
elle ne serait écoutée de personne. — Avez-vous mal à la tête?
Non, mais j'ai mal aux dents. J'ai eu mal aux yeux toute la semaine
dernière. Mon frère est au lit, parce qu'il a mal au pied. Il a mal
à l'estomac; il a l'air d'en souffrir beaucoup. C'est une chose bien
cruelle que d'avoir mal aux dents; mais on dit qu'il est plus pénible
encore d'avoir mal aux oreilles. Je ne fais que de quitter mon lit où
la paresse m'a retenu longtemps. J'ai beau vouloir persuader à mon
maître que je suis malade, il n'en veut rien croire. On aura beau
dire et beau faire, ce sera toujours la même chose. Vous avez beau
répéter sans cesse les mêmes exemples, les idiotismes de ces deux
continually
langues ne laissent pas d'offrir de grandes difficultés.
to present

[(1) Traduisez à *être plaint*.

FIN DU TROISIÈME LIVRE.

OBSERVATIONS SUR LES ADJECTIFS.

1° Les adjectifs suivants sont employés quelquefois suivis en anglais de la préposition *of.*

Afraid,	qui a peur.	*Independent,*	indépendant.
Ambitious,	ambitieux.	*Innocent,*	innocent.
Ashamed,	honteux.	*Insensible,*	insensible.
Aware,	prévenu.	*Lavish,*	prodigue.
Capable,	capable.	*Mindful,*	attentif.
Careful,	soigneux.	*Negligent,*	négligent.
Careless,	sans souci.	*Prodigal,*	prodigue.
Certain,	certain.	*Productive,*	productif.
Conscious,	intérieurement convaincu.	*Proud,*	fier.
Covetous,	avide.	*Rid,*	débarrassé.
Desirous,	désireux.	*Saving,*	économe.
Doubtful,	qui doute.	*Sensible,*	sensible.
Exclusive,	exclusif.	*Short,*	qui manque.
Fearful,	craintif.	*Shy,*	qui évite.
Flush,	riche. abondant.	*Sick,*	malade.
		Sparing,	ménager.
Fond,	qui aime.	*Studious,*	studieux.
Forgetful,	oublieux.	*Sure,*	sûr.
Full,	plein.	*Susceptible,*	susceptible.
Glad,	bien aise.	*Tenacious,*	tenace.
Greedy,	avide.	*Tender,*	qui prend soin.
Guilty,	coupable.	*Tired,*	fatigué.
Heedful,	attentif.	*Uncertain,*	incertain.
Heedless,	qui ne fait pas attention.	*Unmindful,*	peu attentif.
		Unworthy,	indigne.
Jealous,	jaloux.	*Void,*	dépourvu.
Ignorant,	ignorant.	*Wasteful,*	dissipateur.
Incapable,	incapable.	*Weary,*	las.
Inclusive,	inclusif.	*Worthy,*	digne, etc.

Quand je dis que ces adjectifs demandent après eux la préposition *of,* cela ne doit s'entendre que lorsqu'ils sont suivis d'un nom ou d'un pronom. Exemple : *sensible* of *cold,* of *it,* sensible *au* froid, *à* cela, etc. Mais, si ces adjectifs sont suivis d'un verbe, il est quelquefois indifférent de se servir de *of* avec le participe, ou seulement de l'infinitif. Il est cependant plus ordinaire de se servir de *of* et du participe présent. Exemple : *capable of doing mischief*, capable de faire du mal, etc.

2° Les adjectifs suivants demandent la préposition *to* devant le substantif qui les suit.

Acceptable,	agréable.	*Indulgent,*	indulgent.
Advantageous,	avantageux.	*Inferior,*	inférieur.
Affable,	affable.	*Injurious,*	nuisible.
Agreeable,	agréable.	*Kind,*	bon.
Allied,	allié.	*Liable,*	sujet.
Amiable,	aimable.	*Loyal,*	loyal.
Averse,	qui a de l'aversion.	*Next,*	près.
		Obedient,	obéissant.
Beneficial,	salutaire.	*Obnoxious,*	odieux.
Civil,	poli.	*Obvious,*	facile à voir.
Close,	proche.	*Offensive,*	offensant.
Contiguous,	contigu.	*Opposite,*	vis-à-vis.
Contradictory,	contradictoire.	*Partial,*	partial.
Contrary,	contraire.	*Pernicious,*	pernicieux.
Convenient,	commode.	*Polite,*	poli.
Courteous,	courtois.	*Preferable,*	préférable.
Cross,	de mauvaise humeur.	*Prejudicial,*	préjudiciable.
		Propitious,	propice.
Cruel,	cruel.	*Proportionable,*	proportionné.
Dear,	cher.	*Ready,*	prêt.
Disobedient,	désobéissant.	*Related,*	parent.
Equal,	égal.	*Serviceable,*	serviable.
Evident,	évident.	*Subject,*	sujet.
Exposed,	exposé.	*Subservient,*	subordonné.
Fatal,	fatal.	*Suitable,*	convenable.
Faithful,	fidèle.	*Superior,*	supérieur.
Favourable,	favorable.	*Tributary,*	tributaire.
Good (1),	bon.	*Unequal,*	inégal.
Hurtful,	nuisible.	*Unfaithful,*	infidèle.
Impolite,	impoli.	*Useful,*	utile.
Important,	important.	*Vexatious,*	vexatoire.
Indifferent,	indifférent.	*Visible,*	visible.
Indispensable,	indispensable.	*Welcome,*	bienvenu.
Indocile,	indocile.	*Wicked,*	méchant.

Quant aux adjectifs formés des verbes, comme *inclined to*, enclin à, qui se forme du verbe *to incline to*, incliner pour, etc., ils suivent le régime des verbes dont ils sont formés.

---

(1) *Good,* dans le sens de *propre à*, apte à, est quelquefois suivi de *for*. Exemple : *He is good for nothing,* il n'est propre à rien, il n'est bon à rien.

3° Ceux-ci sont suivis de la préposition *in.*

Curious,	curieux.	*Precise,*	exact.
Dainty,	délicat.	*Skilful,*	habile.
Deficient,	qui manque.	*Successful,*	qui réussit.
Insincere,	dissimulé.	*Zealous,*	zélé.
Interested,	intéressé.		

4° Ceux-ci demandent après eux la préposition *with.*

Angry,	fâché, en colère.	*Inconsistent,*	inconséquent.
Compatible,	compatible.	*Pleased,*	content.
Consistent,	conséquent.	*Content,*	content.
Incompatible,	incompatible.		

5° Les suivants prennent après eux *from.*

Absent,	absent.	*Inseparable,*	inséparable.
Different,	différent.	*Remote,*	éloigné.
Distinct,	distinct.	*Secure,*	en sûreté.
Far,	loin.	*Separable,*	séparable.

6° Les suivants demandent *for* après eux.

Answerable,	responsable.	*Sorry,*	fâché.
Fit,	propre, apte.	*Thankful,*	reconnaissant.
Grateful,	reconnaissant.	*Ungrateful,*	ingrat.
Responsible,	responsable.	*Unthankful,*	ingrat.

7° D'autres adjectifs sont suivis de *at* ou de *on.* Exemples : *I am overjoyed* at *his success,* je suis charmé de son succès ; *they are dependant on him,* ils dépendent de lui.

8° Enfin il y a d'autres adjectifs qui sont suivis des mêmes particules et qui ne peuvent en être séparés ; ces adjectifs suivent en cela les verbes d'où ils dérivent ; *to aim* at *an end,* tendre *à* un but ; l'on dit : *the end aimed at,* le but auquel on tend, etc. Il y a beaucoup d'exceptions à toutes ces règles, et on peut bien finir une phrase avec presque tous ces adjectifs. Exemples : *I was afraid,* j'avais peur ; *he was ambitious,* il était ambitieux ; *she was ashamed,* elle était honteuse, etc.

Remarquez que de presque tous les adjectifs on peut en former de contraires en y ajoutant une particule négative, comme de *easy*, aisé, l'on forme *uneasy*, malaisé, etc., etc. (1).

~~~~~~

EXERCICE

SUR LES PRINCIPAUX IDIOTISMES DE LA LANGUE ANGLAISE.

LA PROBITÉ RÉCOMPENSÉE.

Perrin *avait reçu le jour* en Bretagne, dans un village auprès de Vitré.

Né pauvre, et ayant perdu son père et sa mère *avant de pouvoir en bégayer les noms*, il *dut* sa subsistance à la charité publique.

Il apprit à lire et à écrire : son éducation *ne s'étendit pas plus loin*.

A l'âge de quinze ans, il *servit* dans une petite ferme où *on lui confia* le soin des troupeaux.

Lucette, jeune paysanne du voisinage, *fut dans le même temps chargée de* ceux de son père.

Elle les conduisait dans des pâturages où elle voyait souvent Perrin.

HONESTY REWARDED.

Perrin was born *in Britanny, at a village near Vitré.*

Being poor, *and having lost his father and mother* before he could *lisp their names, he* was indebted for *his maintenance to public charity.*

He learnt to read and write : but *his education* did not extend beyond.

At the age of *fifteen, he* entered into the service of *a little farm, where* they intrusted him with *the care of the flocks.*

Lucetta, a young country girl of the neighbourhood, at the same time tended *her father's.*

She used to drive them to pasture in a place where she often saw Perrin.

---

(1) L'élève ne trouvera dans cette liste que des *exemples* d'adjectifs qui régissent ces diverses prépositions. Presque chaque adjectif prend une préposition qui lui est particulière. C'est au dictionnaire et non à la grammaire qu'il faut recourir pour être guidé dans cette partie la plus délicate et la plus difficile de l'étude des langues. Le dictionnaire général de M. Spiers indique toutes celles qui diffèrent du français ; avantage immense pour ceux qui aspirent à une connaissance exacte et grammaticale de la langue anglaise.
~~~~~~

Celui-ci lui rendait tous les petits services *qu'on peut rendre à* son âge et dans sa situation.

The latter rendered her all those little services which can be expected from one of *his age and station.*

L'habitude de se voir, leurs occupations, leur *bonté* naturelle, leurs *soins officieux*, les attachèrent l'un à l'autre.

The habit of seeing one another, their employments, their mutual good-nature, *their* kindness, *made them attached to each other.*

Perrin *se proposa de demander* Lucette en mariage *à* son père.

Perrin resolved upon asking *Lucetta in marriage* of *her father.*

Lucette *y* consentit : mais elle ne voulut pas être présente à cette visite.

Lucetta gave her consent; but did not choose to be present at the visit.

Elle *devait aller* le lendemain *à la ville;*
elle *pria* Perrin de *choisir cet instant,*
et de *venir* le soir *au-devant d'elle, pour lui apprendre* comment *il aurait été reçu.*

She was to go *the next day* to town,
and begged of *Perrin to* take that opportunity,
and to come *in the evening* to meet *her*, that she might know how he had been received.

Le jeune homme, *au temps marqué*, vola *chez* le père de Lucette,
et *lui déclara*, avec franchise. qu'il *aimait* sa fille, et qu'il voudrait bien *l'épouser.*

The young man, at the time appointed, *flew* to *Lucetta's father,*
and *ingenuously* told him *that* he was in love with *his daughter, and wished* to marry her.

Tu aimes ma fille! interrompit *brusquement* le vieillard,
tu voudrais l'épouser!

You in love with my daughter! bluntly interrupted the old man, you wish *to marry her!*

Y songes-tu, Perrin?

But, Perrin, can you be serious?

Comment feras-tu?
As-tu des habits à lui donner, une *maison* pour la *recevoir*, et du bien pour la *nourrir?*

How will you do?
Have you clothes to give her, a house *to* take her to, *and money* to maintain *her?*

Tu sers, tu n'as rien.

You are in service, *you have* no property.

Lucette n'est pas assez riche pour *fournir à* ton entretien et au sien.

Lucetta is not sufficiently rich to provide for *your maintenance and her own.*

Perrin, *ce n'est pas ainsi qu'on se met en ménage.*

That is not the way, *Perrin,* to *begin* house-keeping.

J'ai *des* bras, je suis fort;

I have hands to work, I am strong:

on ne manque jamais de travail *quand on l'aime;*

there is always *work* to be had for those who *are willing to do it;*

et que ne ferai-je point, quand

and what will I not do, when

il s'agira de soutenir Lucette!

Jusqu'à présent, j'ai gagné cinq guinées *tous les ans.*

J'en ai *amassé* vingt; elles *feront les frais* de la noce;

j'en travaillerai davantage,
mes épargnes augmenteront,
je *pourrai* prendre une petite ferme.

Les plus riches habitants de notre village ont commencé comme moi;

pourquoi ne réussirais-je pas comme eux?

Eh bien, tu es jeune, tu peux attendre encore;

deviens riche, et *ma fille est à toi.*

Mais jusqu'à ce moment, ne m'en parle pas.

Perrin *ne* put obtenir *d'autre* réponse;
il courut *chercher* Lucette :
il la rencontra bientôt :
il était triste :
elle *lut sur* son visage *la nouvelle* qu'il *venait* lui annoncer.

Mon père t'a donc *refusé?*

Ah! Lucette, *que je suis malheureux d'être né* si pauvre!

Mais je n'ai pas perdu toute espérance.

Ma situation peut changer.

Ton mari n'aurait *rien épargné* pour *te procurer de l'aisance*;
ferai-je moins pour devenir ton mari?

Va, nous serons unis *un jour.*

Conserve - moi toujours ton cœur;
souviens-toi que tu me l'as donné.

En parlant ainsi, ils étaient

I have to provide for the support of *Lucetta!*

Hitherto, I have earned five guineas a year.

I have put by twenty; they will defray the expences *of the wedding*;
I will work harder,
my savings will increase,
and I may in time be able to *take a little farm.*

The wealthiest inhabitants of our village began like me;

why should I not succeed as well as they?

Well, well, *you are young; you may wait a little;*
get rich, and my daughter is at your service.

Till then, do *not* speak *to me* about it.

Perrin could get no other answer;
he ran to look for *Lucetta :*
he soon *met her :*
he *was melancholy :*
she read in *his looks* the *tidings* he came to *communicate.*

So my father gave *you* a denial?

Ah! Lucetta, how unhappy *I* am for being born so poor!

But I have not lost all hopes.

My circumstances may change for the better.

As your husband, *I should have* spared no pains to procure *you* a comfortable living;
and can *I* do less to become your husband?

Come, come, *we shall be united* some day or other.

Still keep *your heart* for me;
remember you have given *it* to me.

While they were thus speaking,

toujours sur la *route de* Vitré.

La nuit, qui s'avançait, les *pressait de regagner* leurs maisons;
ils *allaient* fort vite.

Perrin *fait un faux pas* et tombe.

En se relevant, *ses mains cherchent* ce qui a causé sa chute;

c'était un sac assez pesant.

Il le ramasse :
curieux de savoir ce qu'il contient, il *entre* avec Lucette *dans* un champ où brûlaient encore des racines *auxquelles* les laboureurs *avaient mis le feu* pendant le jour.
A la clarté qu'elles *répandent,* il ouvre le sac, et y trouve de l'or.

Que vois-je! s'écria Lucette.
Ah! Perrin, *tu es devenu* riche !
Quoi, Lucette, je *pourrais* t'avoir pour femme !
Le ciel, *favorable à nos désirs,* m'aurait-il envoyé *de quoi* satisfaire ton père et nous rendre heureux ?
Cette idée *verse la joie dans* leurs âmes.
Ils *contemplent* avidement leur trésor,
puis, *après s'être regardés un moment avec tendresse,* ils *se remettent en chemin pour aller* sur-le-champ le montrer au vieillard.
Ils *étaient près* de sa maison, lorsque Perrin s'arrête.
Nous n'*attendons notre bonheur* que *de* cet or, dit-il à Lucette; mais est-il à nous?
Sans doute il appartient à quelque voyageur :
tu sais que la foire de Vitré *vient de finir,*

they *were still* on *the* road to *Vitré,*
but *night coming on* induced *them* to hasten to back to *their* homes;
and *they* walked on *very fast.*
Perrin stumbled *and* fell *down,*
and on *getting up, he* felt about with his hands to discover *what had occasioned his fall;*
it proved to be *a rather heavy* bag.
He picked it up :
curious *to know what it contained, he* went *with Lucetta* into *a field, where some roots were still burning* which *the husbandmen* had set fire to *in the day time.*
By the light which *they* gave, he opened *the bag, and found gold in it.*
What do *I see! cried Lucetta.*
Ah ! Perrin, you are *rich* now ?
What, Lucetta, shall *I* be able *to have you for my wife !*
Did heaven, favouring *our desires, send me wherewith to satisfy your father, and make us happy?*
This idea rejoiced *their* hearts.

They eagerly gazed on *their treasure,*
and after having eyed each other for a moment with tenderness, they set out again to *show it immediately to the old man.*

As they drew near his house, Perrin stopped.
We build our hopes of happiness *only* upon *this gold, said he to Lucetta; but is it ours?*
It belongs, no doubt, to some traveller :
you know *the fair of Vitré* is just over,

..

un marchand, *en retournant chez lui*, l'a vraisemblablement perdu.

Dans ce moment où nous nous livrons à la joie, il *est* peut-être *en proie* au *désespoir* le plus *affreux*.

Ah! Perrin, *ta* réflexion est terrible!
le malheureux gémit sans doute.

Pouvons-nous *jouir* de son bien?
Le hasard nous l'a fait trouver, mais le retenir serait un vol.
Tu me fais frémir.
Nous allions le porter à ton père; il nous aurait *sans doute* rendus heureux;
mais peut-on l'être *du malheur d'autrui*?
Allons voir M. le curé:
il *a toujours eu mille bontés pour* moi;
c'est lui *qui* m'a *placé* dans la ferme où *je sers*.
Je ne dois rien faire sans le consulter.
Le curé *était chez lui*.
Perrin lui remit le sac qu'il avait trouvé,
et avoua qu'il l'avait *regardé* d'abord comme un présent du ciel.

Il ne cacha point son *amitié pour* Lucette, et l'obstacle *que* (1) sa pauvreté *mettait à* leur union.

Le pasteur *l'écoute* avec bonté.

Il les *regarde* l'un et l'autre; *leur* procédé l'attendrit.

Il voit *toute l'ardeur de* leur tendresse,

and it is not unlikely that *a merchant* lost *it on his return home.*

At the very moment *we are giving ourselves up to joy,* he is *perhaps* a prey *to the most* terrible despair.

Ah! Perrin, this *supposition.* of yours *is dreadful!*
the unfortunate man *is no doubt bitterly lamenting his loss.*
Can *we* enjoy *what belongs to him?*
Chance threw it in our way, but to keep it would be a theft.
You make me shudder.
We were going to carry it to your father, who, I *dare say, would have rendered us happy; but is it possible to be so in the* misfortune *of others?*
Let us go *to the parson:*
he has *always* been exceedingly kind to *me;*
it was *he who* placed *me in the farm where* I am a servant.
I must do *nothing without consulting him.*
The clergyman was at home.
Perrin delivered to him the bag which he had found, and confessed he had at first looked upon *it as a present from heaven.*
He did not conceal his affection for *Lucetta,* and what an (1) *obstacle his poverty* was to *their union.*
The minister kindly listened to *him.*
He looked at *them both;* this *proceeding of theirs deeply affected him.*
He saw the ardour of *their affection,*

---

(1) L'obstacle *que* peut se regarder ici comme employé pour *quel* obstacle dans le sens de *quel grand* obstacle; or, *quel* dans le sens de *quel grand* peut se rendre par *what a,* ou *what an,* avec un nom au singulier.—BONIFACE.

et il admire *la probité qui* est encore supérieure.

Il *applaudit* à leur action.

Perrin , *conserve toujours* les
mêmes sentiments.

Le ciel te bénira ;
nous *retrouverons* le *maître* de
cet or,
il récompensera ta probité.

J'y joindrai *quelques-unes de
mes épargnes ;*
tu épouseras Lucette.

Je me charge d'obtenir l'aveu
de son père.

Vous méritez *d'être l'un à
l'autre.*

Si *l'argent que* tu *déposes entre mes mains* n'est point réclamé, *c'est un bien qui appartient
au pauvre ;*
tu es pauvre ;
je croirai suivre l'ordre du ciel,
en te le rendant.

Il en a déjà disposé en ta faveur.

Les deux jeunes gens (1) *se re-
tirèrent satisfaits d'avoir fait leur*
devoir, et *remplis des* douces es-
pérances *qu'on leur donnait.*

Le curé *fit crier* dans sa pa-
roisse le sac qu'on avait perdu.

Il *le fit afficher* ensuite à Vitré,
et dans tous les villages voisins.

Plusieurs hommes avides se pré-
sentèrent.
Mais *aucun n'indiqua* la somme, ni l'espèce de monnaie, *ni* le
sac qui la contenait.

Pendant ce temps , le curé

and admired their *sense of honesty* which *was still superior.*

He applauded *their action.*

Perrin, said he, cherish *these
sentiments.*

Heaven will bless you ;
we shall find out *the* owner of
this gold,
and *he will reward your pro-
bity.*

I will add something out of
what I have put by,
and *you shall marry Lucetta.*

I will undertake *to get her father's consent.*

You deserve to be united.

If this *money* which *you* de-
posit with me *is not claimed,* it
belongs *to* the poor ;

you are poor ;
and I shall think that, *by returning it to you,* I act in accordance
with the will of God :
*He has already disposed of it
in your favour.*

The two young people (1) *with-
drew,* enjoying the satisfaction of
having done their duty, and filled
with *the sweet hopes they were
permitted to indulge.*

The rector caused the bag *that
had been lost* to be cried *in his
parish.*

He afterwards had bills posted
up concerning it *at Vitré, and
in all the neighbouring villages.*

*Several covetous persons pre-
sented themselves.*

But none of them could exactly
state *the sum,* or give an account
of the coin or *the bag which contained it.*

In the mean time, *the rector*

---

(1) *Gens* peut se rendre par *people,* même en ne parlant que de deux,
trois, etc. — BONIFACE.

n'oublia pas qu'il avait promis à Perrin de *s'occuper de* son bonheur.

Il lui *fit avoir* une petite ferme, qu'il *monta* en bestiaux et en instruments *nécessaires au* labourage,

et deux mois après il le *maria avec* Lucette.

Les deux époux, au comble de leurs vœux, *remercièrent avec ardeur* le ciel et le curé.

Perrin *était* laborieux :

Lucette *s'occupait* de son ménage :
ils étaient *exacts à payer* le propriétaire de leur ferme,
ils *vivaient* médiocrement *du* surplus, et se trouvaient heureux.

L'or perdu *ne* fut *point* réclamé *pendant deux ans,*

le curé *ne jugea pas qu'il fallût* attendre davantage;
il le porta au couple vertueux qu'il avait uni.

Mes enfants, leur dit-il, *jouissez du* bienfait de la Providence, et *n'en abusez* pas.

Ces douze mille francs *sont* actuellement *sans produit :*
vous *en* pouvez *faire usage.*

Si par hasard vous en *découvriez* le maître, vous devriez *sans doute* les lui rendre.

Faites-en un emploi qui, les changeant seulement *de* nature, *n'en* diminue point la valeur.

Perrin suivit ce conseil;
il se *proposa* d'acquérir la ferme qu'il *tenait à bail.*

Elle était à vendre.

On l'estimait *un peu plus de* douze mille francs.

Mais, *en payant comptant,* on pouvait espérer de *l'avoir à ce prix.*

did not forget that he had promised Perrin to provide for *his* happiness.

He procured *him a little farm,* which he supplied with *cattle and with implements* of husbandry,

and two months after, he married *him* to *Lucetta.*

The couple, *at the height of their wishes,* returned their ardent thanks *to heaven and the rector.*

Perrin was naturally *laborious :*
Lucetta constantly attended to *her family :*
they were punctual in *their* payments to *their landlord,*
they lived *in a moderate way* with the *remainder, and were perfectly happy.*

Two years having elapsed, and *the lost money* not *having been demanded,*
the rector did not think it necessary *to wait any longer;*
and carried it to the virtuous couple he had united.

My friends, said he to them, enjoy this *favour of Providence, and do not* misapply it.

These five hundred guineas bear at present no profit :
you may make use of them :

If you should chance to find out *the owner, you ought* undoubtedly *to return them to him.*

Lay them out in such a manner *that by changing their nature, you will not lessen* their *value.*

Perrin followed this advice, and resolved to purchase the farm *he* had upon lease.

It was to be sold.

It was valued at something more *than five hundred guineas;* *but by* paying ready money *they might hope to get it* for that price.

Cet *argent,* qu'il ne *regardait* que comme un *dépôt,* ne pouvait être mieux *placé;*
et si le maître *se retrouvait* un jour, il n'*aurait* pas à se plaindre.

Le curé approuva ce projet,

l'acquisition fut bientôt faite.

Le fermier, *devenu proprié-taire,* donna une plus grande valeur à son terrain.
Ses champs mieux cultivés devinrent plus fertiles,
il *vécut dans cette douce aisance qu'il avait eu l'ambition* de procurer à Lucette.
Deux enfants bénirent successivement leur union :
ils *prenaient plaisir à* se voir revivre dans ces tendres gages de leur amour.
En revenant des champs, Perrin trouvait sa femme *qui venait au-devant de lui* avec les enfants.

Il les embrassait l'un et l'autre, les quittait pour serrer son épouse dans ses bras, puis revenait encore à eux pour les *accabler* tour à tour *de* caresses.
L'un essuyait la sueur *dont* son front était *couvert,*

l'autre essayait de le soulager du poids des instruments de labourage qu'il portait.
Perrin *souriait de* ses faibles efforts et le *caressait* de nouveau,
il *rendait grâce au* ciel *qui* lui *avait donné* une épouse tendre et des enfants qui lui ressemblaient.

Quelques années aprés, le vieux curé mourut.
Ils *songeaient* avec attendrissement *à ce qu'ils* lui *devaient.*

This money, *which he* looked upon *only as a* trust, *could not be better* applied;
and *if the owner* should *one day* appear, *he* would have *no* reason *to complain.*
The rector approved of this plan,
and *the purchase was soon made.*
The farmer, being now a freeholder, *increased the value of his farm.*
His lands being better culti-vated, became more productive, and *he* now enjoyed that comfortable existence *which he* had wished *to procure for Lucetta.*
Two children successively blessed their union;
and *they* felt a pleasure in *seeing themselves live again in these tender pledges of their love.*
Perrin, when returning home from the fields, *used to find his wife* coming forth *with the children* to meet *him.*
He would embrace them both, leave them to clasp his wife in his arms, then return to them to load *them by turns* with caresses.
While one of them wiped away the perspiration from his forehead,
the other *would try to release him from the burden of the farming implements which he carried.*
Perrin would smile at *his feeble efforts, and caress him again,*
and then return thanks *to heaven* for having given *him a tender wife and children that resembled her.*
In the course of a few years the old clergyman died.
They thought *with emotion* how much *they* were indebted *to him.*

Cet évenement *les fit* réfléchir sur eux-mêmes.

This incident caused them *to reflect on themselves.*

Nous mourrons aussi, disaient-ils,

We shall die too, said they,

notre ferme restera *à nos enfants*

and our farm will remain our children's property.

Elle n'est pas *à nous*,
si celui à qui elle appartient *revenait*, il en serait privé pour toujours ;
nous emporterions *le bien d'autrui* au tombeau.

It is not ours,
and if the rightful owner should return, *he would be deprived of it for ever;*
we should carry with us to the grave that which belongs to others.

Ils ne pouvaient soutenir cette idée :
leur *délicatesse* leur fit écrire une déclaration qu'ils *déposèrent entre les mains* du nouveau curé ;

They could not bear this idea:

their nice sense of equity induced *them to write a declaration, which they* deposited in the hands *of the new rector;*

ils firent signer *cette déclaration* par *les plus notables* habitants du village,
cette précaution, qu'ils jugeaient nécessaire pour assurer une restitution à laquelle ils croyaient leurs enfants obligés, les *tranquillisa.*

they caused it to be signed by the principal *inhabitants in the village,*
and this precaution, which they deemed necessary to insure a restitution which they thought obligatory on their children, restored their tranquillity of mind.

Il y avait dix ans qu'ils étaient établis,
Perrin, *après une journée pénible*, revenait un soir dîner avec sa femme,
il vit passer sur la grande route deux hommes dans une voiture qui versa *à quelques pas de* lui.

They had been *settled* for ten years,
when Perrin, after a hard day's work, *returning home one evening to dine with his wife,*
saw two men passing along the high road in a carriage which overturned a few steps from him.

Il courut *porter du secours ;*
il offrit les chevaux de sa charrue pour transporter les malles,
il pria les voyageurs de venir se reposer *chez lui.*

He ran to give *his* assistance;
he offered his plough-horses to convey the trunks,
and entreated the travellers to come and rest themselves at his house.

Ils n'étaient point blessés.

They had received no bodily injury.

Ce lieu-ci m'est bien funeste, s'écria l'un d'eux ;
je ne puis y passer *sans éprouver* des malheurs.
J'y *ai fait,* il y a douze ans, *une perte* assez considérable.

This spot, cried one of the gentlemen, is very fatal to me; whenever I *pass through it* I meet with *some misfortune or other.*
Twelve years ago I sustained *in this place a rather considerable loss.*

Je revenais de la foire de Vitré,

I was coming back from Vitré fair,

j'emportais douze mille francs en or, que j'ai perdus.

and had with me *five hundred guineas, which I lost.*

Comment, lui dit Perrin qui l'écoutait *avec attention*, avez-vous *négligé de faire des recherches* pour les retrouver ?

Pray, *said Perrin, who listen-*ed *to him* attentively, did you neglect making any search *in order to recover them?*

Cela ne me fut pas possible.

That was not in my power.

Je me rendais à Lorient, où je *devais* m'embarquer pour les Indes.

I was going to *Lorient, where* I was to *embark for the Indies.*

Le temps me pressait :
le vaisseau, prêt à *mettre à la voile*, ne m'aurait point *attendu.*

My time was short :
the ship, *being ready* to set sail, *would not have* waited for me.

Je ne pus faire des perquisitions.

I found it impossible *to make enquiries.*

Je les croyais d'ailleurs inutiles,

Besides, I thought they would have been fruitless,

en retardant mon départ, elles m'auraient *porté un préjudice beaucoup plus grand* que la *perte* que j'avais faite.

and by delaying my departure, they would have injured me considerably more *than the* loss *I had* sustained.

Ce discours fait tressaillir Perrin.

These words made *Perrin* start.

Il s'empresse davantage auprès du voyageur.

He showed a greater eagerness to serve *the traveller.*

Il le conjure *d'accepter* l'asile qu'il lui offre.

He entreated him to accept shelter under his roof.

Sa maison était la plus prochaine et la plus propre habitation du lieu.

His house was the nearest and neatest dwelling in the place.

On cède à ses instances.

Both the travellers *yielded to his entreaties.*

Il marche le premier pour montrer le chemin.

He walked first to point out *the way.*

Il rencontre bientôt sa femme: selon sa coutume, elle venait au-devant de lui.

He soon met his wife, who, according to her custom, was coming to meet him :

Il lui dit d'aller promptement préparer un dîner pour ses hôtes; *en attendant le repas*, il leur présente des rafraîchissements.

he bade her go quickly, and prepare a dinner for his guests, and while the dinner was getting ready, *he presented refreshments to them.*

Il *fait retomber la conversation sur* la perte dont l'un s'est plaint.

He turned the conversation to *the loss of which one of them had* complained.

Il *ne doute plus que* ce *ne* soit à lui qu'il doit une restitution.

He had no longer any doubt but that *it was to him he owed a restitution.*

Il *va chercher* le nouveau curé, il l'informe de ce qu'il vient d'apprendre,	*He* went for *the new rector,* he informed him of what he had just learned,
il l'invite à *partager le dîner de* ses hôtes, et à leur tenir compagnie.	invited him to come and dine with *his guests, and to keep them company.*
Celui-ci *l'accompagne,* et ne cesse d'admirer *la* joie qu'a ce bon paysan *d'une découverte qui* doit *le ruiner.*	*The latter* came along with him, and all the way admired *the joy* which *the good countryman* felt at *a discovery which* was to be the ruin of *him.*
On dîne.	They sat down to dinner.
Les voyageurs, satisfaits, *ne savent comment reconnaître* l'accueil que leur fait Perrin.	The travellers, in the height of their satisfaction, were at a loss how to show their gratitude for the reception Perrin gave them.
Ils admirent son petit *ménage,* son *bon cœur,* sa franchise, *l'air ouvert* de Lucette, sa candeur, son activité.	They admired his little family, the goodness of his heart, his frankness, Lucetta's open countenance, her candour and her activity.
Ils caressent les enfants.	They caressed the children.
Perrin, après le repas, leur montre sa maison, son jardin, sa bergerie, ses bestiaux : il les *entretient de* ses champs, et de leur produit.	Perrin, after dinner showed them his house, his garden, his sheep-fold, his cattle: he talked to them of his fields, and of their produce.
Tout cela vous appartient, dit-il ensuite au premier voyageur.	All that belongs to you, said he afterwards, addressing the first traveller.
L'or que vous avez perdu *est tombé entre* mes mains.	The money you lost fell into my hands.
Voyant qu'il n'était point réclamé, *j'en ai acheté* cette ferme, *dans le dessein de* la *remettre* un jour à celui qui y *a de véritables droits.*	Finding *it was not claimed, I* purchased *this farm* with it, which I purposed delivering up *one day to him who* is really entitled *to it.*
Elle est à vous.	*It is yours.*
Si j'étais mort avant de vous trouver, M. le curé a *un écrit* qui *constate* votre propriété.	If I had died *before you had been discovered, this gentleman, our rector, has an* instrument *which* proves *your* right to the *property.*
L'étranger, surpris, lit *l'écrit* que lui remet le curé.	*The stranger, surprised,* read the deed *which the rector delivered to him.*
Il *regarde* Perrin, Lucette et leurs enfants.	*He* looked on *Perrin, Lucetta, and the children.*

Où suis-je? s'écrie-t-il enfin, et que *viens-je* d'entendre?

Where am I? cried he at last, and *what* do I *hear?*

Quel procédé! quelle vertu! quelle *noblesse!* et *dans quel état* les trouvé-je!

What noble conduct! *what* virtue! *what* elevation of soul? and in what class of people *do I find all this!*

Avez-vous quelque *autre* bien *que* cette ferme? ajouta-t-il.

Have you any other *property* besides *this farm?* added he.

Non; mais si vous ne la vendez point, vous *aurez besoin* d'un fermier,

No; but if you do not sell it you will have occasion for *a far-mer,*

j'espère que vous me donnerez la préférence.

and I hope you will give me the preference.

Votre probité mérite *une autre récompense,* répondit le voya-geur.

Your honesty deserves a bet-ter recompense, answered the traveller.

Il y a douze ans que j'ai perdu la somme que vous avez trouvée.

It is twelve years since I lost the sum you found.

Depuis ce temps, Dieu a béni mon commerce.

From that time, God has bles-sed my trade.

Il s'est étendu; il a prospéré.

It has become extensive and prosperous.

Je ne *me suis* pas *ressenti* longtemps *de* ma perte,

I did not long feel my loss,

cette restitution *aujourd'hui* ne me rendrait pas plus riche.

this restitution *would not* now *make me richer.*

Vous méritez cette petite for-tune.

You deserve this little for-tune.

La Providence vous en a fait présent,

Providence has made you a present of it,

ce serait offenser le ciel que *de* vous l'ôter.

and by taking it from you I should offend *heaven.*

Conservez-la; elle vous appar-tient; et *s'il le faut,* je vous la donne.

Keep it; you are well entitled to it; *and* if it be necessary, *I give it you.*

Vous *pouviez* la *garder;* je ne la réclamais point.

You might have kept *it, since I did not claim it.*

Quel homme eût agi comme vous?

What man in the world *would have acted as you have* done?

Il déchira aussitôt l'*écrit* qu'il *tenait dans ses mains.*

He immediately tore the in-strument which he held in his hand.

Une si belle action, ajouta-t-il, ne doit point *être ignorée.*

Such a noble action, added he, *ought not* to be unknown.

Il n'est pas besoin d'un nou-vel acte pour assurer ma cession, votre *propriété* et celle de vos enfants.

There is no occasion for *a new* deed to secure the transfer, *your* exclusive right, *and that of your children, to the farm.*

Je le *ferai* cependant *écrire* pour perpétuer le souvenir de

I will however have *it* drawn up, *in order to perpetuate the*

vos sentiments et de votre pro-bité.

Perrin et Lucette *tombèrent aux* pieds du voyageur.

Il les *releva* et les embrassa.

Un notaire, qui fut *mandé,* écrivit cet acte, *le plus beau qu'il eût rédigé de sa vie.*

Perrin versait des larmes de tendresse et de joie.

Mes enfants, s'écriait-il, bai-sez la main de votre bienfaiteur.

Lucette, ce bien est à nous.

Nous pouvons *en jouir sans trouble et sans remords.*

remembrance of your sentiments and honesty.

Perrin and Lucetta fell *at the feet of the traveller.*

He raised them up and embraced them.

A notary, who was sent for, wrote out this *deed, the finest he had* ever drawn up in his life.

Perrin shed tears of affection and joy.

My dear children, cried he, kiss the hand of your benefactor.

Lucetta, this farm now belongs to us, and we can enjoy it without anxiety or remorse.

Quelques proverbes qui se répon-dent dans les deux langues.

Some proverbs that answer to one another in both languages.

Le sage entend à demi-mot.

Ce qui vient de la flûte s'en retourne au tambour.

Qui trop embrasse mal étreint.

Il y a loin de la coupe aux lèvres.

Tel maître, tel valet.

Une hirondelle ne fait pas le printemps.

Honni soit qui mal y pense.

A bon jour bonne œuvre.

A quelque chose malheur est bon.

Qui se ressemble s'assemble.

L'occasion fait le larron.

Un tiens vaut mieux que deux tu l'auras.

Chacun mesure les autres à son aune.

La patience est un reméde à tous les maux.

Point d'argent, point de Suisse.

Le renard prêche aux poules.

A word to the wise is suffi-cient.

Light come light go.

Grasp all, lose all.

There's many a slip between the cup and the lip.

Like master like man.

One swallow makes no summer.

Evil be to him that evil thinks.

The better the day the better the deed.

It is an ill wind that blows nobody good.

Birds of a feather flock together.

Opportunity makes the thief.

A bird in the hand is worth two in the bush.

Every one measures other people's corn by his own bushel.

Patience is a plaster for all sores.

No penny, no paternoster.

The devil rebukes sin.

Il faut battre le fer pendant qu'il est chaud.

Personne ne peut dire : fontaine, je ne boirai jamais de ton eau.

L'homme propose, et Dieu dispose.

Le malheur ne vient jamais seul.

Qui ne risque rien, n'a rien.

Qui aime Martin, aime son chien.

Qui ne dit mot consent.

Les honneurs changent les mœurs.

Chat échaudé craint l'eau froide.

Il fait bon pêcher en eau trouble.

Bonne renommée vaut mieux que ceinture dorée.

Les rois ont les mains longues.

Peu de bien, peu de soin.

Plusieurs mains avancent l'ouvrage.

Familiarité engendre mépris.

Faire d'une pierre deux coups.

Il est bon d'avoir deux cordes à son arc.

On ne saurait faire boire l'âne s'il n'a soif.

La folie se gagne.

Enfermer le loup dans la bergerie.

Dis-moi qui tu hantes et je te dirai qui tu es.

Quand il fait beau prends ton manteau.

N'éveillez pas le chat qui dort.

Tout ce qui reluit n'est pas or.

Petit à petit l'oiseau fait son nid.

A brebis tondue Dieu mesure le vent.

Qui se fait brebis le loup le mange.

Mauvaise herbe croit toujours.

Strike the iron while it is hot.

No man can say: I will never drink of this water.

Man proposes, and God disposes.

Misfortunes never come alone.

Nothing venture, nothing have.

Love me, love my dog.

Silence is consent.

Honours change manners.

A burnt child dreads the fire.

It is good fishing in troubled water.

A good name is better than riches.

Kings have long arms.

Little wealth, little sorrow.

Many hands make light work.

Familiarity breeds contempt.

To kill two birds with one stone.

It is good to have two strings to one's bow.

You may lead your horse to water, but you can't make him drink.

One fool makes many.

Set the fox to keep the geese.

Tell me with whom thou goest and I'll tell thee what thou doest.

Though the sun shines leave not your cloak at home.

When sorrow is asleep wake it not.

All is not gold that glitters.

Feather by feather the goose is plucked.

God tempers the wind to the shorn lamb.

He that makes himself a sheep shall be eaten by the wolves.

Ill weeds grow apace.

L'habit ne fait pas le moine.

Qui court deux lièvres à la fois n'en prend point.

Les petits coups font tomber de grands chênes.

Renard qui dort ne prend pas de poules.

Qui va à l'emprunt cherche un affront.

Nécessité n'a point de loi.

Goutte à goutte on remplit la cave.

Fais ce que dois, advienne que pourra.

Les absents ont toujours tort.

Le temps perdu ne se retrouve plus.

Point de gain sans peine.

Activité n'a que faire de souhaits.

Qui vit d'espoir mourra à jeun.

A cuisine grasse testament maigre.

L'orgueil qui dîne de vanité soupe de mépris.

Fuyez les plaisirs et ils courront après vous.

La probité est la meilleure politique.

Activité est mère de prospérité.

Si vous n'écoutez pas la raison, elle ne manquera pas de vous donner sur les doigts.

It's not the cowl that makes the friar.

He who hunts two hares leaves one and loses the other.

Light strokes fell great oaks.

The sleeping fox catches no poultry.

He that goes a borrowing goes a sorrowing.

Necessity has no law.

Many a little makes a mickle.

Do what you ought, and come what will.

The absent party is always faulty.

Lost time is never found again.

There are no gains without pains.

Industry needs not wish.

He that lives upon hope will die fasting.

A fat kitchen makes a lean will.

Pride that dines on vanity sups on contempt.

Fly pleasures and they will follow you.

Honesty is the best policy.

Diligence is the mother of good luck.

If you will not hear reason she will surely rap your knuckles.

DIALOGUES FAMILIERS.

FAMILIAR DIALOGUES.

DIALOGUE PREMIER.

Pour saluer et pour demander des nouvelles de quelqu'un.

To salute a person and enquire after his health.

Bonjour, Monsieur.
Votre serviteur.
Comment vous portez-vous ce matin?
A votre service.
Comment va la santé.
Fort bien, je vous remercie.
Je suis bien aise de vous voir en bonne santé.
Je vous suis obligé.
Et vous, Monsieur, comment vous portez-vous?
Assez bien, je vous remercie.
Comment se porte monsieur votre frère?
Je crois qu'il se porte assez bien.
Il se portait très-bien hier au soir.
Il se portait fort bien la dernière fois que je le vis.
Je suis bien aise de l'apprendre.
Où est-il?
A la campagne.
En ville.
Au logis.
Il est sorti.
Comment se porte madame...?
Elle se porte bien.
Elle ne se porte pas trop bien.

Good morning, Sir.
Your servant.
How do you do this morning?

At your service.
How is your health?
Very well, I thank you.
I am very glad to see you in good health.
I am obliged to you.
And how do you do, Sir?

Pretty well, I thank you.
How does your brother do?

I believe he is pretty well.

He was very well last night.

He was quite well the last time I saw him.
I am very glad to hear it.
Where is he?
In the country.
In town.
At home.
He is gone out.
How is Mrs...?
She is very well.
She is not over well.

Elle est malade.	*She is ill.*
Elle est indisposée.	*She is indisposed.*
J'en suis fâché.	*I am sorry for it.*
Elle était très-malade hier matin.	*She was very ill yesterday morning.*
Aujourd'hui elle va beaucoup mieux.	*She is much better to-day.*
La voici qui vient.	*Here she comes.*
Madame, je suis très-heureux de vous voir.	*Madam, I am happy to see you.*
Monsieur, vous êtes bien aimable.	*Sir, you are very kind.*
Comment vous êtes-vous portée depuis que je ne vous ai vue?	*How have you been since I saw you last?*
Fort bien.	*Very well.*
Comment vous portez-vous ?	*How do you find yourself?*
Le mieux du monde.	*Extremely well.*
J'en suis bien aise.	*I am very glad of it.*
Je vous remercie de bon cœur.	*I thank you heartily.*
J'ai été un peu indisposé la nuit passée.	*I was a little indisposed last night.*
Vraiment, j'en suis bien fâché.	*Really, I am very sorry for it.*
Asseyez-vous un peu.	*Sit down a little.*
En vérité, je ne saurais.	*Indeed, I cannot.*
Vous êtes bien pressé.	*You are in great haste.*
Pourquoi êtes-vous si pressé ?	*Why are you in such a hurry?*
Je reviendrai demain.	*I'll come again to-morrow.*
Attendez un peu, je vous prie.	*Pray stay a little.*
Pourquoi faut-il que vous partiez sitôt ?	*Why must you go so soon ?*
J'ai des affaires pressantes.	*I have urgent business.*
Il faut que je m'en retourne au logis.	*I must return home.*
Je n'étais venu que pour savoir comment vous vous portiez.	*I only came to know how you were.*
Faites mes amitiés à mademoiselle votre sœur.	*Remember me kindly to your sister.*
Présentez mes respects à madame (1) votre mère.	*Present my respects to your mother.*
Je n'y manquerai pas.	*I will not fail.*
Adieu.	*Good bye.*
Je vous remercie de cette visite.	*I thank you for this visit.*
Bonsoir, Monsieur.	*Good night, Sir.*
Bonsoir, Madame.	*Good night, Madam.*

---

(1) *Monsieur, Madame, Mademoiselle*, avant les noms de parents et autres, ne s'expriment pas en anglais. — **Poppleton**.

DIALOGUE II.

Avant de se coucher.	Before going to bed.

La nuit approche, *ou* il se fait nuit.

Il commence à faire obscur.
Il est fort tard.
Il est temps de s'aller coucher.
Vous rentrez bien tard.
Je me couche de bonne heure.
Le lit est froid.
Faites-le chauffer, bassiner.
Où est la bassinoire?
Je veux me coucher.
Veillez autant qu'il vous plaira.
Vous êtes un dormeur.
Bonne nuit.
Je vous souhaite une bonne nuit.

Avez-vous fait mon lit?
Mon lit est-il fait?
Le lit est mal fait.
Refaites le lit.
Remuez le lit de plume.
Faites la couverture.
Tirez les rideaux.
Donnez-moi mon bonnet de nuit.

Otez vos souliers et vos bas.

Aidez-moi à tirer mon habit.
Venez tout à l'heure chercher la chandelle.
Emportez la chandelle.
Laissez la chandelle.
J'aime à lire au lit.
C'est une mauvaise habitude.
Eteignez la chandelle.
Je l'éteindrai.
Appelez-moi demain de bonne heure.
Vous souviendrez-vous de m'éveiller?
Oui, oui, je vous éveillerai.

Night is coming on.

It begins to get dark.
It is very late.
It is time to go to bed.
You come home very late.
I go to bed betimes.
The bed is cold.
Get it warmed.
Where is the warming-pan?
I'll go to bed.
Sit up as long as you like.
You are a sleepy fellow.
Good night.
I wish you a good night's rest.

Have you made my bed?
Is my bed made?
The bed is badly made.
Make the bed up again.
Beat up the feather-bed.
Turn down the bed-clothes.
Draw the curtains.
Give me my night-cap.

Pull off your shoes and stockings.
Help me to take off my coat.
Come presently and fetch the candle.
Take away the candle.
Leave the candle.
I like to read in bed.
It's a bad habit.
Put out the candle.
I will put it out.
Call me betimes to-morrow.

Will you remember to awake me?
Yes, yes, I will awake you.

N'y manquez pas.	*Do not fail.*
Il faut que je me lève à la pointe du jour.	*I must rise by break of day.*
Allez-vous-en à votre chambre.	*Go to your room.*

DIALOGUE III.

En se levant le matin.	Rising in the morning.

Qui est là ?	*Who is there ?*
Êtes-vous encore au lit ?	*Are you in bed still ?*
Dormez-vous ?	*Are you asleep ?*
Éveillez-vous.	*Wake yourself up.*
Je suis éveillé.	*I am awake.*
Qui vous a éveillé ?	*Who waked you ?*
Mon frère.	*My brother.*
Levez-vous.	*Get up.*
Debout, debout.	*Up, up.*
Est-il temps de se lever ?	*Is it time to get up?*
Il est grand jour.	*It is broad daylight.*
Il est huit heures.	*It is eight o'clock.*
Tout le monde est levé excepté vous.	*Every body is up except you.*
Dépêchez-vous.	*Make haste.*
Ouvrez la porte.	*Open the door.*
Elle est fermée à clef.	*It is lock'd.*
La clef est dans la serrure.	*The key is in the door.*
Levez le loquet.	*Lift up the latch.*
La porte est fermée aux verrous.	*The door is bolted.*
Attendez un peu.	*Stay a little.*
Prenez patience.	*Have patience.*
Je vais me lever.	*I am going to rise.*
Je me lève.	*I am getting up.*

DIALOGUE IV.

Pour s'habiller.	Dressing one's self.

Habillez-vous.	*Dress yourself.*
Que ne vous habillez-vous promptement ?	*Why do you not make haste and dress yourself?*
Allumez une chandelle.	*Light a candle.*

Faites du feu. — *Light a fire.*

Donnez-moi mes habits. — *Give me my clothes.*

Voulez-vous votre robe de chambre? — *Will you have your morning-gown?*

Oui, et mes bas. — *Yes, and my stockings.*

Lesquels? les bas de soie, ou ceux de laine? — *Which? the silk stockings, or the worsted ones?*

Donnez-moi les bas de fil, parce qu'il fait chaud. — *Give me the thread stockings, because it is warm.*

Donnez-moi mes chaussons. — *Give me my socks.*

Donnez-moi mes jarretières. — *Give me my garters.*

Mes bas sont troués. — *My stockings have holes in them.*

Raccommodez ces bas. — *Mend those stockings.*

Voilà vos souliers. — *There are your shoes.*

Décrottez mes souliers. — *Clean my shoes.*

Donnez-moi mes pantoufles. — *Give me my slippers.*

Faites raccommoder mes souliers. — *Get my shoes mended.*

Donnez-moi le peigne. — *Give me the comb.*

Il faut que je me lave les mains et le visage. — *I must wash my hands and face.*

Donnez-moi le bassin. — *Give me the basin.*

Donnez-moi un peu de savon. — *Give me a little soap.*

Où est la savonnette? — *Where is the the soapball?*

Je l'ai perdue. — *I have lost it.*

Essuyez vos mains à la serviette. — *Wipe your hands on the towel.*

Mes mains étaient fort sales. — *My hands were very dirty.*

Donnez-moi la brosse à dents. — *Give me the tooth-brush.*

Où est ma chemise? — *Where is my shirt?*

La voici. — *Here it is.*

Elle n'est pas blanche. — *It is not clean.*

Elle est sale. — *It is dirty.*

Donnez-moi un mouchoir. — *Give me a handkerchief.*

En voilà un blanc. — *There's a clean one.*

Donnez-moi le mouchoir qui est dans la poche de mon habit. — *Give me the handkerchief that is in my coat pocket.*

Je l'ai donné à la blanchisseuse, il était sale. — *I gave it to the washer-woman, it was dirty.*

Vous avez bien fait. — *You did well.*

A-t-elle rapporté mon linge? — *Has she brought back my linen?*

Oui, Monsieur, il n'y manque rien. — *Yes, Sir; there's nothing missing. It's all right.*

Quelqu'un frappe à la porte, voyez qui c'est. — *There's somebody knocking at the door, see who it is.*

C'est le tailleur. — *It is the tailor.*

Faites-le entrer. — *Let him come in.*

DIALOGUE V.

Entre une dame et sa femme de chambre.

Between a lady and her maid.

Qui est là ?

Who is there ?

Avez-vous appelé, Madame?

Did you call, Madam?

Oui : quelle heure est-il ?

Yes : what's o'clock.

Je ne sais pas, Madame.

I do not know, Madam.

Voyez-le à ma montre.

See by my watch.

Elle ne va pas.

It does not go, or it is down.

Donnez-la moi, afin que je la remonte.

Give it me, that I may wind it up.

La voilà, Madame.

There it is, Ma'am.

Y a-t-il un bon feu dans mon cabinet?

Is there a good fire in my dressing-room?

Un fort bon.

A very good one.

Donnez-moi ma robe du matin.

Give me my morning-gown.

La voici, Madame.

Here it is, Madam.

Donnez-moi mes bas, mes jarretières et mes pantoufles.

Give me my stockings, garters, and slippers.

Je ne trouve pas les jarretières.

I cannot find the garters.

Qu'en avez-vous fait?

What have you done with them?

Que sont-elles devenues?

What's become of them?

Je ne saurais vous le dire.

I cannot tell.

Cherchez-les.

Look for them.

Je les cherche partout.

I am looking for them every where.

Vous laissez tout en désordre.

You leave every thing in disorder.

Étendez la toilette.

Spread the toilet.

Frottez un peu la glace de ce miroir, elle est toute sale.

Wipe that looking-glass a little, it is quite dirty.

Donne-moi une chaise.

Give me a chair.

Donnez-moi mon peignoir.

Give me my combing-cloth.

Nettoyez mes peignes.

Clean my combs.

Ils sont nets, Madame.

They are clean, Madam.

Donnez-moi une épingle.

Give me a pin.

Voilà la pelote.

There is the pin-cushion.

Lacez-moi fort serré.

Lace me very tight, or very close.

Donnez-moi mon châle et mes gants.

Give me my shawl and my gloves.

Ma coiffure n'est-elle pas de travers?

Is not my head-dress awry?

Non, Madame.

No, Ma'am.

Allez dire au cocher de mettre les chevaux à la voiture.	*Go and bid the coachman put the horses to the carriage.*
Madame, la voiture est prête, elle est devant la porte.	*Madam, the carriage is ready, it is before the door.*
Serrez toutes mes hardes, et mettez tout en ordre.	*Put away all my clothes, and put every thing in order.*

DIALOGUE VI.

Pour faire une visite le matin.	Paying a visit in the morning.
Qui est là?	*Who is there?*
Ouvrez la porte.	*Open the door.*
Où est votre maître?	*Where is your master?*
Il est couché, *ou* il est au lit.	*He is in bed.*
Dort-il encore?	*Is he asleep still?*
Non, Monsieur; il est éveillé.	*No, Sir; he is awake.*
Est-il levé?	*Is he up?*
Se lève-t-il?	*Is he getting up?*
Pas encore; vous plaît-il d'entrer dans sa chambre?	*Not yet; will you please to step into his chamber?*
Quoi! êtes-vous encore au lit?	*What! are you in bed still?*
Je me suis couché hier si tard, que je ne pus me lever de bonne heure, *ou* de bon matin.	*I went to bed so late last night, that I could not get up early.*
Qu'avez-vous fait après le dîner?	*What did you do after dinner?*
Comment avez-vous passé la soirée?	*How did you spend the evening?*
Nous avons joué aux cartes.	*We played at cards.*
A quel jeu avez-vous joué?	*What game did you play at?*
Au whist.	*At whist.*
C'est un jeu fort à la mode.	*It's a game very much in vogue.*
Après cela nous sommes allés au bal.	*After that we went to the ball.*
Jusqu'à quelle heure y êtes-vous restés?	*How long did you stay there?*
Jusqu'à minuit.	*Till twelve o'clock, or till mid-night.*
A quelle heure vous êtes-vous couché?	*At what o'clock did you go to bed?*
A une heure après minuit.	*At one in the morning.*
Je ne m'étonne pas que vous vous leviez si tard.	*I do not wonder you rise so late.*
Quelle heure est-il?	*What o'clock is it?*
Quelle heure croyez-vous qu'il soit?	*What o'clock do you suppose it is?*

Il est dix heures sonnées.	*It has struck ten.*
Levez-vous au plus vite.	*Get up as fast as you can.*
Nous irons faire un tour de parc, quand vous serez habillé.	*We will go and take a turn round the park, when you are dressed.*

DIALOGUE VII.

Le déjeuner.	Breakfast.
Voulez-vous déjeuner ?	*Will you breakfast?*
Est-il temps de déjeuner ?	*Is it breakfast-time?*
Que voulez-vous pour déjeuner ?	*What will you have for breakfast?*
Du pain et du beurre.	*Bread and butter.*
Mettez une nappe sur cette table.	*Lay a cloth on that table.*
Rincez les verres.	*Rinse the glasses.*
Donnez un siége à Monsieur.	*Give the gentleman a seat.*
Prenez une chaise, et asseyez-vous.	*Take a chair, and sit down.*
Mettez-vous près du feu.	*Sit by the fire.*
Je serai fort bien ici, je n'ai pas froid.	*I shall be very well here, I am not cold.*
Vous ne mangez pas.	*You do not eat.*
J'ai tant mangé, que je ne pourrai pas dîner.	*I have eaten so much, that I shall not be able to dine.*
Vous plaisantez, vous n'avez rien mangé.	*You are jesting, you have eaten nothing.*

DIALOGUE VIII.

Avant le dîner.	Before dinner.
Est-il temps de dîner ?	*Is it dinner-time?*
Il est temps d'aller dîner, ou il est l'heure de dîner.	*It is time to go to dinner.*
A quelle heure avez-vous coutume de dîner.	*At what o'clock do you usually dine?*
A six heures.	*At six.*
Je vous prie de dîner aujourd'hui avec nous.	*Pray dine with us to-day.*

Mettez la nappe.	*Lay the cloth.*
Servez.	*Serve up.*
Mettez les salières et des assiettes sur la table.	*Put the salt-cellars and plates on the table.*
Coupez du pain.	*Cut some bread.*
Coupez de la croûte et de la mie tout ensemble.	*Cut crust and crum together.*
Rangez les chaises autour de la table.	*Place the chairs round the table.*
Où sont les couteaux, les fourchettes et les cuillers ?	*Where are the knives, forks and spoons ?*
Faites servir le diner.	*Call for dinner.*
Il n'est pas encore prêt.	*It is not ready yet.*

<h2 style="text-align:center">DIALOGUE IX.</h2>

A dîner.	At dinner.
Aimez-vous la soupe à la française ?	*Do you like French soup ?*
Beaucoup.	*Very much.*
Apportez du pain.	*Bring some bread.*
Prenez du pain blanc.	*Take some white bread.*
J'aime mieux du pain bis.	*I like brown bread better.*
Donnez-nous du pain tendre.	*Give us some new bread.*
Vous couperai-je de la croûte de dessus, ou de celle de dessous ?	*Shall I cut you some of the upper or under crust ?*
Voulez-vous que je vous serve de ce bouilli ?	*Shall I help you to some of this boiled meat ?*
Comme il vous plaira.	*As you please.*
Je me servirai moi-même.	*I will help myself.*
Donnez-nous le plat.	*Hand us the dish.*
Donnez à boire à Monsieur.	*Give the gentleman something to drink.*
Comment trouvez-vous cette bière, ou ce vin ?	*How do you like that beer, or wine ?*
Je trouve la bière assez bonne.	*I like the beer pretty well.*
Je la trouve trop amère.	*I find it too bitter.*
Madame, je bois à votre santé.	*Madam, allow me to take a glass of wine with you.*
Allons, Monsieur, mangez de ce que vous trouvez le plus à votre goût.	*Come, Sir, eat what you like best.*
Je n'ai point d'appétit.	*I have no appetite.*
Donnez-nous de la moutarde.	*Give us some mustard.*
Où est le moutardier ?	*Where is the mustard-pot ?*
Allons faire un tour de jardin, et ensuite nous viendrons prendre du thé.	*Let us take a turn round the garden, and then we will come and take tea.*

DIALOGUE X.

Pour parler anglais.	Speaking English.

Parlez-vous anglais?
Do you speak English?

Je le parle un peu.
I speak it a little.

Je l'entends mieux que je ne le parle.
I understand it better than I can speak it.

La langue anglaise est fort difficile pour les Français.
The English language is very difficult for Frenchmen to learn.

La française est bien plus difficile pour les Anglais.
The French is far more difficult to Englishmen.

Je suis persuadé du contraire.
I am quite of the contrary opinion.

J'ai de la peine à le croire.
I can hardly believe it.

L'expérience nous le fait voir tous les jours.
Experience proves it every day.

La prononciation du français est bien plus facile que celle de l'anglais.
The pronunciation of French is much easier than that of English.

Je connais beaucoup d'Anglais qui prononcent parfaitement le français.
I know many Englishmen who pronounce French perfectly well.

Et à peine peut-on trouver un Français entre cent, qui prononce bien l'anglais.
And you can hardly find one Frenchman in a hundred, who can pronounce English well.

Je connais pourtant quelques Français qui prononcent l'anglais presque aussi bien que les Anglais mêmes.
And yet I know some Frenchmen who pronounce English almost as well as the English themselves.

Il faut donc qu'ils soient venus fort jeunes en Angleterre.
Then they must have come to England very young.

Apparemment; car il y a longtemps qu'ils y sont.
It is very likely; for they have been here a long time.

DIALOGUE XI.

Pour acheter des livres.	Buying books.

Monsieur, avez-vous quelques livres nouveaux?
Sir, have you any new books?

Oui, Monsieur. Quelle espèce de livres désirez-vous?
Yes, Sir, What kind of books do you want?

J'ai de bons ouvrages histori-
ques.

Voulez-vous des livres de mathématiques ou de physique?

Non ; je cherche des livres de
poésie.

Je puis vous en fournir en
toute sorte de langues; car j'ai
tous les poëtes grecs, latins, espagnols, italiens, français et anglais.

J'en ai aussi une grande partie.

Quels poëtes avez-vous donc
envie d'acheter?

Virgile, les poésies de Boileau,
et les ouvrages de Dryden.

Je les ai.

Faites-les-moi voir, s'il vous
plaît.

N'avez-vous pas besoin d'autres
livres?

Pas pour le présent.

Mais j'ai besoin de papier à
écrire, de plumes, d'encre, de
cire à cacheter, et de pains à
cacheter.

Je ne vends rien de tout cela ;
mais vous en trouverez chez le
papetier à côté.

Adieu, Monsieur.

Monsieur, j'ai l'honneur de vous
saluer.

*I have some good historical
works.*

*Do you want any books of
mathematics or natural philosophy?*

*No; I am looking for books of
poetry.*

*I can furnish you with some
in all languages; for I have
all the Greek, Latin, Spanish,
Italian, French and English
poets.*

*I have a great many of them
too.*

*What poets then do you wish
to buy?*

*Virgil, Boileau's poems, and
Dryden's works.*

I have them.

Let me see them, if you please.

*Don't you want any other
books?*

Not for the present.

*But I want some paper, pens,
ink, sealing-wax, and some
wafers.*

*I don't keep any of those arti-
cles; but you will find them at
the stationer's next door.*

Good bye, Sir.

Sir, I wish you good day.

DIALOGUE XII.

Pour louer un logement.

Hiring a lodging.

Madame, avez vous des chambres à louer ?

Oui, Monsieur ; vous plaît-il de
les voir ?

Je suis venu exprès pour cela.

Combien vous en faut-il?

*Madam, have you any rooms
to let?*

*Yes, Sir; would you like to
see them?*

I am come on purpose.

How many do you want?

Il me faut une salle à manger, et une chambre à coucher, avec un cabinet.

Faut-il que vos chambres soient meublées, ou non?

Meublées.

Ayez la bonté d'attendre un moment dans cette salle, et j'irai chercher les clefs.

Bien, Madame, je vous attends.

Voulez-vous prendre la peine de monter?

Voici l'appartement que vous désirez au premier étage.

Voilà un très-bon lit.

Vous voyez qu'il y a tout ce qui est nécessaire dans une chambre garnie; comme table, miroir, guéridons, chaises et canapé.

Mais où est le cabinet?

Le voici.

Ceci m'accommode assez.

J'en suis bien aise.

Combien en demandez-vous par semaine?

Je ne loue jamais mes chambres qu'au mois ou au trimestre.

Eh bien, je les prendrai au mois; combien en voulez-vous?

Je n'ai jamais eu moins de deux guinées par mois de ces deux chambres.

C'est trop.

Vous devez considérer que c'est le plus beau quartier de la ville, et que vous êtes à deux pas des parcs.

Mais à propos, ne puis-je pas être en pension chez vous?

Oui, vous le pouvez.

Combien prenez-vous par semaine de chaque pensionnaire?

A raison de trentre livres par an.

A combien cela revient-il?

A environ douze schellings par semaine.

I must have a dining-room, and a bed-room, with a dressing-room adjoining.

Must your rooms be furnished, or unfurnished?

Furnished.

Be so kind as to wait a moment in this room while I go and fetch the keys.

Very well, Madam, I'll wait for you.

Will you have the goodness to walk up?

Here are the rooms you desire to have on the first floor.

There is a very good bed.

You see there every thing you can require in furnished lodgings; a table, looking-glass, stands, chairs and sofa.

But where is the dressing-room?

Here it is.

This suits me well enough.

I am glad of it.

How much do you ask a week for it?

I never let my chambers but by the month or the quarter.

Well, I will take them by the month; what do you ask for them?

I never had less than two guineas a month for these two rooms.

It is too much.

You ought to consider that this is the finest part of the town, and that you are within a few steps of the parks.

But now I think of it, can't I board at your house?

Yes, you can.

How much do you charge a week for each boarder?

At the rate of thirty pounds a year.

How much does that come to?

To about twelve shillings a week.

Et que prenez-vous pour les chambres et la pension tout ensemble ?	And what do you ask for the rooms and board together?
Douze livres par trimestre.	Twelve pounds a quarter.
Eh bien , j'entrerai demain.	Well, I will come to-morrow.
Quand il vous plaira.	When you please.
Bonsoir, Madame.	Good night, Ma'am.
Bonsoir, Monsieur.	Good night, Sir.

DIALOGUE XIII.

Pour s'informer de quelqu'un.	To enquire after a person.
Qui est ce Monsieur-là ?	*Who is that gentleman ?*
C'est un Anglais.	*He is an Englishman.*
Je l'ai pris pour un Français.	*I took him for a Frenchman.*
Vous vous êtes mépris.	*You were mistaken.*
Où demeure t-il ?	*Where does he live?*
Il demeure dans la rue de Suffolk.	*He lives in Suffolk-street.*
Tient-il maison ?	*Does he keep house?*
Non , Monsieur ; il demeure en chambre garnie.	*No, Sir ; he lives in furnished lodgings.*
Chez qui loge-t-il ?	*At whose house does he lodge?*
Il loge chez M.... à l'enseigne de	*He lodges at Mr... at the sign of....*
Quel âge a-t-il ?	*How old is he?*
Je crois qu'il a vingt-cinq ans.	*I believe he is five and twenty.*
Je ne le croyais pas si âgé.	*I did not think he was so old.*
Il ne peut guère être plus jeune.	*He cannot be much younger.*
Est-il marié ?	*Is he married?*
Non , Monsieur ; il est garçon.	*No, Sir ; he is a bachelor.*
Son père et sa mère sont-ils en vie ?	*Are his father and mother alive?*
Sa mère vit encore, mais son père est mort depuis deux ans.	*His mother is still living, but his father has been dead these two years.*
A-t-il des frères et des sœurs ?	*Has he any brothers and sisters?*
Il a deux frères et une sœur.	*He has two brothers and a sister.*
Sa sœur est-elle mariée ?	*Is his sister married ?*
Oui , Monsieur.	*Yes, Sir.*
Avec qui ?	*To whom?*
Avec le comte de....	*To the earl of...*

Y a t-il longtemps que vous le connaissez ?   *Have you known him long?*

Environ trois ans.   *About three years.*

Où avez-vous fait connaissance avec lui ?   *Where did you become acquainted with him?*

Je fis connaissance avec lui à Rome.   *I became acquainted with him at Rome.*

Il est bien de sa personne.   *He is a fine man.*

On peut dire que c'est un bel homme.   *He is what you may call a handsome man.*

Il se met fort bien.   *He dresses very well.*

Il est bien fait, il a bon air.   *He is well made, he is good-looking.*

Il est civil, affable et complaisant avec tout le monde.   *He is civil, courteous and complaisant to every body.*

Il a beaucoup d'esprit, et est fort enjoué en conversation.   *He has a great deal of wit, and is very sprightly in conversation.*

Vous en faites un portrait si avantageux, que vous me faites naître l'envie de le connaître.   *You draw his picture to such advantage, that you make me desirous of knowing him.*

Je vous ferai faire sa connaissance.   *I will make you acquainted with him.*

Je vous en serai obligé.   *I shall be much obliged to you for it.*

DIALOGUE XIV.

Des nouvelles.   News.

Quelles nouvelles y a-t-il ?   *What news is there ?*

Je n'en sais pas.   *I know of none.*

Aucune.   *None at all.*

De quoi parle-t-on en ville?   *What do they say about town?*

On ne parle de rien.   *There is no talk of any thing.*

J'ai entendu dire, j'ai appris que....   *I was told, I heard that...*

C'est une fort bonne nouvelle.   *That is very good news.*

C'est une mauvaise nouvelle.   *That is bad news.*

N'avez-vous rien ouï dire de la guerre?   *Haven't you heard any thing of the war?*

Je n'en ai pas entendu parler.   *I have heard nothing of it.*

On parle d'un siége.   *There's a talk of a siege.*

On dit que Barcelone est assiégée.   *They say Barcelona is besieged.*

On dit qu'on a levé le siége. — *They say the siege has been raised.*

On dit qu'il y a eu un combat sur mer. — *It's reported there has been an engagement at sea.*

On le disait, mais ce bruit s'est trouvé faux. — *They said so, but that report has proved false.*

Au contraire, on parle d'une bataille. — *On the contrary, they talk of a battle.*

Cette nouvelle mérite confirmation. — *That news wants confirmation.*

De qui la tenez-vous ? — *Whom did you learn it from?*

Je la sais de bonne part. — *I have it from good authority.*

Croyez-vous que nous aurons la paix? — *Do you think we shall have peace?*

Il y a apparence. — *It seems probable.*

Je crois que oui. — *I think we shall.*

Pour moi, je crois que non. — *For my part, I think not.*

Sur quoi vous fondez-vous ? — *What's your reason for thinking so?*

Sur ce que je vois que les esprits de l'un et de l'autre parti n'y sont guère portés. — *I see the minds of both parties are little inclined that way.*

Cependant tout le monde a besoin de la paix. — *Every body wishes for peace however.*

Surtout les marchands et les négociants. — *Especially tradesmen and merchants.*

La guerre fait beaucoup de tort au commerce. — *War is a great hinderance to trade.*

Sans doute. La paix est toujours avantageuse pour le commerce. — *Doubtless. Peace is always advantageous to trade.*

DIALOGUE XV.

Pour aller au spectacle. — Going to the play.

On dit qu'on joue aujourd'hui une nouvelle pièce au théâtre. — *They say there is a new play to be performed to-night.*

Est-ce une comédie, une tragédie, un opéra, ou un vaudeville? — *Is it a comedy, a tragedy, an opera, or a farce?*

C'est une tragédie. — *It is a tragedy.*

Comment s'appelle-t-elle ? — *What's the name of it?*

Qui en est l'auteur? — *Who is the author of it?*

Est-ce la première fois qu'on la joue? — *Is this the first time it is acted?*

Non, Monsieur; c'est la troisième représentation.

Quel succès a-t-elle eu à la première et à la seconde représentation?

Elle a été jouée avec un applaudissement général.

M... était déjà fameux par ses pièces comiques.

Et cette dernière pièce lui acquiert la réputation d'un grand poëte tragique.

Irons-nous la voir?

De tout mon cœur.

Prendrons-nous une loge?

Comme il vous plaira; mais j'aimerais mieux aller au parterre.

Comment trouvez-vous cette musique?

Je la trouve très-belle.

Les galeries sont déjà pleines.

Vous voyez qu'on est fort serré au parterre.

Il y a dans les loges autant de dames qu'il y en peut tenir.

Je n'ai jamais vu la salle si pleine.

Il y a beaucoup de monde.

No, Sir; this is the third representation.

How did it take the first and second time it was acted?

It was acted with general applause.

Mr... was already famous for his comedies.

And this last play gains him the reputation of a great tragic poet.

Shall we go and see it?

With all my heart.

Shall we take a box?

As you please; but I'd rather go into the pit.

How do you like that music?

I think it is very fine.

The galleries are full already.

You see the pit is very crowded.

The boxes are as full of ladies as they can hold.

I never saw the house so full.

There are a great many people.

DIALOGUE XVI.

Sur un bateau à vapeur.

On a steam-vessel.

Allez-vous en Angleterre, Monsieur?

Oui, Monsieur.

Quand vous embarquez-vous?

Ce soir même.

Quel bateau prenez-vous?

Je prends le Monarque.

C'est un beau bateau à vapeur.

A quelle heure partez-vous?

Nous partirons à huit heures précises.

Are you going to England, Sir?

Yes, Sir.

When do you embark?

This very evening.

What vessel do you go by?

I go by the Monarch.

It is a fine steamer.

At what o'clock do you start?

We shall start at eight o'clock precisely.

Nous arriverons à Brighton demain matin de bonne heure.

Nous passerons la nuit sur mer.

Nous allons partir.

La machine fait beaucoup de bruit.

Je vais me coucher dans ma case.

Je dormirai bien malgré le bruit de la machine.

Y a-t-il beaucoup de voyageurs à bord ?

Il y en a trente ou quarante.

Sont-ils tous anglais ?

Non, il y a dix ou douze Français.

Avez-vous jamais le mal de mer ?

Quelquefois.

Où sommes-nous maintenant?

Nous ne sommes pas loin de la côte.

Nous voici arrivés.

Quand ferons-nous visiter nos malles?

Dans une demi-heure.

Allons à la douane ensemble.

We shall arrive at Brighton early to-morrow morning.

We shall pass the night on the water.

We are just going to start.

The engine makes a great noise.

I am going to lie down in my berth.

I shall sleep well notwithstanding the noise of the engine.

Are there many passengers on board?

There are thirty or forty.

Are they all English?

No, there are ten or twelve Frenchmen.

Are you ever sea-sick?

Sometimes.

Where are we now?

We are not far from the coast.

Here we are arrived.

When shall we have our trunks searched?

In half an hour.

Let us go to the custom-house together.

DIALOGUE XVII.

Dans un hôtel.

In an inn.

Où est le meilleur hôtel ?

Connaissez-vous un bon hôtel ?

Je vous conseille d'aller au Lion d'Argent.

Je vous remercie bien.

Allons un peu voir la ville.

Ne voulez-vous pas dîner auparavant.

Je le veux bien.

Dinons à l'hôtel ?

Where is the best inn?

Do you know of a good inn?

I advise you to go to the Silver Lion.

I am much obliged to you.

Let us go and have a look at the town.

Won't you dine first?

I have no objection.

Let us dine at the hotel?

Voulez-vous commander le dîner?

Will you order the dinner?

Garçon, apportez-nous deux côtelettes de mouton.

Waiter, bring us two mutton chops.

Je préférerais un bifteck.

I should prefer a beef-steak.

Donnez-nous des pommes de terre.

Give us some potatoes.

Messieurs, désirez-vous du vin, ou de la bière?

Gentlemen, will you take wine or beer?

Apportez-nous du bon vin.

Bring us some good wine.

Avez vous du fromage?

Have you any cheese?

Oui, Monsieur, nous-en avons de fort bon.

Yes, Sir, we have some very good.

Apportez-nous-en un peu.

Bring us a little.

Avez-vous fait monter les malles dans nos chambres?

Have you had the trunks carried up into our rooms?

Oui, Monsieur.

Yes, Sir.

Resterez-vous longtemps ici?

Shall you stay here long?

Non, je partirai ce soir pour Londres?

No, I shall leave this evening for London.

Irez vous par le chemin de fer?

Shall you go by the rail-way?

Non, j'irai par la malle de nuit.

No, I shall go by the night-mail.

A quelle heure part-elle?

At what time does it start?

A neuf heures, et elle arrive à Londres demain matin à sept heures.

At nine o'clock, and gets into London to-morrow morning at seven.

J'ai envie de partir avec vous.

I have a good mind to go with you.

Garçon, appelez un commissionnaire pour porter nos malles au bureau.

Waiter, call a porter to carry our trunks to the office.

Il est temps de partir.

It's time to go.

J'ai pris une place dans l'intérieur.

I've taken a place inside.

DIALOGUE XVIII.

Sur un chemin de fer.

On a railway.

Je pars pour Londres.

I am going off to London.

Quand partez-vous?

When do you leave?

Ce matin, par le convoi de dix heures.

This morning, by the ten o'clock train.

Vous n'avez pas de temps à perdre, il est déjà neuf heures et demie.

You have no time to lose, it is half-past nine o'clock already.

Je vous accompagnerai jusqu'à l'embarcadère.

Dépêchez-vous de prendre votre bulletin.

J'irai dans une voiture de seconde classe.

Adieu, je vous souhaite un bon voyage.

Je vous remercie.

Monsieur, sont-ce là vos effets?

Oui, cette malle, ce sac de nuit et ce carton à chapeau.

Montez, Messieurs, le convoi va partir.

Nous voilà partis.

Nous allons excessivement vite.

Quelle est cette station là-bas?

C'est la station de...

Nous y arrêterons-nous?

Je ne le crois pas.

Il y a beaucoup de monde qui attend à la gare.

Nous avons deux locomotives pour traîner notre convoi.

C'est un convoi très-long.

Voici le convoi de retour qui vient.

A quelle heure serons-nous à Londres?

Nous arriverons à Londres dans une heure.

Il me tarde d'y arriver.

Voici l'avant-dernière station.

Nous voici au débarcadère.

Allons chercher nos effets.

Voulez-vous aller à mon hôtel?

Avec plaisir; prenons un cabriolet ensemble.

I'll go with you to the terminus.

Make haste and take your ticket.

I'll go in a second class coach.

Good bye, I wish you a pleasant journey.

I thank you.

Is that your luggage, Sir?

Yes, that trunk, that carpet-bag, and this hat-box.

Get up, Gentlemen, the train is going to start.

We are off.

We are going extremely fast.

What station is that yonder?

It is the... station.

Shall we stop there?

I don't think so.

There are a great many people waiting at the station.

We have two engines to draw our train.

It's a very long train.

Here comes the back train.

At what o'clock shall we be in London?

We shall reach London in an hour.

I long to be there.

Here is the last station but one.

Here we are at the terminus.

Let us go and get our luggage.

Will you go to my hotel?

With pleasure; let us take a cab together.

MODÈLES DE LETTRES.

MODELS OF LETTERS.

———

Pour commencer une lettre.

Monseigneur, Monsieur le comte, marquis, etc.
Monsieur le , etc.
Madame la comtesse, baronne, etc.
Monsieur.
Messieurs.
Madame.
Mademoiselle.
Mon cher Monsieur.
Mon cher ami.
Mon cher —.

To begin a letter.

My Lord.

Sir.
My Lady.

Sir.
Gentlemen.
Madam.
Madam or *Miss.*
My dear Sir.
My dear friend.
My dear—.

Pour terminer une lettre.

J'ai l'honneur d'être, Monseigneur, de votre seigneurie,
Le très-humble et très-obéissant serviteur.
J'ai l'honneur d'être, Monsieur le (comte, marquis, vicomte, etc.),
Votre très-humble et très-obéissant serviteur.
Agréez, Monsieur, mes salutations affectueuses.
Votre tout dévoué.

Tout à vous.
A vous de tout cœur.

Votre ami.
Votre ami dévoué.

To end a letter.

I have the honour to be, My Lord,
Your lordship's most obedient humble servant.
I have the honour to be, My Lord,
Your lordship's most obedient humble servant.
Believe me to be, Sir, with affectionate regards, yours truly.
Yours truly.—Yours sincerely.—Yours faithfully.
Entirely yours.
Heartily yours.
Yours affectionately.
Your friend.
Your devoted friend.

Je suis avec respect, Madame la , etc.,
Votre très-humble et très-obéissant serviteur.
Je suis avec respet, Monsieur le (ministre , etc.),
Votre très-humble et très-obéissant serviteur.
J'ai l'honneur d'être, Monsieur,
Votre très-humble et très-obéissant serviteur.
Veuillez agréer, Monsieur, l'expression de la très-haute considération de
Votre très-humble et très-obéissant serviteur.
Agréez, Monsieur, mes salutations empressées.

I have the honour to be, My Lady,
Your ladyship's most obedient humble servant.
I have the honour to be very respectfully, Sir,
Your very obedient humble servant.
I beg to subscribe myself, Sir,
Your obedient humble servant.
I am, Sir, with the highest regard,
Your very obedient humble servant.
Believe me to be, Sir, with best wishes, yours truly.

Monsieur A., se trouvant obligé d'aller à la campagne demain , prie monsieur F. de ne pas se donner la peine de passer chez lui. Monsieur A. sera bien aise de voir monsieur F. après-demain , à l'heure qui lui conviendra le mieux.

Mr. A., being obliged to go into the country to-morrow, desires Mr. F. not to give himself the trouble of calling upon him. Mr. A. will be very glad to see Mr. F. the day after to-morrow, at any hour that may be most convenient to him.

Madame B. présente ses compliments à monsieur E. Allant ce soir au bal , elle ne pourra pas avoir le plaisir de le voir aujourd'hui , et prie monsieur E. de vouloir bien ne venir demain qu'à onze heures.

Mrs. B. presents her compliments to Mr. E. As she is going to a ball this evening, she cannot have the pleasure of seeing him to-day, and begs Mr. E. will be so kind as not to call to-morrow till eleven o'clock.

Monsieur et madame C. présentent leurs compliments empressés à monsieur et à madame N., et les prient de leur faire l'honneur de venir dîner chez eux jeudi prochain , à cinq heures.

Mr. and Mrs. C. present their kind compliments to Mr. and Mrs. N., and beg the honour of their company to dinner on Thursday next at five o'clock.

Madame D. souhaite le bonjour à mademoiselle L., et la prie de lui faire l'honneur de venir passer la soirée chez elle mardi prochain. On jouera aux cartes.

Mrs. D. presents her compliments to Miss L. and requests the favour of her company to cards on Tuesday evening next.

Madame E. à mademoiselle P.

Mrs. E. to Miss P.

Je vous invite, ma chère, à venir prendre le thé ce soir avec moi ;

My dear P., I shall be alone this evening and if you will fa-

je serai seule, et j'espère que vous voudrez bien me procurer le plaisir de votre société. Ne me refusez pas cette faveur. Adieu.

Réponse.

Je vous remercie infiniment, ma chère, de votre obligeante invitation; mais je suis extrêmement fâchée de ne pouvoir l'accepter, parce que nous attendons du monde ce soir. Pour demain vous pouvez disposer de moi; et, si vous ne venez pas me voir le matin, j'irai certainement vous trouver le soir.

Madame G. à madame F.

Je viens d'arriver de —: si vos occupations vous permettent de venir chez moi, je vous apprendrai des nouvelles qui vous feront plaisir. Je serai toute la journée à la maison, ainsi vous pouvez choisir votre heure.

Réponse.

Je suis charmée d'apprendre que vous êtes enfin de retour de ——. N'eussé-je d'autre motif que celui de vous en féliciter après une si longue absence, cela seul m'engagerait à vous aller voir. Vous pouvez donc compter que je me rendrai chez vous ce soir, sur les six heures.

Monsieur A. à monsieur D.

Je vous prie de vouloir bien me renvoyer le livre que je vous ai prêté, aussitôt que vous l'aurez lu. Ma sœur serait bien aise de le lire après vous. Vous êtes trop poli pour ne pas y mettre toute la promptitude possible pour m'obliger.

Veuillez agréer, Monsieur, l'expression de mes sentiments distingués.

vour me with your agreeable company to tea, I shall feel extremely obliged. Pray do not refuse me the kindness. Adieu.

Answer.

I am much obliged to you, my dear E., for your kind invitation: and am extremely sorry it is not in my power to accept it, because we expect company this evening. To-morrow, I shall be entirely at your service; and if you do not call on me in the morning, I shall certainly wait on you in the evening.

Mrs. G. to Mrs. F.

I have just arrived from —: if you are at leisure to give me a call, I have news to impart that will afford you pleasure. I shall be at home the whole day, so that you may choose your time.

Answer.

I am gratified to hear that you are at last returned from—. Had I no other motive than that of congratulating you on your happy arrival after so long an absence, that alone would induce me to call on you. You may therefore depend upon seeing me this evening about six o'clock.

Mr. A. to Mr. D.

Please to return me the book I lent you, as soon as you have read it: my sister would like to read after you. You are too polite not to use all possible despatch to oblige me.

With best wishes, I am, dear Sir, yours truly.

Réponse.

Je vous renvoie le livre que vous m'avez prêté. La lecture m'en a fait grand plaisir. Je ne doute pas que mademoiselle votre sœur n'y en trouve aussi ; il est très-amusant et très-profitable pour les jeunes gens qui aiment à s'instruire.

M. G. à M. M.

Comme il fait un temps charmant aujourd'hui, je vous attends après dîner : nous ferons une promenade au parc, et ensuite nous irons prendre le thé au jardin de Kensington, où nous nous amuserons jusqu'au soir. N'oubliez pas de venir aussitôt que vous aurez dîné.

Monsieur N. à monsieur S.

Je vous prie de ne pas m'attendre ce soir; car je suis engagé pour toute la soirée. Le porteur vous fera part des raisons qui m'obligent de différer le plaisir de vous voir. Je suis persuadé que vous les approuverez, et me croirez avec un profond respect, etc.

Monsieur,

On représente ce soir une nouvelle tragédie, et je me propose d'y aller de bonne heure pour trouver une bonne place, car je n'aime point à être gêné. On dit que M. — joue le principal rôle. Jugez quelle foule il y aura. Si vous avez le temps de venir avec moi, vous me ferez grand plaisir.

Monsieur,

Ne vous étonnez pas de ce que je ne me suis pas trouvé au rendez-vous. J'ai été retenu à la maison par un violent mal de tête. Ce n'est pourtant pas l'étude qui me

Answer.

I send you back the book which you lent me ; I have read it with much pleasure. I have no doubt that your sister will be equally pleased. It is very entertaining and useful for young persons who are fond of improving themselves.

Mr. G. to Mr. M.

As it is very fine to-day, I expect you after dinner; we will take a walk in the Park, and afterwards go and take tea in Kensington Gardens, where we will amuse ourselves till the evening. Do not forget to come as soon as you have dined.

Mr. N. to Mr. S.

I beg you will not expect me to-night, for I shall be engaged the whole evening. The bearer will explain to you the reasons which compell me to postpone the pleasure of seeing you. I am persuaded you will approve of them, and believe me to be with profound respect, etc.

Sir,

A new play is to be performed this evening, and I purpose going early to get a good seat, for I do not like to be incommoded. They say Mr. — is to play the principal part. Imagine what a crowd there will be. If you have time to go with me, you will afford me a great deal of pleasure.

Sir,

Do not be surprised that I did not keep our appointment. I was confined to my room by a violent head-ache, though study did not occasion it. You know

l'a occasionné ; vous savez que je suis naturellement un peu paresseux ; mais demain je serai à vos ordres toute la journée.

that I am naturally somewhat indolent, but to-morrow I shall be at your disposal the whole day.

Mademoiselle,

Je suis charmée d'apprendre que vous êtes de retour de la campagne ; j'aurai le plaisir de vous voir souvent. Venez aujourd'hui si vous le pouvez ; nous nous amuserons à faire une partie de cartes. Ma sœur et mon frère vous invitent aussi bien que moi. Adieu.

Madam,

I am happy to hear that you are returned from the country; I shall often have the pleasure of seeing you. Come to day if you can; we will amuse ourselves at a game of cards. My sister and brother invite you as well as myself. Adieu.

LETTRES DE CHANGE.

BILLS OF EXCHANGE.

Bon pour 236 francs.

For 236 francs.

Londres, le 1er janvier 1846.

London, Jan. 1, 1846.

A vue, il vous plaira payer, par cette première de change, à Monsieur A. la somme de deux cent trente-six francs, valeur reçue comptant (en espèces ou en marchandises), que passerez suivant avis de....

At sight, please to pay this first bill of exchange to Mr. A., the sum of two hundred and thirty-six francs, for value received of him in cash (or in goods), and place it to account as per advice from....

A monsieur P., négociant, à Paris.

To Mr. P., Merchant, Paris.

Londres, le 6 février 1846.

London, Feb. 6, 1846.

Monsieur,

J'ai fait traite de ce jour sur vous d'une somme de quatre cent cinquante francs, payable à vue à monsieur S., pour valeur reçue de lui. Je vous prie d'y faire honneur, et d'en débiter mon compte.

Je suis, Monsieur,
Votre, etc.

Sir,

I have this day drawn on you for four hundred and fifty francs, payable at sight to Mr. S., for value received of him. I beg you will honour it and place it to my account.

*I am, Sir,
Your, etc., etc.*

A monsieur R., banquier, à Paris.

To Mr. R., Banker, Paris.

Bon pour 200 francs 70 centimes.

For 200 francs 70 centimes.

York, le 7 mars 1846.

A un mois de vue, il vous plaira payer par cette seule de change, à monsieur L., ou à son ordre, la somme de deux cents francs soixante-dix centimes, valeur reçue de lui en marchandises, que passerez suivant avis de, etc.

A monsieur E., négociant, à Nantes.

York, March 7, 1846.

One month after sight you will please to pay on this sole bill of exchange, to Mr. L., or order, the sum of two hundred francs seventy centimes, for value received of him in goods, and place it to account as per advice, from your, etc.

To Mr. E., Merchant, Nantes.

Bon pour 6 000 francs.

For 6 000 francs.

Londres, le 15 avril 1846.

Au vingt de janvier prochain, Il vous plaira payer à M. Jean Moore, ou à son ordre, la somme de six mille francs, valeur reçue en compte, que passerez suivant avis de, etc.

A monsieur F., négociant, à Cherbourg.

London, April 15, 1846.

On the twentieth of January next, please to pay to Mr. John Moore, or order, the sum of six thousand livres, for value received of him, and place it to account, as per advice from your, etc.

To Mr. F., Merchant, Cherbourg.

Londres, le 11 février 1846.

Dans deux mois il vous plaira payer à monsieur —, ou à son ordre, la somme de — livres — schellings et — pence, que vous placerez au compte de votre très-humble serviteur,

A. F.

A monsieur L., négociant, à Marseille.

London, Feb. 11, 1846.

Two months after date, please to pay Mr. —, or order, the sum of — pounds — shillings and — pence, and place the same to the account of your humble servant.

A. F.

To Mr. L., Merchant, Marseilles.

Bon pour 4 000 francs.

For 4 000 francs.

Hull, le 2 mars 1846.

A deux usances il vous plaira payer par cette lettre de change, à monsieur R —, quatre mille fr., valeur reçue de monsieur W —, que passerez suivant avis de, etc.

A monsieur G., banquier, à Paris.

Hull, March 2, 1846.

At double usance please to pay on this bill of exchange, to Mr. R —, four thousand francs, for value received of Mr. W —, and pass the same to account, as per advice from your, etc.

To Mr. G., Banker, Paris.

BILLETS ET REÇUS.

BILLS AND RECEIPTS.

Bon pour 220 francs.

A six mois de date je payerai à monsieur A —, ou à son ordre, la somme de deux cent vingt francs, valeur reçue en marchandises. — Rouen, le 8 janvier 1846.

220 francs.

Six months after date, I promise to pay Mr. A —, or order, the sum of two hundred and twenty francs, for value received in goods. — Rouen, this 8th day of January, 1846.

Promesse.

Londres, le 12 février 1846.

A présentation, je payerai à monsieur Évans, ou à son ordre, la somme de — livres sterling, valeur reçue.

T. B.

Note of hand.

London, Feb. 12, 1846.

On demand, I promise to pay Mr. Evans, or order, the sum of — pounds for value received.

T. B.

Bon pour 600 francs.

Au dix-huit août prochain, nous payerons à monsieur S. — la somme de six cents francs, valeur reçue en espèces. — Londres, ce 26 mars, 1846.

For 600 francs.

On the eighteenth of August next, we promise to pay to Mr. S. — the sum of six hundred francs, value received in cash. — London, March the 26th, 1846.

Quittance.

Je reconnais avoir reçu de monsieur Dubois la somme de cent livres, que je lui avais prêtée, sur sa reconnaissance du 4 janvier dernier. — Valognes, ce 10 mai, 1846.

A receipt.

Received of Mr. Dubois, the sum of one hundred pounds, which I had lent him, on his note of hand of the 4th of last January. — Valognes, May the 10th, 1846.

Autre quittance.

Je reconnais avoir reçu de monsieur H —, la somme de vingt francs pour deux années d'intérêts de la somme de deux cents francs qu'il me doit, échue le premier février dernier. — Fait à Caen, ce 30 avril, 1846.

Another receipt.

I hereby acknowledge, that I have received of Mr. H — the sum of twenty francs, for two years interest of the sum of two hundred francs, which he owes me, due on the first of February last. — Caen, april the 30th, 1846.

LETTRES DE COMMERCE.

COMMERCIAL LETTERS.

Première lettre. Pour entrer en correspondance.

Dans l'espérance d'augmenter le nombre de nos correspondants en France, nous avons prié plusieurs de nos amis de nous faire connaître les maisons de ce pays avec lesquelles nous pourrions négocier en toute sûreté. Comme on nous a assurés de votre probité, et des bonnes commissions que vous donnez pour la vente et l'achat de diverses marchandises, nous vous prions d'agréer nos services, que nous vous offrons en toutes occasions ; notre principal commerce consistant dans l'achat et la vente de —, etc.

Nous nous flattons que, lorsque vous connaîtrez notre manière d'opérer et de ménager les intérêts de nos commettants, vous vous prêterez volontiers à continuer une correspondance qui peut nous être également utile et avantageuse. Vous pouvez, de votre côté, prendre des informations sur notre maison auprès de qui il vous plaira ; nous sommes persuadés que personne ne pourra, avec justice, vous en parler à notre désavantage.

Nous espérons que vous nous honorerez de vos ordres : vous pouvez être persuadés de l'attention et de la vigilance que nous apporterons à vous bien servir, car notre plus vif désir sera toujours de vous prouver la parfaite considération avec laquelle nous avons l'honneur d'être,

Messieurs,
Vos très-humbles serviteurs.

First letter. For beginning a correspondence.

With the hope of increasing the number of our correspondents in France, we have desired several of our friends to inform us of the different mercantile houses of that country with which we might negociate with safely. As they have convinced us of your integrity, and of the good commission you give for the sale and purchase of various goods, we request you to accept our services, which we offer you upon all occasions, our principal commerce consisting in buying and selling—, etc.

We flatter ourselves that, when you have seen our method of transacting business and of consulting the interest of our constituents, you will readily consent to carry on a correspondence that may be equally useful and advantageous to both parties. You can on your part make enquiries of whom you please, concerning our firm ; we are persuaded that no one can, with justice, say any thing to our disadvantage.

We hope you will favour us with your orders : be assured of our attention and vigilance to promote your interest, being principally desirous to convince you of the perfect regard with which we have the honour to be,

Gentlemen,
Your very humble servants.

Réponse.

Messieurs,

En réponse à votre lettre du 15 courant, nous avons à vous annoncer que nous sommes infiniment flattés de l'opinion avantageuse que vous avez conçue de nous. C'est avec plaisir que nous saisissons l'occasion de faire une connaissance plus particulière avec vous, Messieurs, sans qu'il nous soit nécessaire de prendre d'autres informations : et, à l'occasion, nous saurons mettre à profit vos offres obligeantes.

Nous vous assurons que dans ce moment nos commissions sont très-peu considérables ; car il y a si longtemps que le commerce languit, et surtout depuis le commencement de la guerre, que nous n'osions rien entreprendre. Cependant, pour entamer une correspondance qui, par la suite, peut devenir avantageuse, ayez la bonté de nous envoyer le prix courant des——. Pour peu que vous nous laissiez entrevoir l'espérance d'un heureux succès, nous vous expédierons deux ou trois balles de——, pour vous faire connaître le désir que nous avons d'être au nombre de vos correspondants. Nous vous prions de nous honorer de vos ordres dans toutes les occasions où nous pourrons vous être utiles. Veuillez agréer, Messieurs, l'expression de notre parfaite considération.

Answer.

Gentlemen,

In reply to your favour of the 15th instant, we beg to inform you that we are much flattered by the favourable opinion you entertain of us. We embrace, with pleasure, the opportunity of cultivating an acquaintance with you, Gentlemen, finding no necessity to make further inquiry, and we shall upon occasion unhesitatingly avail ourselves of your obliging offers.

We assure you that at present our commissions are very inconsiderable ; for trade has been languishing so long, and especially since the beginning of the war, that we are unwilling to embark in any new enterprise. However, in order to open a correspondence, which may subsequently prove advantageous, be so kind as to send us the price current of——. If you can hold out to us but the slightest prospect of a successful issue, we will forward you two or three bales of goods, to prove to you how sincerely we desire to be reckoned among the number of your correspondents. We beg you to favour us with your orders on all occasions in which it may be in our power to be of any service. We remain,

Gentlemen,
Your most obedient humble
Servants.

Deuxième lettre.

Messieurs,

D'ordre et pour compte de Messieurs——, de——, nous avons

Second letter.

Gentlemen,

By order and on account of Messrs.——, of——, we have

chargé sur le navire——, capitaine——, faisant voile de notre port pour la susdite place, vingt balles de——, et huit de——, montant à — livres sterling. Ci-joint nous vous en remettons le connaissement, signé dudit capitaine, et vous prions de vouloir bien en faire soigner l'assurance au plus grand avantage de notre correspondant de ——, avec lequel vous vous arrangerez pour vos déboursés à ce sujet. Il nous reste encore un pareil envoi à vous faire dans quelques semaines, et nous vous prions au moment convenable de vouloir bien vous donner la peine de le faire pareillement assurer chez vous. Nous demeurons, avec toute la considération possible,

Messieurs,
Vos, etc., etc.

Réponse.

Nous avons l'honneur de vous accuser réception de votre lettre du —— courant, qui nous porte le connaissement de vingt balles de ——, et huit de ——, que vous avez chargées pour le compte de messieurs —— frères, de ——, sur le navire ——, capitaine ——, et dont vous nous confiez l'assurance ; ce que nous venons d'effectuer, et nous en donnons avis aujourd'hui auxdits correspondants de ——, en leur indiquant la prime à laquelle nous avons pu obtenir ladite assurance. Nous ferons de même pour ce qui reste à expédier ; et, dès que vous nous en aurez donné avis, nous y porterons également nos soins.

shipped on board the ship—, captain——, who is to sail from our port for the above place, twenty bales of——, and eight of——, amounting to ——pounds sterling. We send you hereto annexed the bill of lading, signed by the said captain, and beg you will cause the insurance to be taken care of to the best advantage of our friend at——, with whom you will settle your disbursement on this business. We have yet remaining a cargo of the same nature to forward to you in a few weeks, and we request of you in due time to take the trouble of having it likewise insured in your town. We remain, with all possible regard.

Gentlemen,
etc., etc.

Answer.

We beg to acknowledge the receipt of yours of the —— instant, inclosing the bill of lading of twenty bales of——, and eight of——, which you have placed to the account of Messrs. —— brothers, of——, on board the ship——, captain—— commander. We have, agreeably to your request, effected the insurance of the above-mentioned goods, and shall immediately advise our said friends of this transaction, and inform them of the premium at which we procured the said insurance. We shall pursue the same method with respect to what remains to be forwarded ; and the moment we receive advice of it from you, we will give it our best attention.

En attendant, nous avons l'honneur d'être, Messieurs, etc., etc.

In the mean time we have the honour to be, Gentlemen, your most obedient humble servants.

Troisième lettre.

Third letter.

Monsieur,

J'ai reçu votre lettre du —— dernier, avec la facture et le connaissement inclus. Je vous remets ci-joint par le courrier une lettre de change sur ces messieurs —— et compagnie de —— en vous priant de m'expédier, à la première occasion, trente pièces de toile d'environ six schellings le mètre, et douze pièces de drap —— d'environ une guinée le mètre, le tout selon votre goût. Je suis,

Monsieur,
Votre, etc., etc.

Sir,

I have received yours of the —— last with the invoice and bill of lading enclosed. I remit you annexed by this day's post, a bill of exchange upon Messrs. —— and Co. for——; and beg you will forward me by the first opportunity thirty pieces of linen, about six shillings per yard, and twelve pieces of cloth, about one guinea a yard; the whole to your taste and judgment. I remain,

Sir,
Your, etc., etc.

Réponse.

Answer.

Monsieur,

J'ai sous les yeux votre lettre du ——, avec votre traite sur messieurs—— et compagnie de—— livres; elle a été acceptée, et j'en ai porté le montant à votre compte. Conformément à vos ordres, je vous enverrai en consignation, par le vaisseau ——, capitaine——, trente pièces de toile et douze pièces de drap ——. Si vous avez d'autres ordres à donner, je me flatte de l'espoir que vous me les confierez. Je suis,

Monsieur,
Votre, etc., etc.

Sir,

Yours of the—— instant is now before me, together with your draft on Messrs.—— and Co. for——; it has been accepted, and the amount duly carried to your account. I shall consign to you by the ship—— captain——, thirty pieces of linen and twelve pieces of—— cloth, according to your order. If you need any thing more, I hope you will favour me with your further orders. I am,

Sir,
Your, etc., etc.

Quatrième lettre. D'un marchand de province à un négociant de Paris.

Fourth letter. From a country shopkeeper to a Paris merchant.

Monsieur,

Je vous prie de vouloir bien me faire savoir, par le premier

Sir,

I beg you will be so kind as to acquaint me by return of

courrier, le prix courant des articles dont je joins ici l'énumération. Si je trouve qu'il y a un profit raisonnable à faire, vous recevrez, dans peu, des demandes considérables, tant pour moi que pour mes correspondants. Je suis, etc., etc.

post with the current prices of the subjoined articles. If I find they admit of a reasonable profit, you will shortly receive a very considerable order for myself and correspondents. I am,
Sir,
Your humble servant, etc., etc.

Réponse.

Monsieur,

Conformément à votre demande, j'ai inscrit à chaque article le prix que vous désirez connaître; j'y ai joint en même temps le prix du détail, afin que vous puissiez juger du bénéfice.

Ayant lieu de craindre que ces marchandises ne renchérissent bientôt, je vous recommande, à vous et à vos amis, le moment présent, comme le plus favorable pour vos achats. Je suis, etc.

Answer.

Sir,

Agreeably to your request, I have marked on each article, the price you wished to know; showing at the same time, the retail prices, that you may judge of the profits.

As I somewhat apprehend an advance in the prices, I recommend the present time as the best for yourself and friends to make purchases. I am, Sir,
Yours, etc.

Cinquième lettre. D'un marchand à un autre, pour avoir de l'argent.

Fifth letter. From one tradesman to another, for money.

Monsieur,

Ayant à payer un effet, et manquant en ce moment de fonds, je prends la liberté de vous importuner au sujet de la petite balance de notre compte qui existe en ma faveur. S'il ne vous convenait pas de me remettre la totalité, vous m'obligeriez infiniment, dans la circonstance critique où je me trouve, de m'en faire passer une partie. Veuillez agréer, Monsieur, l'assurance de ma considération distinguée.

Sir,

Having a bill to take up, and being at present short of cash, I take the liberty of troubling you for the small balance of our account in my favour. Should it be inconvenient for you to let me have the whole, a part, at this critical juncture, will exceedingly oblige, Sir, your obedient humble servant.

Réponse.

Monsieur,
Conformément à votre de-

Answer.

Sir,
Agreeably to your request, I

mande, j'ai envoyé pour la balance de ce qui reste dû un mandat payable à vue, sur monsieur ——, à ——, qui vous en comptera le montant sur votre quittance. Je vous prie, à l'avenir, de me prévenir en temps convenable, quand vous désirerez qu'il vous soit fait quelque payement.

Votre, etc.

have inclosed for the full balance which remains due, an order, payable at sight, on Mr.——, of ——, who will pay you the amount, upon receiving your receipt for the same. I request that, for the future, you will give me proper notice when you wish a payment to be made.

Your, etc.

EXERCICES DE LECTURE.

The character of the person who commends you is to be considered before you set a value on his esteem. The wise man applauds him whom he thinks most virtuous; the rest of the world him who is most wealthy.

Modesty, if it were to be recommended for nothing else, this were enough, that the pretending to little leaves a man at ease, whereas boasting requires a perpetual labour to appear what he is not. If we have sense, modesty best proves it to others; if we have none, it best hides our want of it.

Never insult the unfortunate, especially when they implore relief or assistance. If you cannot grant their requests, refuse them mildly and tenderly. If you feel compassion for them, (and what good heart can behold distress without feeling compassion?) be not ashamed to express it.

They who are accustomed to view their companions in the most favourable light, are like persons who dwell amidst those beautiful scenes of nature, on which the eye rests with pleasure. Suspicious persons resemble the traveller in the wilderness, who sees no objects around him, but what are either dreary or terrible.

The emperor Marcus Aurelius, a pious and good man, expressed the benevolence of his heart in these words : " I cannot relish a happiness which no one partakes of but myself."

When Cato drew near the close of life, he made this benevolent declaration to his friends : " The greatest comfort of my old age is the pleasing remembrance of the friendly offices I have done to others. To see them easy and happy by my means makes me truly so."

It is the infirmity of little minds to be taken with every appearance, and dazzled with every thing that sparkles; but great minds have but little admiration, because few things appear new to them.

An old miser kept a tame jackdaw that used to steal pieces of money and hide them in a hole, which the cat observing asked why he would hoard up those round shining things that he could make no use of.—' Why,' said the jackdaw, ' my master has a whole chest full, and makes no more use of them than I.'

A man, seeing a wasp creeping into a vial filled with honey, that was hung upon a fruit-tree, said thus: 'Why, you sottish animal, are you mad to go into the vial, where you see many hundred of your kind dying before you?'—'The reproach is just,' answered the wasp, ' but not from you men, who are so far from taking example by other people's follies, that you will not take warning by your own. If after falling several times into this vial, and escaping by chance, I should fall in again, I should then but resemble you."

The benevolent John Howard, having settled his accounts at the close of a particular year, and found a balance in his favour, proposed to his wife to make use of it in a journey to London, or in any other amusement she chose. "What a pretty cottage for a poor family it would build!" was her answer. This charitable hint met his cordial approbation, and the money was laid out accordingly.

A TURKISH FABLE.

We are told that the sultan Mahmoud, by his perpetual wars abroad, and his tyranny at home, had filled his dominions with ruin and desolation, and half unpeopled the Persian empire. The visier to this great sultan (whether a humourist or an enthusiast we are not informed) pretended to have learned of a certain dervise to understand the language of birds, so that there was not a bird that could open his mouth, but the visier knew what it was he said. As he was one evening with the emperor, in their return from hunting, they saw a couple of owls upon a tree that grew near an old wall out of a heap of rubbish. "I would fain know," says the sultan, "what these two owls are saying to one another; listen to their discourse and give me an account of it." The visier approached the tree, pretending to be every attentive to the two owls. Upon his return to the sultan, " sir," says he, " I have heard part of their conversation, but dare not tell you what it is." The sultan would not be satisfied with such an answer, but forced him to repeat word for word every thing the owls had said. " You must know then," said the visier, " that one of these owls has a son, and the other a daughter, between whom they are now upon a treaty of marriage. The father of the son said to the father of the daughter, in my hearing, ' brother, I consent to this marriage, provided you will settle upon your daughter fifty ruined villages for her portion.' To which the father of the daughter replied, ' instead of fifty I will give her five hundred if you please. God grant a long life to sultan Mahmoud; whilst he reigns over us, we shall never want ruined villages."

The story says the sultan was so touched with the fable, that he rebuilt the towns and villages which had been destroyed, and from that time forward consulted the good of his people.

ADDISON.

A LOOKING-GLASS FOR MAN.

A traveller passing through a thicket, and seeing a few sparks of a fire, which some persons had kindled as they went that way before, made up to it. On a sudden the sparks caught hold of a bush, in the midst of which lay an adder, and set it in flames. The adder entreated the traveller's assistance, who, tying a bag to the end of his staff, reached it, and drew him out : he then bid him go where he pleased, but never more be hurtful to men, since he owed his life to a man's compassion. The adder however prepared to sting him; and when the man expostulated how unjust it was to retaliate good with evil, " I shall do no more," said the adder, " than what you men practise every day, whose custom it is to requite benefits with ingratitude. If you can deny this truth, let us refer it to the first we meet." The man consented, and seeing a tree, put the question to it, in what manner a good turn was to be recompensed. " If you mean according to the usage of men," replied the tree, " by its contrary : I have been standing here these hundred years to protect them from the scorching sun, and in requital they have cut down my branches, and are going to saw my body into planks." Upon this the adder insulting the man, he appealed to a second evidence, which was granted, and immediately they met a cow. The same demand was made, and much the same answer given, that among men it was certainly so. " I know it," said the cow, " by woful experience, for I have served a man this long time with milk, butter, and cheese, and brought him besides a calf every year; but now I am old, he turns me into this pasture, with the design of selling me to a butcher, who will shortly make an end of me." The traveller upon this stood confounded, but desired of courtesy one trial more, to be finally judged by the next beast they should meet. This happened to be the fox; who, upon hearing the story in all its circumstances, could not be persuaded it was possible for the adder to enter so narrow a bag. The adder to convince him went in again, when the fox told the man he had now his enemy in his power; and with that the man fastened the bag, and crushed him to pieces.

CONSCIENCE BRINGS A CRIME TO LIGHT.

A jeweller, a man of good character, and considerable wealth, having occasion in the way of his business to travel at some distance from the place of his abode, took along with him a servant, to whom he confided the care of his portmanteau. He had with him some of his best jewels, and a large sum of money, to which his servant was likewise privy. The master having occasion to dismount on the road, the servant watching his opportunity, took a pistol from his master's saddle, and shot him dead on the spot; then rifled him of his jewels and money, and hanging a large stone to his neck, he threw him into the nearest canal. With this booty he made off to a distant part of the country, where he had reason to believe that neither he nor his master were known. There he began to trade in a very low way at first, that his obscurity might screen him from observation, and in the course of a good many years, seemed to rise by the natural progress of business into wealth and consideration; so that his good fortune appeared at once the effect and reward of industry and virtue. Of these he counterfeited the appearance so well, that he grew into great credit, married into a good family, and by laying out his sudden stores discreetly, as he saw occasion, and joining to all a universal affability, he was admitted to a share of the government of the town, and rose from one post to another, till at length he was chosen chief magistrate. In this office he maintained a fair character, and continued to fill it with no small applause, both as a governor and judge; till one day, as he sat on the bench with some of his brother magistrates, a criminal was brought before him, who was accused of murdering his master. The evidence came out full, the jury brought in their verdict, that the prisoner was guilty, and the whole assembly waited the sentence of the president of the court with great suspense. The latter appeared to be in unusual disorder and agitation of mind, his colour changed often; at length he arose from his seat, and coming down from the bench, placed himself just by the unfortunate man at the bar, to the no small astonishment of all present. " You see before you," said he, addressing himself to those who had sat on the bench with him, " a striking instance of the just awards of Heaven, which this day, after thirty years' concealment, presents to you a greater criminal than the man just now found guilty." He then made an ample confession of his guilt, and of all its aggravations. "Nor can I feel," continued he, "any relief from the agonies of an awakened conscience, but by requiring that justice be forthwith done against me in the most public and solemn manner."

FORDYCE.

THE CONTENTED PORTER.

A porter, one day, resting himself, with his load by him, groaned aloud, and wished he had five hundred pounds. "Why," says a gentleman who was passing by, "I will give you five hundred pounds; — and now what will you do with it?" "Oh," says the porter, "I will soon tell you what I will do with it: first, I will have a pint of ale, and a toast and nutmeg, every morning for my breakfast." "Well, and what time will you get up?" "Oh, I have been used to be up at five or six o'clock, so I will do that now." "Well, what will you do after breakfast?" "Why, I will take a walk till dinner." "And what will you have for dinner?" "Why, I will have a good dinner; I will have good roast and boiled beef, and some carrots and greens—and I will have a full pot every day—and then I will smoke a pipe." "Well, and then, perhaps you will take a nap?" "May be I may—no, I will not take a nap; I will take another walk till supper." "Well, and what will you have for supper?" "I do not know— I will have more beef if I am hungry, or else I will have a Welsh rabbit (1), and another full pot of beer."—"Well, and then?" "Why then, I will go to bed, to be sure."—"Pray, how much now may you earn a week by your business?" "Why, master, I can make you eighteen shillings a week." "Won't you be tired now, do you think, after a little while, in doing nothing every day?" "I don't know, master, I have been thinking so." "Well then, let me propose a scheme to you." "With all my heart, master."— "Cannot you do all this every day, as you are, and employ your time into the bargain?" "Why, really so I can, master, I think, and so take your five hundred pounds again, and thank you."

RICHARDSON.

---

(1) Rôtie au fromage.

THE DISCONTENTED PENDULUM.

An old clock that had stood for fifty years in a farmer's kitchen, without giving its owner any cause of complaint, early one summer's morning, before the family was stirring, suddenly stopped. Upon this, the dial-plate (if we may credit the fable) changed countenance with alarm; the hands made a vain effort to continue their course; the wheels remained motionless with surprise; the weights hung speechless; each member felt disposed to lay the blame on the others. At length the dial instituted a formal enquiry as to the cause of the stagnation, when hands, wheels, and weights, with one voice protested their innocence.

But now a faint tick was heard below from the pendulum, who thus spoke:—"I confess myself to be the sole cause of the present stoppage; and I am willing, for the general satisfaction, to assign my reasons. The truth is that I am tired of ticking." Upon hearing this, the old clock became so enraged, that it was on the very point of striking.

"Lazy wire!" exclaimed the dial-plate, holding up its hands. "Very good!" replied the pendulum, "it is very easy for you, Mistress Dial, who have always, as every body knows, set yourself up above me,—it is very easy for you, I say, to accuse other people of laziness! You, who have had nothing to do all the days of your life, but to stare people in the face, and to amuse yourself with watching all that goes on the kitchen. Think, I beseech, you, how you would like to be shut up for life in this dark closet, and to wag backwards and forwards, year after year, as I do."

"As to that," said the dial, "is there not a window in your house, on purpose for you to look through?"—"For all that," resumed the pendulum, "it is very dark here; and although there is a window, I dare not stop, even for an instant, to look out at it. Besides, I am really tired of my way of life; and if you wish, I'll tell you how I took this disgust at my employment. I happened this morning to be calculating how many times I should have to tick in the course of only the next twenty-four hours; perhaps some of you, above there, can give me the exact sum."

The minute-hand, being quick at figures, presently replied, "eighty-six thousand four hundred times." "Exactly so," replied the pendulum; "well, I appeal to you all, if the very thought of this was not enough to fatigue one; and when I began to multiply the strokes of one day by those of months and years, really it is no wonder if I felt discouraged at the prospect; so, after a great deal of reasoning and hesitation, thinks I to myself, I 'll stop."

The dial could scarcely keep its countenance during this harangue; but, resuming its gravity, thus replied: "Dear Mr. Pendulum, I am really astonished that such a useful industrious person as yourself, should behave so strangely. It is true, you have done a great deal of work in your time; so have we all, and are likely to do; which, although it may fatigue us to *think of,* the question is, whether it will fatigue us to *do.* Would you now do me the favour to give about half a dozen strokes to illustrate my argument?"

The pendulum complied, and ticked six times in its usual pace. "Now," resumed the dial, "may I be allowed to inquire if that exertion was at all fatiguing or disagreeable, to you?" "Not in the least," replied the pendulum, "it is not of six strokes that I complain, nor of sixty, but of *millions.*" "Very good," replied the dial; but recollect, that though you may *think* of a million strokes in an instant, you are required to *execute* but one; and that, however often you may hereafter have to swing, a moment will always be given you to swing in." "That consideration staggers me, I confess," said the pendulum. "Then I hope," resumed the dial-plate, "we shall all immediately return to our duty; for the maids will lie in bed if we stand idling thus."

Upon this the weights, who had never been accused of light conduct, used all their influence in urging him to proceed; when, as with one consent the wheels began to turn, the hands began to move, the pendulum began to swing, and, to its credit, ticked as loud as ever; while a red beam of the rising sun that streamed through a hole in the kitchen, shining full upon the dial-plate, it brightened up, as if nothing had been the matter.

When the farmer came down to breakfast that morning, upon looking at the clock, he declared that his watch had gained half an hour in the night.

MORAL.

A celebrated modern writer says, "take care of the *minutes,* and the *hours* will take care of themselves." This is an admirable remark, and might be very seasonably recollected when we begin to be "weary in well-doing," from the thought of having much to do. The present moment is all we have to do with; the past is irrecoverable; the future is uncertain; nor is it fair to burden one moment with the weight of the next. Sufficient unto the *moment* is the trouble thereof. If we had to walk a hundred miles, we should still have to make but one step at a time, and this process continued would infallibly bring us to our journey's end. Fatigue generally begins, and is always increased, by calculating in a minute the exertion of hours.

Thus, in looking forward to future life, let us recollect that we have not to sustain all its toil, to endure all its sufferings, or encounter all its crosses, at once. One moment comes laden with its own *little* burdens, then flies, and is succeeded by another no heavier than the last :—if one could be borne, so can another and another.

Even looking forward to a single day, the spirit may sometimes faint from an anticipation of the duties, the labours, the trials to temper and patience, that may be expected. Now this is unjustly laying the burden of many thousand moments upon one. Let any one resolve always to do right *now,* leaving *then* to do as it can ; and if he were to live to the age of Methuselah, he would never do wrong. But the common error is to resolve to act right after breakfast, or after dinner, or to-morrow morning, or next time : but now, just now, this once, we must go on the same as ever.

It is easy, for instance, for the most ill-tempered person to resolve that the next time he is provoked, he will not let his temper overcome him ; but the victory would be to subdue temper on the present provocation. If, without taking up the burden of the future, we would always make the single effort at the present moment, while there would, at any one time, be very little to do, by this simple process continued, every thing would at last be done.

It seems easier to do right to-morrow than to-day, merely because we forget that, when to-morrow comes, *then* will be *now.* Thus life passes with many, in resolutions for the future, which the present never fulfils.

It is not thus with those, who, " by patient continuance in well-doing, seek for glory, honour, and immortality." Day by day, minute by minute, they execute the appointed task, to which the requisite measure of time and strength is proportioned ; and thus, having worked " while it was called to-day " they at length rest from their labours, and their works " follow them."

Let us then, whatever our hands find to do, do it with all our might, recollecting that *now* is the proper and accepted time.

JANE TAYLOR.

GOOD-NATURED CREDULITY.

A Chaldean peasant was conducting a goat to the city of Bagdat. He was mounted on an ass, and the goat followed him, with a bell suspended from its neck. " I shall sell these animals," said he to himself, "for thirty pieces of silver; and with this money I can purchase a new turban, and a rich vestment of taffety, which I will tie with a sash of purple silk. The young damsels will then smile more favourably upon me; and I shall be the finest man at the mosque." Whilst the peasant was thus anticipating in idea his future enjoyments, three artful rogues concerted a stratagem to plunder him of his present treasures. As he moved slowly along, one of them slipped off the bell from the neck of the goat, and, fastening it, without being perceived, to the tail of the ass, carried away his booty. The man riding upon the ass, and hearing the sound of the bell, continued to muse, without the least suspicion of the loss which he had sustained. Happening however, a short while afterwards, to turn about his head, he discovered, with grief and astonishment, that the animal was gone which constituted so considerable a part of his riches : and he inquired, with the utmost anxiety, after his goat, of every traveller whom he met.

The second rogue now accosted him, and said, " I have just seen in yonder fields, a man in great haste, dragging along with him a goat." The peasant dismounted with precipitation, and requested the obliging stranger to hold his ass that he might lose no time in overtaking the thief. He instantly began the pursuit, and having traversed in vain the course that was pointed out to him, he came back fatigued and breathless to the place whence he set out; where he neither found his ass, nor the deceitful informer to whose care he had entrusted him. As he walked pensively onwards, overwhelmed with shame, vexation, and disappointment, his attention was roused by the loud complaints and lamentations of a poor man, who sat by the side of a well. He turned out of the way to sympathise with a brother in affliction, recounted his own misfortunes, and inquired the cause of that violent sorrow, which seemed to oppress him. " Alas!" said the poor man, in the most piteous tone of voice, " as I was resting here to drink. I dropped into the water a casket full of diamonds, which I was employed to carry to the caliph at Bagdat; and I shall be put to death on the suspicion of having secreted so valuable a treasure." "Why do not you jump into the well in search of the casket ? " cried the peasant, astonished at the stupidity of his new acquaintance. " Because it is deep," replied the man, "and I can neither dive nor swim. But will you undertake this kind office for me, and I will reward you with thirty pieces of silver?" The peasant accepted the offer with exultation, and while he was taking off his cassock, vest and slippers, poured out his soul in thanksgivings to the holy prophet, for this providential succour. But the moment he plunged into the water, in search of the pretended casket, the man (who was one of the three rogues that had concerted the plan of robbing him) seized upon his garments, and bore them off in security to his comrades.

Thus, through inattention, simplicity, and credulity, was the unfortunate Chaldean duped of all his little possessions; and he hastened back to his cottage, with no other covering than a tattered garment, which he borrowed on the road.

PERCIVAL.

SAGACITY OF THE AMERICAN INDIANS.

Some of the French missionaries have supposed that the Indians are guided by instinct, and have pretended that Indian children can find their way through a forest as easily as a person of maturer years; but this is a most absurd notion. It is unquestionably by a close attention to the growth of the trees, and position of the sun, that they find their way. On the northern side of a tree there is generally the most moss; and the bark on that side, in general, differs from that on the opposite one. The branches towards the south are, for the most part, more luxuriant than those on the other sides of trees, and several other distinctions also subsist between the northern and southern sides, conspicuous to Indians, being taught from their infancy to attend to them, which a common observer would, perhaps, never notice. Being accustomed from their infancy likewise to pay great attention to the position of the sun, they learn to make the most accurate allowance for its apparent motion from one part of the heavens to another; and at any hour of the day they will point to the part of the heavens where it is, although the sky be obscured by clouds or mists.

An instance of their dexterity in finding their way through an unknown country came under my observation when I was at Staunton, situated behind the Blue Mountains, Virginia. A number of the Creek nation had arrived at that town on their way to Philadelphia, whither they were going upon some affairs of importance, and had stopped there for the night. In the morning, some circumstance or other, induced one half of the Indians to set off without their companions, who did not follow until some hours afterwards. When the latter were ready to pursue their journey, several of the towns-people mounted their horses to escort them part of the way. The Indians proceeded along the high road for some miles, but, all at once, hastily turning aside into the woods, though there was no path, they advanced confidently forward. The people who accompanied them, surprised at the movement, informed them that they were quitting the road to Philadelphia, and expressed a fear lest they should miss their companions who had gone on before. They answered that they knew better, that the way through the woods was the shortest to Philadelphia, and that they knew very well their companions had entered the wood at the very place where they did. Curiosity led some of the horsemen to go on; and to their astonishment, for there was apparently no track, they overtook the other Indians in the thickest part of the wood. But what appeared most singular, was that the route which they took was found, on examining a map, to be as direct for Philadelphia as if they taken the bearings with a mariner's compass. From others of their nation, who had been at Philadelphia at a former period, they had probably learned the exact direction of that city from their villages, and had never lost sight of it, although they had already travelled three hundred miles through the woods, and had upwards of four hundred miles more to go before they could reach the place of their destination.—Of the exactness with which they can find out a strange place that they have been once directed to by their own people a striking example is furnished, I think, by Mr. Jefferson, in his account of the Indian graves in Virginia (1). A party of Indians that were passing on to some of the seaports on the Atlantic, just as the Creeks above-mentioned were going to Philadelphia, were observed, all on a sudden, to quit the straight road by which they were proceeding, and, without asking any questions, to strike through the woods, in a direct line, to one of these graves, which lay at the distance of some miles from the road. Now very near a century must have passed over since the part of Virginia where this grave was situated had been inhabited by Indians, and these Indian travellers, who were to visit it by themselves, had unquestionably never been in that part of the country before : they must have found their way to it simply from the description of its situation, that had been handed down to them by tradition.

WELD's Travels in North America.

---

(1) These graves are nothing more than large mounds of earth which, on being opened, are found to contain skeletons in an erect posture.

HOFFMANN.

Hoffmann, a close observer of nature, chanced one day to see a little girl apply to a market-woman's stall to purchase some fruit which had caught her eye and excited her desire. The wary trader wished first to know what she was able to expend on the purchase; and when the poor girl, a beautiful creature, produced with exultation and pride a very small piece of money, the market-woman gave her to understand that there was nothing upon her stall which fell within the compass of her customer's purse. The poor little maiden, mortified and affronted, as well as disappointed, was retiring with tears in her eyes, when Hoffmann called her back, and arranging matters with the dealer, filled the child's lap with the most beautiful fruit. Yet he had hardly time to enjoy the idea that he had altered the whole expression of the juvenile countenance from mortification to extreme delight and happiness, when he became tortured with the idea that he might be the cause of the child's death, since the fruit he had bestowed upon it might occasion a surfeit or some other fatal disease. This presentiment haunted him until he reached the house of a friend, and it was akin to many which persecuted him through life, never leaving him to enjoy the satisfaction of a kind and benevolent action, and poisoning with the vague prospect of imaginary evil whatever was in its immediate tendency productive of present pleasure, or promising future happiness.

Sir W. Scott.

OBSERVATIONS
SUR LA POÉSIE ANGLAISE.

Les vers anglais se composent de pieds, formés, les uns de deux, les autres de trois syllabes.

Ces pieds prennent des noms différents selon le nombre et la nature des syllabes qui les composent.

On appelle *iambe* un pied composé de deux syllabes dont la seconde est accentuée. Ex. : *abo've, remo'te.*

On appelle *trochée* un pied composé de deux syllabes dont la première a l'accent. Ex. : *su'mmer, wee'ping.*

L'*anapeste* se compose de trois syllabes dont la troisième est accentuée. Ex. : *perseve're.*

Le *dactyle* se compose de trois syllabes dont la première est accentuée. Ex. : *e'mperor.*

On appelle encore *spondée* un pied formé de deux syllabes accentuées, et *pyrrhique* un pied formé de deux syllabes non accentuées.

Le vers iambique peut se composer de deux, de trois, de quatre, de cinq et de six pieds. En voici des exemples :

De deux pieds :

> The strai'ns | deca'y
> And me'lt | awa'y.
> POPE.

De trois :

> Alo'ft | in aw' | ful sta'te,
> The go'd | like he' | ro sa'te.
> DRYDEN.

De quatre :

> And ma'y | at la'st | my wea' | ry a'ge
> Find ou't , the pea'ce | ful he'r | mita'ge.
> MILTON.

De cinq (1) :

> Not a'll | are ble'st | whom fo'r | tune's ha'nd | sustai'ns
> With wea'lth | in cou'rts, | nor a'll | that hau'nt | the plai'ns.
>
> COLLINS.

De six (2) :

> Or u'n | dernea'th | our po'le, | where No'r | way's fo' | rests wi'de
> Their hi'gh | cloud tou'ch | ing hea'ds | in wi'n | ter. sno'ws | do
> hi'de.
>
> DRAYTON.

Le vers trochaïque a généralement un nombre impair de syllabes, parce que la dernière syllabe, qui contient la rime, doit être accentuée. On peut ajouter une syllabe de plus, non accentuée, au vers, de manière à compléter le dernier pied ; mais il faut alors que les deux syllabes de ce pied riment avec les deux dernières syllabes du vers correspondant (3).

Le vers trochaïque peut donc se composer d'un pied et demi, de deux pieds et demi, de trois pieds et demi ; ou bien encore de deux pieds, de trois pieds et de quatre pieds.

---

(1) Le vers iambique de cinq pieds s'appelle vers héroïque : on l'emploie dans la poésie épique et dramatique.

(2) Le vers iambique de six pieds, qu'on appelle alexandrin, et qui correspond par le nombre des syllabes au vers hexamètre français, n'est pas d'un usage fréquent parmi les poëtes. On le trouve chez quelques anciens poëtes, et Drayton, contemporain de Shakspeare, a écrit un long poëme, *Polyolbion*, en vers de cette mesure. Shakspeare l'a employé dans quelques scènes de sa *Comedy of Errors.* Mais les poëtes plus récents ne s'en servent que pour le combiner avec des vers d'une mesure différente afin de varier agréablement l'harmonie. Un alexandrin produit généralement un effet imposant en terminant une strophe. Il a été employé surtout par *Spenser, Thomson, Byron* et *Shelley* pour clore la stance de neuf vers iambiques de cinq pieds.

On trouve très-peu d'exemples du vers iambique de sept pieds.

(3) Les poëtes anglais ajoutent souvent une syllabe non accentuée à la fin d'un vers, quelle que soit la mesure de ce vers, ce qui varie agréablement l'harmonie. Dans les vers comiques ils en ajoutent quelquefois deux, et alors les trois dernières syllabes doivent rimer avec les trois dernières du vers correspondant.

D'un pied et demi :

EXEMPLES :

Drea′dful | glea′ms,
Di′smal | screa′ms,
Fi′res that | glo′w,
Shrie′ks of | wo′e.
POPE.

De deux pieds et demi :

Sou′nds of | ve′rnal | sho′w'rs
O′n the | twi′nkling | gra′ss.
SHELLEY.

De trois pieds et demi :

O'e′r the | smoo′th e | na′mell'd | gree′n,
Whe′re no | pri′nt of | ste′p hath | be′en.
MILTON.

De deux pieds :

Ho′pe is | ba′nished,
Joy′s are | va′nished.
DRYDEN.

De trois pieds :

Whe′n a | rou′nd thee | dy′ing,
Au′tumn | lea′ves are | ly′ing.
MOORE.

De quatre pieds :

Fro′m the | chee′rless | daw′n of | mo′rning,
Ti′ll the | de′ws of | ni′ght re | tu′rning.
DRYDEN.

Le vers anapestique peut être de deux, de trois et de quatre pieds.

EXEMPLES :

De deux pieds :

Let the lou′d | trumpet sou′nd,
Till the roo′fs | all arou′nd
The shrill e′ | choes rebou′nd.
POPE.

De trois pieds :

> O ye woo'ds | spread your bra'nch | es apa'ce,
> To your dee'p | est rece'ss | es I fly'.

SHENSTONE.

De quatre pieds :

> The Assy' | rian came dow'n | like the wo'lf | on the fo'ld,
> And his co' | horts were glea'm | ing in pu'r | ple and go'ld.

BYRON.

Il existe des vers dactyliques de deux pieds, mêlés, soit avec des vers dactyliques de trois pieds terminés par une syllabe accentuée, ou avec des vers anapestiques, ou avec des vers composés d'un dactyle et d'un trochée.

En voici des exemples :

> Bi'rd of the | wi'lderness,
> Bly'thesome and | cu'mberless,
> Swee't be thy | ma'tin oer | moo'rland and | lea' !
> E'mblem of | ha'ppiness,
> Whe're is thy | dwe'lling–place ?
> O' to a | bi'de in the | de'sert with | the'e !

HOGG.

> Co'me as the | wi'nds come, when
> Fo'rests are | re'nded,
> Co'me as the | wa'ves come, when
> Na'vies are | stra'nded.

Sir W. SCOTT.

Il n'y a pas de vers composés entièrement de spondées ou de pyrrhiques; mais ces deux sortes de pieds se trouvent quelquefois, de même que le trochée et l'anapeste, mêlés avec les iambes dans les vers iambiques. En voici des exemples :

> Fi'rst in | gree'n ap | pa'rel | da'ncing,
> The you'ng | *spri'ng smi'l'd* | with a'n | gel gra'ce.

CAMPBELL.

> *Ca'sting* | a di'm | reli' | gious li'ght.

MILTON.

And hea′rs | the mu′ | *ses in* | a ri′ng
Aye rou′nd | abou′t | Jove's a′l | tar si′ng.
CAMPBELL.

The mu′s | *tering squa′* | *dron and* | the cla′t | *tering ca′r.*
BYRON.

Le spondée et le pyrrhique entrent quelquefois dans le vers trochaïque :

O′n the | *dry′ smoo′th-* | sha′ven | gree′n.
MILTON.

Ro′sy | su′mmer | ne′xt ad | va′ncing,
Ru′sh'd in | *to her* | si′re's em | brace.
CAMPBELL.

L'iambe et le spondée entrent souvent dans les vers anapestiques, et le premier pied d'un vers anapestique ne se compose quelquefois que d'une seule syllabe accentuée.

EXEMPLES :

To bea′r | is to co′n | quer our fa′te.
CAMPBELL.

Ro′ll o′n | thou fair o′rb, | and with gla′d | ness pursu′e
The pa′th | that condu′cts | thee to sple′n | dour agai′n.
BEATTIE.

Sa′d | is my fa′te, | said the hea′rt- | broken stra′n | ger.
CAMPBELL.

Not a dru′m | *was hear′d,* | nor a fu′ | neral no′te.
WOLFE.

La césure, ou pause, ne coupe pas toujours les vers anglais en deux hémistiches égaux. Dans le vers alexandrin la pause doit toujours tomber après la sixième syllabe, et dans le vers anapestique de quatre pieds elle doit tomber, ou immédiatement après le second pied, ou après la première ou la seconde syllabe du troisième ; mais dans les autres sortes de vers, et particulièrement dans le vers héroïque, sa position varie beaucoup.

Da′rkness more drea′d than ni′ght | was pou′r′d upo′n the grou′nd.

                                   SHELLEY.

Do′wn, soo′thless insul′ter, | I tru′st not the ta′le.

                                   CAMPBELL.

Cullo′den is lo′st, | and my cou′ntry deplo′res.

                                   CAMPBELL.

In tha′t blest mo′ment | from his oo′zy be′d
Old fa′ther Tha′mes | advan′ced his rev′erend head;
His tre′sses dro′pp′d with de′ws, | and o′e′r the strea′m
His shi′ning ho′rns | diffu′sed a go′lden glea′m.

                                   POPE.

And there was mou′nting in hot′ ha′ste : | the stee′d,
The mu′stering squa′dron, | and the clat′tering ca′r
Went pou′ring for′ward | with impe′tuous spee′d,
And swi′ftly fo′rming | in the ra′nks of wa′r.

                                   BYRON.

On ne tient pas compte des syllabes longues et brèves dans la mesure d'un vers anglais : il arrive souvent qu'une syllabe brève est accentuée, et qu'une syllabe longue ne l'est pas; mais l'harmonie du vers dépend beaucoup de l'arrangement judicieux des syllabes longues et brèves. Un vers où les syllabes longues prédominent paraît plus long qu'un autre du même nombre de pieds où il entre beaucoup de syllabes brèves. Ce vers de Milton,

So stre′tch′d | out hu′ge | in le′ngth | the a′rch | fiend lay′

paraît très-long, et celui-ci,

As whe′n | a vu′l | ture on | I ma′ | us bre′d

paraît très-court; ils ont pourtant le même nombre de pieds.

La versification anglaise admet quelques licences, telles que l'élision de l'*e* dans *the* devant une voyelle, comme *th'eternal* pour *the eternal*, de l'*o* de *to*, comme *t'accept* pour *to accept*; l'abréviation d'un mot par la suppression d'une voyelle, comme *av'rice*, *thund'ring*, pour *avarice*, *thundering*.

Les vers iambiques de cinq pieds, dans la poésie dramatique, et souvent dans la poésie épique, ne riment pas, et s'appellent *vers blancs*.

[Pour plus amples détails sur la versification anglaise, voir l'*Étude de la Poésie anglaise* (1) de M. Spiers. Le traité de prosodie de cet excellent ouvrage développe complétement ce sujet intéressant, dont nous n'avons pu présenter ici qu'une esquisse rapide et imparfaite.]

---

(1) Ou choix des plus beaux morceaux des plus grands poëtes de la Grande-Bretagne, par ordre chronologique, depuis le XIIIe siècle jusqu'à nos jours. Dans une revue de cet ouvrage, le *Journal de l'instruction publique* dit : « C'est un parfait *cicerone*, prenant son lecteur par la main et le con- « duisant de siècle en siècle, de poëte en poëte, de beaux vers en beaux vers. « Nous regardons ce livre comme utile à l'homme qui sait et qui veut se « souvenir, comme indispensable aux jeunes gens qui ne savent pas et qui « veulent apprendre. »

CHOIX DE POÉSIES ANGLAISES.

THE BOWER OF BLISS.

Much wonder'd Guyon at the fair aspect
Of that sweet place, yet suffer'd no delight
To sink into his sense nor mind affect;
But passed forth, and look'd still forward right,
Bridling his will and mastering his might:
Till that he came unto another gate;
No gate, but like one, being goodly dight(1)
With bows and branches, which did broad dilate
Their clasping arms in wanton wreathings intricate.

*   *   *   *   *   *

There the most dainty paradise on ground
Itself doth offer to his sober eye,
In which all pleasures plenteously abound,
And none does other's happiness envy;
The painted flow'rs; the trees upshooting high;
The dales for shade; the hills for breathing space;
The trembling groves; the crystal running by;
And, that which all fair works doth most aggrace (2),
The art, which all that wrought, appeared in no place.

*   *   *   *   *   *

Eftsoons (3) they heard a most delicious sound
Of all that mote (4) delight a dainty ear,
Such as at once might not on living ground,
Save in this paradise, be heard elsewhere :
Right hard it was for wight (5) which did it hear
To read what manner music that mote be;

---

(1) Adorned.
(2) Impart grace to.
(3) Soon.
(4) Might.
(5) Mortal.

For all that pleasing is to living ear
Was there consorted in one harmony ;
Birds, voices, instruments, winds, waters, all agree :

The joyous birds, shrouded in cheerful shade,
Their notes unto the voice attemper'd sweet ;
Th' angelical soft trembling voices made
To th' instruments divine respondence meet ;
The silver-sounding instruments did meet
With the base murmur of the waters' fall ;
The waters' fall, with difference discreet,
Now soft, now loud, unto the wind did call ;
The gentle warbling wind low answered to all.

Spenser.

HENRY THE FOURTH'S APOSTROPHE TO SLEEP.

Sleep, gentle sleep,
Nature's soft nurse, how have I frighted thee,
That thou no more wilt weigh my eyelids down,
And steep my senses in forgetfulness ?
Why rather, sleep, liest thou in smoky cribs,
Upon uneasy pallets stretching thee,
And hush'd with buzzing night-flies to thy slumber ;
Than in the perfumed chambers of the great,
Under the canopies of costly state,
And lull'd with sounds of sweetest melody :
O thou dull god, why liest thou with the vile
In loathsome beds ; and leav'st the kingly couch
A watch-case, or a common 'larum bell ?
Wilt thou upon the high and giddy mast
Seal up the ship-boy's eyes, and rock his brains
In cradle of the rude imperious surge ;
And in the visitation of the winds,
Who take the ruffian billows by the top,
Curling their monstrous heads, and hanging them
With deafening clamours in the slippery clouds,
That, with the hurly (1), death itself awakes ?
Canst thou, O partial sleep ! give thy repose

---

(1) Noise.

To the wet sea-boy, in an hour so rude;
And, in the calmest, and most stillest night,
With all appliances, and means to boot,
Deny it to a king?

SHAKSPEARE.

CARDINAL WOLSEY'S DEATH.

At last, with easy roads (1), he came to Leicester,
Lodged in the abbey; where the reverend abbot,
With all his convent, honourably received him;
To whom he gave these words,—"O father abbot,
An old man, broken with the storms of state,
Is come to lay his weary bones among ye;
Give him a little earth for charity!"
So went to bed, where eagerly his sickness
Pursued him still; and, three nights after this,
About the hour of eight (which he himself
Foretold should be his last), full of repentance,
Continual meditations, tears, and sorrows,
He gave his honours to the world again,
His blessed part to heaven, and slept in peace.

SHAKSPEARE.

. HAMLET'S SOLILOQUY ON LIFE AND DEATH.

To be, or not to be, that is the question :—
Whether 'tis nobler in the mind to suffer
The slings and arrows of outrageous fortune :
Or to take arms against a sea of troubles
And, by opposing, end them? —to die,—to sleep,—
No more ;—and, by a sleep, to say we end
The heart-ache, and the thousand natural shocks
That flesh is heir to,—'tis a consummation
Devoutly to be wish'd. To die ;—to sleep ;—
To sleep! perchance to dream ; ay, there's the rub ;
For in that sleep of death what dreams may come,
When we have shuffled off this mortal coil,

---

(1) By short stages.

Must give us pause : there's the respect (1),
That makes calamity of so long a life :
For who would bear the whips and scorns of time,
The oppressor's wrong, the proud man's contumely,
The pangs of despis'd love, the law's delay,
The insolence of office, and the spurns
That patient merit of the unworthy takes,
When he himself might his quietus (2) make
With a bare bodkin (3) ? Who would fardels bear,
To grunt and sweat under a weary life ;
But that the dread of something after death, —
The undiscovered country, from whose bourn (4)
No traveller returns — puzzles the will ;
And makes us rather bear those ills we have,
Than fly to others that we know not of !
Thus conscience does make cowards of us all ;
And thus the native hue of resolution
Is sicklied o'er with the pale cast of thought ;
And enterprizes of great pith and moment,
With this regard, their currents turn awry,
And lose the name of action.

SHAKSPEARE.

DESCRIPTION OF HELL.

Nine times the space that measures day and night
To mortal men, he (5) with his horrid crew
Lay vanquish'd, rolling in the fiery gulf,
Confounded, though immortal : but his doom
Reserv'd him to more wrath ; for now the thought
Both of lost happiness and lasting pain
Torments him ; round he throws his baleful eyes
That witness'd huge affliction and dismay,
Mix'd with obdurate pride, and stedfast hate.
At once, as far as angels' ken, he views
The dismal situation waste and wild ;

---

(1) Consideration.
(2) Acquittance.
(3) A small dagger.
(4) Boundary, limits.
(5) Satan.

A dungeon horrible on all sides round
As one great furnace, flam'd ; yet from those flames
No light, but rather darkness visible
Served only to discover sights of woe,
Regions of sorrow ; doleful shades, where peace
And rest can never dwell ; hope never comes
That comes to all ; but torture without end
Still urges, and a fiery deluge, fed
With ever-burning sulphur unconsum'd :
Such place eternal justice had prepared
For those rebellious ; here their prison ordain'd
In utter darkness, and their portion set
As far remov'd from God and light of heaven,
As from the centre thrice to the utmost pole.

MILTON.

EVENING.

Now came still evening on, and twilight gray
Had in her sober livery all things clad ;
Silence accompanied ; for beast and bird,
They to their grassy couch, these to their nests
Were slunk, all but the wakeful nightingale,
She all night long her amorous descant sung ;
Silence was pleas'd : now glow'd the firmament
With living sapphires : Hesperus, that led
The starry host, rode brightest, till the moon,
Rising in clouded majesty, at length,
Apparent queen, unveil'd her peerless light,
And o'er the dark her silver mantle threw.

MILTON

INVOCATION TO THE ANCIENTS.

Still green with bays each ancient altar stands,
Above the reach of sacrilegious hands ;
Secure from flames, from envy's fiercer rage,
Destructive war, and all-involving age.
See from each clime the learn'd their incense bring !
Hear in all tongues consenting pæans ring !
In praise so just let every voice be join'd,
And fill the general chorus of mankind.

Hail! bards triumphant! born in happier days ;
Immortal heirs of universal praise !
Whose honours with increase of ages grow,
As streams roll down, enlarging as they flow ;
Nations unborn your mighty names shall sound,
And worlds applaud that must not yet be found!
O may some spark of your celestial fire,
The last, the meanest of your sons inspire,
(That, on weak wings, from far pursues your flights,
Glows while he reads, but trembles as he writes),
To teach vain wits a science little known,
To admire superior sense, and doubt their own !

POPE.

THE VALLEY OF INDOLENCE.

In lowly dale, fast by a river's side,
With woody hill o'er hill encompass'd round,
A most enchanting wizard did abide,
Than whom a fiend more fell is nowhere found.
It was, I ween, a lovely spot of ground ;
And there a season atween (1) June and May,
Half prankt (2) with Spring, with Summer half embrown'd,
A listless climate made, where, sooth to say,
No living wight could work, ne (3) cared even for play.

Was nought around but images of rest,
Sleep-soothing groves, and quiet lawns between,
And flowery beds that slumberous influence kest (4)
From poppies breath'd and beds of pleasant green,
Where never yet was creeping creature seen.
Meantime unnumber'd glittering streamlets play'd,
And hurled every where their waters' sheen (5),
That as they bicker'd through the sunny glade,
Though restless still themselves, a lulling murmur made.

---

(1) Between.
(2) Adorned gaily.
(3) Nor.
(4) Cast.
(5) Brightness.

Join'd to the prattle of the purling rills
Were heard the lowing herds along the vale,
And flocks loud bleating from the distant hills,
And vacant shepherds piping in the dale;
And now and then sweet philomel would wail,
Or stock-doves plain (1) amid the forest deep,
That drowsy rustled to the sighing gale;
And still a coil the grasshoper did keep;
Yet all these sounds yblent (2) inclined all to sleep.

Full in the passage of the vale, above,
A sable, silent, solemn forest stood,
Where nought but shadowy forms was seen to move,
As idless (3) fancy'd in her dreaming mood;
And up the hills, on either side, a wood
Of blackening pines, ay (4) waving to and fro,
Sent forth a sleepy horror through the blood;
And where this valley winded out, below,
The murmuring main was heard, and scarcely heard, to flow.

A pleasing lane of drowsyhead (5) it was,
Of dreams that wave before the half-shut eye,
And of gay castles in the cloud that pass,
For ever flushing round a summer sky;
There eke (6) the soft delights, that witchingly
Instil a wanton sweetness through the breast,
And the calm pleasures always hover'd nigh;
But whate'er smack'd (7) of noyance (8) or unrest
Was far, far off expell'd from this delicious nest.

THOMSON.

---

(1) Complain.
(2) Blended.
(3) Idleness.
(4) Always.
(5) Drowsiness.
(6) Also.
(7) Savoured.
(8) Annoyance.

THE POPLAR FIELD.

The poplars are fell'd, farewell to the shade,
And the whispering sound of the cool colonnade;
The winds play no longer and sing in the leaves,
Nor Ouse on his bosom their image receives.

Twelve years have elapsed, since I last took a view
Of my favourite field, and the bank where they grew;
And now in the grass behold they are laid,
And the tree is my seat that once lent me a shade.

The blackbird has fled to another retreat
Where the hazels afford him a screen from the heat,
And the scene where his melody charm'd me before
Resounds with his sweet-flowing ditty no more.

My fugitive years are all hasting away,
And I must ere long lie as lowly as they,
With a turf on my breast, and a stone at my head,
Ere another such grove shall arise in its stead.

The change both my heart and my fancy employs,
I reflect on the frailty of man, and his joys :
Short-liv'd as we are, yet our pleasures, we see,
Have a still shorter date, and die sooner than we.

COWPER.

SUNSET IN GREECE.

Slow sinks, more lovely ere his race be run,
Along Morea's hills the setting sun;
Not, as in northern climes, obscurely bright,
But one unclouded blaze of living light!
O'er the hush'd deep the yellow beam he throws
Gilds the green wave, that trembles as it glows.
On old Ægina's rock, and Idra's isle,
The god of gladness sheds his parting smile;
O'er his own regions lingering, loves to shine,
Though there his altars are no more divine.
Descending fast the mountain shadows kiss
Thy glorious gulf, unconquer'd Salamis!

Their azure arches through the long expanse
More deeply purpled meet his mellowing glance.
And tenderest tints, along their summits driven,
Mark his gay course, and own the hues of heaven;
Till, darkly shaded from the land and deep,
Behind his Delphian cliff he sinks to sleep.
On such an eve, his palest beam he cast,
When—Athens, here thy wisest look'd his last.
How watch'd thy better sons his farewell ray,
That clos'd their murder'd sage's latest day!
Not yet—not yet—sol pauses on the hill—
The precious hour of parting lingers still;
But sad his light to agonising eyes,
And dark the mountain's once delightful dyes:
Gloom o'er the lovely land he seem'd to pour,
The land, where Phœbus never frown'd before;
But ere he sank below Cithæron's head,
The cup of woe was quaff'd—the spirit fled;
The soul of him who scorn'd to fear or fly—
Who liv'd and died, as none can live or die!

BYRON.

THE DESTRUCTION OF SENNACHERIB.

The Assyrian came down like the wolf on the fold,
And his cohorts were gleaming in purple and gold;
And the sheen of their spears was like stars on the sea,
When the blue wave rolls nightly on deep Galilee.

Like the leaves of the forest when Summer is green,
That host with their banners at sunset were seen;
Like the leaves of the forest when Autumn hath blown,
That host on the morrow lay wither'd and strown.

For the Angel of death spread his wings on the blast,
And breath'd in the face of the foe as he pass'd;
And the eyes of the sleepers wax'd deadly and chill,
And their hearts but once heav'd, and for ever grew still!

And there lay the steed with his nostril all wide,
But through it there roll'd not the breath of his pride:
And the foam of his gasping lay white on the turf,
And cold as the spray of the rock-beating surf.

And there lay the rider distorted and pale,
With the dew on his brow, and the rust on his mail,
And the tents were all silent, the banners alone,
The lances unlifted, the trumpets unblown.

And the widows of Ashur are loud in their wail,
And the idols are broke in the temple of Baal;
And the might of the Gentile, unsmote by the sword,
Hath melted like snow in the glance of the Lord!

BYRON.

INVOCATION TO SCOTLAND.

O Caledonia! stern and wild,
Meet nurse for a poetic child!
Land of brown heath and shaggy wood,
Land of the mountain and the flood,
Land of my sires! what mortal hand
Can e'er untie the filial band
That knits me to thy rugged strand!
Still as I view each well-known scene,
Think what is now, and what hath been,
Seems as, to me, of all bereft,
Sole friends thy woods and streams were left;
And thus I love them better still,
Even in extremity of ill.
By Yarrow's streams still let me stray,
Though none should guide my feeble way;
Still feel the breeze down Ettrick break,
Although it chill my wither'd cheek;
Still lay my head by Teviot stone,
 Though there, forgotten and alone,
The bard may draw his parting groan.

Sir W. SCOTT.

THE MOTHER WATCHING OVER HER CHILD.

Lo! at the couch where infant beauty sleeps
Her silent watch the mournful mother keeps!
She, while the lovely babe unconscious lies,
Smiles on her slumbering child with pensive eyes,
And weaves a song of melancholy joy—
"Sleep, image of thy father, sleep, my boy;

No lingering hour of sorrow shall be thine;
No sigh that rends thy father's heart and mine;
Bright as his manly sire the son shall be
In form and soul; but, ah! more blest than he!
Thy fame, thy worth, thy filial love, at last,
Shall soothe his aching heart for all the past—
With many a smile my solitude repay,
And chase the world's ungenerous scorn away.
" And say, when summon'd from the world and thee,
I lay my head beneath the willow tree,
Wilt *thou*, sweet mourner! at my stone appear,
And soothe my parted spirit lingering near?
Oh, wilt thou come, at evening hour, to shed
The tears of memory o'er my narrow bed;
With aching temples on thy hand reclined,
Muse on the last farewell I leave behind,
Breathe a deep sigh to winds that murmur low,
And think on all my love, and all my woe?"

CAMPBELL.

THE CAPTIVE GIRL'S SONG.

There's a bower of roses by Bendemeer's stream,
And the nightingale sings round it all the day long;
In the time of my childhood 'twas like a sweet dream
To sit in the roses and hear the bird's song.

That bower and its music I never forget,
But oft when alone, in the bloom of the year,
I think—is the nightingale singing there yet?
Are the roses still bright by the calm Bendemeer?

No, the roses soon wither'd that hung o'er the wave,
But some blossoms were gather'd, while freshly they shone,
And a dew was distill'd from their flowers, that gave
All the fragrance of Summer, when Summer was gone.

Thus memory draws from delight, ere it dies,
An essence that breathes of it many a year;
Thus bright to my soul, as 'twas then to my eyes,
Is that bower on the banks of the calm Bendemeer!

MOORE.

THE MINSTREL-BOY.

The minstrel-boy to the war is gone,
   In the ranks of death you'll find him;
His father's sword he has girded on,
   And his wild harp slung behind him.—
" Land of song! " said the warrior-bard,
   " Though all the world betrays thee,
One sword, at least, thy rights shall guard
   One faithful harp shall praise thee! "

The minstrel fell !—but the foeman's chain
   Could not bring his proud soul under!
The harp he lov'd ne'er spoke again,
   For he tore its chords asunder;
And said, " No chains shall sully thee,
   Thou soul of love and bravery!
Thy songs were made for the pure and free,
   They shall never sound in slavery! "

MOORE.

TABLE DES VERBES

AVEC LES PRÉPOSITIONS QUI LES SUIVENT.

VERBES.	PRÉPOSIT.	EXEMPLES.
To abide	by.	I ABIDE BY *what I say*, Je soutiens ce que je dis.
to abound	with.	*France* ABOUNDS WITH *fruit*, La France abonde en fruits.
to accept	of.	*I* ACCEPT OF *a crown from you*, J'accepte un écu de vous.
to account	for.	*I* ACCOUNT FOR *that*, Je rends, j'explique cela.
to acquiesce	in.	*I* ACQUIESCE IN *it*, J'y consens.
to acquit one's self	of.	*I* ACQUIT MYSELF OF *that charge*, Je me justifie de cette accusation.
to act	up to	*They* ACT UP TO *their principles*, Ils agissent suivant leurs principes.
to admit	of.	*I* ADM.T OF *that*, Je permets cela.
to adorn	with.	*I* ADORN WITH *flowers*, J'orne de fleurs.
to advise	with.	*I* ADVISE WITH *my father*, Je consulte mon père.
to agree	about.	*They* AGREE ABOUT *that*, Ils sont d'accord sur ce sujet.
to aim	at.	*I* AIM AT *that*, Je vise à cela.
to animadvert	on.	*He* ANIMADVERTS ON *my conduct*, Il critique ma conduite.
to answer	for.	*I* ANSWER FOR *one thing*, Je réponds d'une chose.
to apologize	to—for.	*I* APOLOGIZE TO *you* FOR *my error*, Je vous demande excuse de ma faute.
to approve	of.	*I* APPROVE OF *your conduct*, J'approuve votre conduite.
to argue	from.	*I* ARGUE FROM *your system*, Je raisonne d'après votre système.

VERBES.	PRÉPOSIT.	EXEMPLES.
To arrive	at.	*I* ARRIVE at *Boulogne*, J'arrive à Boulogne.
to ask	after.	*I* ASK AFTER *your son*, Je demande des nouvelles de votre fils.
	for.	*I* ASK FOR *a guinea*, Je demande une guinée.
	of.	*I* ASKED *a favour* OF *him*, Je lui demandais une faveur.
to aspire	after.	*He* ASPIRES AFTER *honour*, Il aspire à l'honneur.
to atone	for.	*He* ATONES FOR *his sins*, Il expie ses fautes.
to attend	on.	*I* ATTEND ON *this gentleman*, Je sers ce monsieur.
to awe	into.	*I* AWE *him* INTO *silence*, Je lui impose le silence.
to bail	out.	*He* BAILED OUT *his friend*, Il devint caution pour son ami.
to bale	out.	*He* BALES OUT *the boat*, Il ôte l'eau du bateau.
	up.	*He* BALES UP *his cloth*, Il emballe son drap.
to bar	up.	*He* BARS UP *his door*, Il barre sa porte.
to bargain	for.	*You* BARGAIN FOR *a horse*, Vous marchandez un cheval.
to bark	at.	*The dog* BARKS AT *you*, Le chien aboie après vous.
to barrel	up.	*You* BARREL UP *pork*, Vous mettez du porc en baril.
to bask	in.	*I* BASK IN *the sun*, Je me chauffe au soleil.
to bawl	out.	*I* BAWL OUT, Je crie haut.
to be	in.	*I* AM IN *the wrong*, J'ai tort.
	in—for.	*I* AM IN FOR *it*, J'y suis engagé.—Je suis attrapé.
	off.	*I* AM OFF, Je suis parti.
	out.	*I* AM OUT, Je me trompe.
	out—with.	*I* AM OUT WITH *him*, Je suis brouillé avec lui.
to bear	away.	*He* BEARS AWAY *the prize*, Il remporte le prix.
	away.	*The ship* BEARS AWAY, Le bâtiment s'en va.

VERBES.	PRÉPOSIT.	EXEMPLES.
To bear	down.	*The ship* BEARS DOWN *upon us,* Le navire s'approche de nous.
	hard—upon	*He* BEARS HARD UPON *me,* Il me traite durement.
	into.	*The ship* BEARS INTO *the port,* Le navire vient au port.
	off.	*He* BEARS OFF *his prey,* Il emporte sa proie.
	off.	*He* BEARS OFF, Il s'en va.
	on, upon.	*You* BEAR ON *me,* Vous vous appuyez sur moi.
	out.	*He* BEARS OUT *his conduct,* Il justifie sa conduite.
	towards.	*He* BEARS TOWARDS *us,* Il s'approche de nous,
	up.	*He* BEARS UP *against misfortune,* Il se roidit contre le malheur.
	with.	*I* BEAR WITH *your bad temper,* Je supporte votre mauvaise humeur.
to beat.	about.	*They* BEAT ABOUT, Ils cherchent avec soin. — Ils vont à la trace.
	back.	*They* BEAT BACK *the enemy,* Ils repoussent l'ennemi.
	down.	*You* BEAT DOWN *his price,* Vous rabaissez son prix.
	out.	*They* BEAT OUT *his brains,* Ils l'assommèrent.
	up.	*We* BEAT UP *the quarters of the enemy,* Nous attaquons les quartiers de l'ennemi.
to beg	for.	*They* BEG FOR *peace,* Ils demandent la paix.
to bellow	out.	*He* BELLOWS OUT, Il crie haut.
to bestow	upon.	*Nature had* BESTOWED UPON *her such beauty.* La nature lui avait donné tant de beauté.
to bethink one's self	of.	*I* BETHINK MYSELF OF *that,* Je me le rappelle.
to beware	of.	BEWARE OF *that,* Prenez garde à cela.
to bind.	out to.	*He was* BOUND OUT TO *a tailor,* Il fut mis en apprentissage chez un tailleur.
	over to.	*He was* BOUND OVER TO *take his trial,* Il fut renvoyé devant la cour d'assises.
	up.	*I* BIND UP *my leg,* Je me lie la jambe.

VERBES.	PRÉPOSIT.	EXEMPLES.
To blab (1)	out.	*He* BLABS OUT *the secret,* Il divulgue le secret.
to blame	for.	*I* BLAME *you* FOR *that,* Je vous blâme de cela.
to block	up.	*They* BLOCK UP *the fort,* Ils bloquent le fort.
to blot	out.	*I* BLOT OUT *your name,* Je raye votre nom.
to blow	down.	*The wind* BLOWS DOWN *the house,* Le vent fait tomber la maison.
	off.	*It* BLOWS OFF *my hat,* Il emporte mon chapeau.
	out.	*I* BLOW OUT *the candle,* Je souffle la chandelle.
	out.	*He* BLOWS OUT *his brains,* Il se brûle la cervelle.
	over.	*The storm* BLEW OVER, L'orage se dissipa.
	up.	*They* BLOW UP *the magazine,* Ils font sauter le magasin.
to blunder	out.	*He* BLUNDERS OUT *a word,* Il dit un mot sans y penser.
to blush	at.	*He* BLUSHES AT *that,* Il en rougit.
	for.	*He* BLUSHES FOR *shame,* Il rougit de honte.
to bluster	about.	*He* BLUSTERS ABOUT *that,*
	at.	*He* BLUSTERS AT *that,* Il fait beaucoup de bruit pour cela.
to boggle	at.	*He* BOGGLES AT *that,* Il hésite sur cela.
to border	on.	*That* BORDERS ON *destruction,* Cela est près de sa destruction.
to borrow	of.	*He* BORROWED *large sums* OF *his friend,* Il emprunta de fortes sommes à son ami.
to bottle	off.	*We are* BOTTLING OFF *our wine,* Nous mettons notre vin en bouteilles.
	up.	*I* BOTTLE UP *beer,* Je mets de la bière en bouteilles.
to branch	out.	*The tree* BRANCHES OUT, L'arbre pousse des branches.
to brawl	about.	*He* BRAWLS ABOUT *that,* Il fait tapage pour cela.
to brazen	out.	*He* BRAZENED *it* OUT, Il paya d'effronterie.

(1) Ce mot est très-familier.

VERBES.	PRÉPOSIT.	EXEMPLES.
	away.	*The clouds are* BREAKING AWAY, Les nuages se dissipent.
	down.	*He* BREAKS DOWN *a hedge,* Il abat une haie.
	down.	*The scaffolding* BROKE DOWN, L'échafaudage s'écroula.
	from.	*I* BROKE FROM *him,* Je me suis arraché de lui.
	in.	*I* BROKE IN *the horse,* J'ai rompu le cheval.
	into.	*The robbers* BROKE INTO *the house,* Les voleurs sont entrés dans la maison avec effraction.
To break	into.	*He* BREAKS INTO *an exclamation,* Il fait une exclamation.
	in—upon.	*He* BREAKS IN UPON *our conversation,* Il interrompt notre conversation.
	off.	*He* BREAKS OFF *his engagement,* Il rompt son engagement.
	out—into.	*He* BREAKS OUT INTO *a passion,* Il se met en colère.
	out of.	*He* BREAKS OUT OF *prison,* Il s'échappe de prison,
	through.	*The sun* BREAKS THROUGH *a cloud,* Le soleil se fait jour à travers un nuage.
	up.	*He* BREAKS UP *the meeting,* Il dissout l'assemblée.
to breakfast	upon.	*I* BREAKFAST UPON *eggs,* Je déjeune d'œufs.
	about.	*I* BRING ABOUT *that,* Je viens à bout de cela.
	away.	*I* BROUGHT AWAY *the dictionary,* J'ai emporté le dictionnaire.
	down.	*He* BRINGS DOWN *his enemies,* Il humilie ses ennemis.
	forth.	*She* BRINGS FORTH *a child,* Elle met au monde un enfant.
	forward.	*I* BRING *him* FORWARD, Je le mets en avant.
to bring	in.	*I* BRING *him* IN, Je l'introduis.
	off.	*I* BRING *him* OFF, Je le tire d'embarras.
	on.	BRING *him* ON, Faites-le avancer.
	out.	*I* BRING *that* OUT, Je le fais sortir.
	out.	*He has* BROUGHT OUT *his new work,* Il a publié son nouvel ouvrage.

VERBES.	PRÉPOSIT.	EXEMPLES.
To bring	over.	*I* BRING *him* OVER *to my side,* Je l'amène dans mon parti.
	under.	*I* BRING *him* UNDER, Je le soumets.
	up.	*She* BRINGS UP *a child,* Elle élève un enfant.
	up.	*He* BRINGS UP *the rear,* Il fait avancer l'arrière-garde.
to brisk	up.	*He* BRISKS UP, Il s'anime.
to brood	over, upon.	*He* BROODS OVER *his sorrows,* Il nourrit ses chagrins.
to brush	away.	*He* BRUSHES AWAY *the dust,* Il secoue la poussière.
	by.	*He* BRUSHES BY *me,* Il passe brusquement près de moi.
	up.	*He* BRUSHES UP *his sword,* Il fourbit son épée.
	up.	*He* BRUSHES UP *his Greek,* Il se remet à son grec.
to bubble	up.	*The water* BUBBLES UP, L'eau bouillonne.
to bud	out.	*The tree* BUDS OUT, L'arbre pousse des bourgeons.
to build	up.	*He* BUILDS UP *a house,* Il bâtit une maison.
to bundle	out.	*He* BUNDLED *him* OUT (1), Il le mit à la porte.
	up.	*He* BUNDLES UP *his clothes,* Il fait un paquet de ses habits.
to buoy.	up.	*He* BUOYS UP *his friends,* Il soutient ses amis.
to burn	away.	*The wood* BURNS AWAY, Le bois se consume.
	out.	*It is* BURNT OUT, Il est éteint.
	to.	*The wood* BURNS TO *ashes,* Le bois se réduit en cendres.
	up.	*The fire* BURNS UP, Le feu s'allume.
	up.	*The wood is* BURNT UP, Le bois est consumé.
to burst.	forth.	*He* BURSTS FORTH, Il s'élance.

______

(1) Cette expression est très-familière.

VERBES.	PRÉPOSIT.	EXEMPLES.
To burst	into.	*He* BURSTS INTO *tears,* Il fond en larmes.
	out.	*He* BURSTS OUT, Il éclate.
	upon.	*A sound* BURST UPON *our ears,* Un son vint frapper nos oreilles.
to busy one's self	with.	*He* BUSIES HIMSELF WITH *my affairs,* Il se mêle de mes affaires.
to butt	at.	*The ram* BUTTS AT *me,* Le bélier me donne un coup de tête.
to button	up.	*He* BUTTONS UP *his coat,* Il boutonne son habit.
to buy	in.	*He* BUYS IN *goods,* Il se pourvoit de marchandises.
	into.	*He* BUYS INTO *the army,* Il achète une commission dans l'armée.
	off.	*He* BUYS OFF *his son,* Il rachète son fils.
	over.	*He* BUYS OVER *all the members,* Il corrompt tous les membres.
	up.	*He* BUYS UP *all the provisions,* Il achète toutes les provisions.
to call	after.	CALL AFTER *that man,* Rappelez cet homme.
	aside.	*You* CALL ASIDE *your son,* Vous tirez votre fils à part.
	at.	*I shall* CALL AT *my cousin's,* J'entrerai chez mon cousin.
	down.	*You* CALL *me* DOWN, Vous me faites descendre.
	for.	*He* CALLED FOR *some wine,* Il demanda du vin.
	for.	*You* CALL FOR *me,* Vous me prenez en passant.
	in.	CALL IN *that man,* Faites entrer cet homme.
	in.	*You* CALL IN *question,* Vous révoquez en doute.
	off.	*You* CALL OFF *my attention,* Vous détournez mon attention.
	on.	*He* CALLS ON *you,* Il passe chez vous.
	on, upon.	*You* CALL UPON *me,* Vous me demandez.
	out.	*He* CALLED *him* OUT, Il l'appela en duel.
	out.	*He* CALLS OUT *the militia,* Il rassemble la milice.

VERBES.	PRÉPOSIT.	EXEMPLES.
To call	out — to.	*He* CALLS OUT TO *me*, Il m'appelle.
	over.	CALL OVER *your company*, Faites l'appel de votre compagnie.
	to.	*He* CALLS TO *mind*, Il se rappelle.
	to.	*He* CALLS *me* TO *account*, Il me fait rendre compte.
	together.	*I* CALLED *them* TOGETHER, Je les rassemblai.
	up.	*You* CALL *me* UP, Vous m'éveillez.
	up.	*You* CALL *me* UP, Vous me faites monter.
to care	for.	*He does not* CARE FOR *me*, Il ne se soucie pas de moi.
to carp	at.	*He* CARPS AT *that*, Il y trouve à redire.
to carry	about.	*I* CARRY *no money* ABOUT *me*, Je ne porte point d'argent sur moi.
	away.	*He* CARRIES AWAY *my money*, Il emporte mon argent.
	off.	*He* CARRIED OFF *the prize*, Il remporta le prix.
	on.	*He* CARRIES ON *the war*, Il continue la guerre.
	out.	*He will* CARRY *it* OUT, Il le mènera à bien.
	over.	*I* CARRIED *you* OVER *the river*, Je vous ai fait passer la rivière.
	through	*He will* CARRY *himself* THROUGH Il se tirera d'affaire.
to cast	away.	*He* CASTS AWAY *his money*, Il jette son argent.
	forth.	*He* CASTS FORTH *his beams*, Il jette ses rayons.
	off.	*He* CASTS OFF *his old friends*, Il abandonne ses vieux amis.
	off.	*He* CASTS OFF *the dogs*, Il lâche les chiens.
	up.	*He* CASTS UP *his dinner*, Il vomit son dîner.
	up.	*He* CASTS UP *his accounts*, Il fait ses comptes.
to catch	at.	*They* CATCH AT *you*, Ils tâchent de vous attraper.
	up.	*They* CATCH UP *a stick*, Ils saisissent un bâton.

VERBES.	PRÉPOSIT.	EXEMPLES.
To cavil	at.	*They* CAVIL AT *the judgment,* Ils trouvent à redire au jugement.
to chalk	out.	*They* CHALKED OUT *a line,* Ils tracèrent une ligne.
to charge	with.	*I* CHARGE *you* WITH *this crime,* Je vous accuse de ce crime.
to charm	with.	*I am* CHARMED WITH *that,* J'en suis charmé.
to cheer	up.	*They* CHEER UP *their soldiers,* Ils encouragent leurs soldats.
to clear	away.	*They* CLEAR AWAY *the rubbish,* Ils enlèvent les débris.
	up.	*They* CLEAR UP *the affair,* Ils éclaircissent l'affaire.
to cleave	asunder.	*He* CLEAVES *it* ASUNDER, Il le fend.
to climb	up.	*He* CLIMBS UP *the tree,* Il grimpe sur l'arbre.
to cling	to.	*He* CLINGS TO *me,* Il s'attache à moi.
to close	up.	*He* CLOSES UP *the space,* Il remplit l'espace.
to cloud	over.	*The sky is* CLOUDED OVER, Le ciel est nébuleux.
to cobble	up.	*He* COBBLES UP *the affair,* Il fait l'affaire gauchement.
to cock	up.	*He* COCKS UP *his nose,* Il fait le fier.
to coil	up.	*They* COIL UP *the cable,* Ils lèvent le câble.
to come	about.	*How did that* COME ABOUT ? Comment cela est-il arrivé ?
	at.	*I cannot* COME AT *it,* Je ne puis pas y arriver.
	away.	*Let us* COME AWAY, Partons.
	by.	*How did you* COME BY *it* ? Comment l'avez-vous eu ?
	off.	*He* COMES OFF, Il s'en vient.
	off.	*He* COMES OFF, Il se tire d'affaire.
	out.	*That spot won't* COME OUT, Cette tache ne s'effacera pas.
	to.	*He is* COME TO, Il s'est rendu.
	upon.	*They* COME UPON *me,* Ils tombent sur moi.

VERBES.	PRÉPOSIT.	EXEMPLES.
To comply	with.	*He* COMPLIES WITH *his request,* Il accède à sa demande.
to conceal	from.	*I* CONCEAL *that* FROM *him,* Je lui cache cela.
to concur	in.	*They* CONCUR IN *that,* Ils y consentent.
to confide	in.	*You* CONFIDE IN *me,* Vous vous fiez à moi.
to connive	at.	*I* CONNIVE AT *your faults,* Je tolère vos fautes.
to consist	of.	*His army* CONSISTS OF *infantry and cavalry,* Son armée consiste en infanterie et en cavalerie.
to console	for.	*He is* CONSOLED FOR *his loss,* Il est consolé de sa perte.
to consult	about.	*I have* CONSULTED *you* ABOUT *that,* Je vous ai consulté là-dessus.
to cope	with.	*You cannot* COPE WITH *him,* Vous ne pouvez lui tenir tête.
to cork	up.	*You* CORK UP *a bottle,* Vous bouchez une bouteille.
to cover	over.	*He* COVERS OVER *his design,* Il cache son dessein.
to count	up.	*He* COUNTS UP *his gains,* Il fait le calcul de ce qu'il a gagné.
to cringe	to.	*He* CRINGES TO *the minister,* Il fait le chien couchant auprès du ministre.
to cry	down.	*He* CRIES DOWN *my goods,* Il décrie ma marchandise.
	for.	*The child* CRIES FOR *an apple,* L'enfant pleure pour avoir une pomme.
	off.	*I* CRY OFF, Je n'en suis plus.
	out.	*He* CRIED OUT, Il s'écria.
	out—against.	*He* CRIES OUT AGAINST *me,* Il crie contre moi.
	out—to.	*He* CRIED OUT TO *me to stop,* Il m'a crié de m'arrêter.
	unto.	*He* CRIED UNTO *God,* Il invoqua Dieu.
	up.	*He* CRIES UP *his goods,* Il vante sa marchandise.
to cull.	out.	*He* CULLS OUT *the best,* Il choisit les meilleurs.

VERBES.	PRÉPOSIT.	EXEMPLES.
To curb	up.	*He* CURBS UP *his horse,* Il gourme son cheval.
to curl	up.	*He* CURLS UP *his hair,* Il frise ses cheveux.
to cut	away.	*He* CUTS AWAY *the branches,* Il coupe les branches.
	down.	*He* CUTS DOWN *a tree,* Il coupe un arbre.
	off.	*He* CUTS OFF *my arm,* Il me coupe le bras.
	out.	*He* CUTS OUT *a coat,* Il coupe un habit.
	up.	*He* CUTS UP *a fowl,* Il découpe un poulet.
to dangle	about.	*He* DANGLES ABOUT *his wife,* Il est pendu à la ceinture de sa femme.
to deal	in.	*He* DEALS IN *political matters,* Il se mêle de politique.
	out.	*I* DEAL OUT *the shares,* Je distribue les portions.
	with, by.	*You* DEAL *hardly* WITH *me,* Vous en usez durement avec moi.
to debate	about.	*We* DEBATE ABOUT *that,* Nous discutons là-dessus.
	on, upon.	*We* DEBATE ON *that subject,* Nous discutons sur ce sujet.
to decide	upon, on.	*I* DECIDE UPON *that case,* Je décide ce cas.
to design	for.	*I* DESIGN *it* FOR *a sacrifice,* Je le destine à un sacrifice.
to dine	upon, on.	*I* DINE UPON *fish,* Je mange du poisson à dîner.
to dish	up.	*I* DISH UP *the meat,* Je mets la viande dans le plat.
to dispense	with.	*I* DISPENSE WITH *that,* Je me dispense de cela.
to displease	. . . .	*I* DISPLEASE *him,* Je lui déplais.
to do	away.	*I* DO AWAY *that objection,* J'écarte cette objection.
	up.	*I* DO UP *my bundle,* Je fais mon paquet.
	with.	*I have* DONE WITH *that,* J'ai fini cela.
to domineer	over.	*You* DOMINEER OVER *me,* Vous me tyrannisez.
to dote	on, upon.	*You* DOTE UPON *her,* Vous l'aimez à la folie.

VERBES.	PRÉPOSIT.	EXEMPLES.
To draw	aside.	*He* DRAWS *me* ASIDE, Il me tire à l'écart.
	away.	*You* DRAW AWAY *my friends*, Vous emmenez mes amis.
	near.	*He* DRAWS NEAR *us*, Il s'approche de nous.
	off.	*He* DREW OFF *his forces*, Il retira ses forces.
	on.	*He* DRAWS ON *the enemy*, Il attire l'ennemi.
	out.	*He* DRAWS OUT *the army*, Il met la troupe sous les armes.
	over.	*He* DRAWS OVER *the poor*, Il gagne les pauvres.
	up.	*He* DRAWS UP *a writing*, Il dresse un écrit.
	up.	*He* DRAWS UP *his soldiers*, Il range ses soldats.
to dress	in.	*He is* DRESSED *in black*, Il est habillé de noir.
	up.	*You* DRESS UP *your children*, Vous parez trop vos enfants.
to drink	down.	*He* DRINKS DOWN *all*, Il avale tout.
	off.	*He* DRINKS OFF *his glass*, Il vide son verre.
	out of.	*He* DRINKS OUT OF *a glass*, Il boit dans un verre.
to drive	at.	*What is he* DRIVING AT ? Où veut-il en venir?
	away.	*He* DRIVES AWAY *the enemy*, Il chasse l'ennemi.
	in, into.	*He* DRIVES *us* IN, Il nous fait entrer.
	off.	*He* DRIVES OFF *the enemy*, Il repousse l'ennemi.
	off.	*He* DRIVES OFF, Il s'en va en voiture.
	on.	*He* DRIVES *us* ON, Il nous fait avancer.
to drop	in.	*I* DROPPED IN *at dinner time*, J'entrai au moment du dîner.
	out.	*He* DROPS OUT, Il disparaît.
to dry	up.	*The sun* DRIES UP *the grass*, Le soleil dessèche l'herbe.
	up.	DRY UP *your tears*, Essuyez vos larmes.

VERBES.	PRÉPOSIT.	EXEMPLES.
To eat	up.	*You* EAT UP *the loaf,* Vous mangez tout le pain.
to eke	out.	*You* EKE OUT *the time,* Vous allongez le temps.
to enjoy	....	*He* ENJOYS *his holidays,* Il jouit de ses vacances.
to except	against.	*I* EXCEPT AGAINST *it,* Je le rejette.
to expostulate	with—upon.	*I* EXPOSTULATED WITH *him* UPON *that subject,* Je me plaignis à lui là-dessus.
to face	about.	*He* FACED ABOUT, Il fit volte-face.
	down, out.	*He* FACED DOWN *that story,* Il soutint cette histoire effrontément.
to fail	in.	*He* FAILED IN *his entreprise,* Il échoua dans son entreprise.
to faint	away.	*I* FAINTED AWAY, Je tombai en défaillance.
to fall	back.	FALL BACK, Reculez.
	down.	*He* FALLS DOWN, Il tombe à terre.
	from.	*He* FALLS FROM *his word,* Il se dédit.—Il manque à sa parole.
	into.	*I* FELL INTO *his scheme,* Je trouvai son plan bon.
	in with.	*I* FELL IN WITH *an old acquaintance,* Je rencontrai par hasard une ancienne connaissance.
	off.	*His friends* FALL OFF, Ses amis l'abandonnent.
	on.	FALL ON, Commencez.
	out.	*It* FELL OUT *that he did not go,* Il se trouva qu'il n'y allait pas.
	out.	*We have* FALLEN OUT, Nous nous sommes brouillés.
	out of.	*My money* FELL OUT OF *my hand,* Mon argent me tomba de la main.
	to.	*I* FALL TO, Je commence.
to fasten	on, upon.	*I* FASTEN UPON *him,* Je le saisis.
to fawn	upon.	*He* FAWNS UPON *me,* Il me flatte lâchement.
to feed	with.	*I* FEED *him* WITH *bread,* Je le nourris de pain.

VERBES.	PRÉPOSIT.	EXEMPLES.
To fetch	away.	*He* FETCHES AWAY *every thing,* Il emporte tout.
to fight	out.	*I will* FIGHT OUT *the battle,* Je combattrai jusqu'à la fin.
to file	off.	*They* FILE OFF, Il s'en vont à la file.
to fill	out.	*I* FILL OUT *the wine,* Je verse le vin.
	up.	*I* FILL UP *the glasses,* Je remplis les verres.
	with.	*He* FILLS *the bottle* WITH *wine,* Il remplit la bouteille de vin.
to find	out.	*I have* FOUND OUT *the secret,* J'ai découvert le secret.
to fire	at, upon.	*I* FIRED AT *him,* Je tirai sur lui.
to fit	out.	*He* FITS OUT *a ship,* Il arme un navire.
	up.	*He* FITS UP *a house,* Il arrange une maison.
to flaunt	about.	*She* FLAUNTS ABOUT, Elle se pavane.
to flinch	from.	*He* FLINCHES FROM *his duty,* Il recule devant son devoir.
to fling	away.	*He* FLINGS AWAY *his money,* Il jette son argent.
	down.	*He* FLINGS DOWN *his arms,* Il met bas les armes.
	out.	*He* FLINGS OUT, Il sort brusquement.
	out.	*He* FLINGS OUT *a defiance,* Il jette au hasard un défi.
	out.	*He is* FLUNG OUT, Il est rejeté.
to flock	to.	*They* FLOCK TO *him,* Ils se rendent chez lui en foule.
to fly	about.	*The news* FLIES ABOUT, La nouvelle se répand.
	at.	*She* FLIES AT *him,* Elle se jette sur lui.
	away.	*They* FLY AWAY, Ils s'enfuient.
	in.	*He* FLIES IN *my face,* Il m'insulte.
	off.	*He* FLIES OFF, Il part comme une flèche.
	out.	*The bird* FLIES OUT *of the cage,* L'oiseau sort de la cage.

VERBES.	PRÉPOSIT.	EXEMPLES.
To fly	out.	*She* FLIES OUT, Elle s'emporte.
to fold	up.	*I* FOLD UP *a letter*, Je plie une lettre.
to follow	up.	*He* FOLLOWED UP *his blow*, Il redoubla ses coups.
to force	in.	*He* FORCED *them* IN, Il les obligea d'entrer.
	out.	*He* FORCED OUT *his neighbours*, Il fit sortir ses voisins.
to fret	at.	*I* FRET AT *it*, Cela me chagrine.
to frown	at, on.	*I* FROWN AT *him*, Je le regarde en fronçant le sourcil.
to furl	up.	*They* FURL UP *the sails*, Ils plient les voiles.
to gad	about.	*You* GAD ABOUT, Vous courez çà et là.
to gape	at.	*He* GAPES AT *that*, Il regarde cela avec surprise.
to gather	together.	*You* GATHER TOGETHER, Vous vous rassemblez.
	up.	*You* GATHER UP *your clothes*, Vous ramassez vos habits.
to gaze	at, on.	*You* GAZE AT *me*, Vous me regardez fixement.
to get	above.	*I* GET ABOVE *him*, Je le surpasse.
	abroad.	*I* GET ABROAD, Je sors de la maison.
	along.	GET ALONG, Allez en avant, marchez.
	at.	*I cannot* GET AT *it*, Je ne puis pas l'atteindre.
	away.	GET AWAY, Allez-vous-en.
	before.	*I* GET BEFORE, Je me mets en avant.
	behind.	*You* GET BEHIND, Vous vous mettez en arrière.
	by.	*I* GET BY *that*, Je gagne à cela.
	down.	*I* GET DOWN, Je descends.
	from.	*I* GET FROM *him*, Je lui échappe.
	in, into.	*I* GET IN, J'entre.

VERBES.	PRÉPOSIT.	EXEMPLES.
	off.	*I* GET OFF, Je me débarrasse.
	on.	*I* GET ON, Je m'avance.
	out.	*I* GET OUT, Je sors.
To get	over.	*He* GETS OVER *the wall*, Il passe par-dessus le mur.
	through.	*I* GET THROUGH, Je passe à travers.
	up.	*I* GET UP *the ladder*, Je monte sur l'échelle.
	up.	*I* GET UP, Je me lève.
	away.	*He* GIVES AWAY *money*, Il donne de l'argent.
	back.	*He* GAVE *me* BACK *the book*, Il m'a rendu le livre.
	in.	*He* GIVES IN, Il cède.
to give	off.	GIVE OFF, Cessez.—Désistez-vous.
	out.	*He* GIVES OUT, Il publie.
	over.	*I* GIVE OVER *all*, Je désespère de tout.—Je quitte tout.
	up.	*I* GIVE UP *my interest*, Je cède mon intérêt.
to glare	at.	*He* GLARES AT *me*, Il me regarde d'un air terrible.
	about.	*I am* GOING ABOUT *that*, Je vais me mettre à faire cela.
	abroad.	*I am* GOING ABROAD, Je vais à l'étranger.
	against.	*It* GOES AGAINST *me*, Cela me répugne.
	along.	GO ALONG, Allez-vous-en.
to go	astray.	*You* GO ASTRAY, Vous vous égarez.
	away.	*You* GO AWAY, Vous vous en allez.
	by.	*I* GO BY *your name*, Je prends votre nom.
	by.	*I* GO BY *your instructions*, Je suis vos instructions.
	by.	*I* GO BY *your house*, Je passe devant votre maison.

VERBES.	PRÉPOSIT.	EXEMPLES.
To go.	down.	*I* GO DOWN, Je descends.
	for.	*I* GO FOR *your servant*, Je vais chercher votre domestique.
	off.	*I* GO OFF, Je m'en vais.
	on.	Go ON, Allez toujours.—Avancez.
	out.	*You* GO OUT, Vous sortez.
	up.	*I* GO UP, Je monte.
to grasp	at.	*I* GRASP AT *that*, Je tâche de saisir cela.
to grow	into.	*That* GROWS INTO *fashion*, Cela vient à la mode.
	near.	*Il* GROWS NEAR *the time*, Le temps s'approche.
	out.	*That* GROWS OUT *of fashion*, Cela n'est plus à la mode.
	towards.	*That* GROWS TOWARDS *its end*, Cela touche à sa fin.
to grumble	at.	*He* GRUMBLES AT *every thing*, Il murmure de tout.
to hang	about.	*He* HANGS ABOUT *her neck*, Il s'attache à son cou.
	down.	*He* HANGS DOWN *his head*, Il baisse la tête.
	on, upon.	*He* HANGS UPON *my hands*, Il m'est à charge.
	out.	*He* HANGS OUT *his flag*, Il arbore son pavillon.
	up.	*He* HANGS UP *his hat*, Il accroche son chapeau.
to hanker	after.	*He* HANKERS AFTER *that*, Il soupire après cela.
to harp	on.	*He is always* HARPING *on the same story*, Il revient continuellement sur la même histoire.
to have	at.	*I will* HAVE AT *him*, Je l'attaquerai.
to heal	up.	*His wounds* HEAL UP, Ses blessures se guérissent.
to hear	out.	*I will* HEAR OUT *your tale*, J'écouterai votre conte jusqu'à la fin.
to help	down.	*I* HELP *you* DOWN, Je vous aide à descendre.

VERBES.	PRÉPOSIT.	EXEMPLES.
To help	forward.	*I* HELP *him* FORWARD, Je l'avance. — Je lui donne un coup de main.
	into.	*I* HELP *you* INTO *the house*, Je vous aide à entrer dans la maison.
	on.	*I* HELP *you* ON, Je vous donne un coup de main.
	out.	*You* HELP *me* OUT, Vous m'aidez à sortir.—Vous me tirez d'affaire.
	over.	*You* HELP *him* OVER, Vous l'aidez à passer.
	to.	HELP *me* TO *something*, Procurez-moi quelque chose. — Donnez-moi quelque chose.
	up.	*I* HELP *him* UP, Je l'aide à se lever, à monter.
to hem	in.	*He* HEMMED IN *the army*, Il investit l'armée.
to hide	from.	*I* HID *it* FROM *him*, Je le lui cachai.
to hit	in, upon.	*I* HIT UPON *the man I want*, Je rencontre l'homme dont j'ai besoin.
	off.	*I* HIT OFF *the thing*, Je fis la chose du premier coup.
to hold	forth.	*He* HOLDS FORTH, Il met en avant.—Il fait un discours public.
	in.	*He* HOLDS IN *his hand*, Il retient sa main.
	off.	*He* HOLDS OFF *the enemy*, Il tient l'ennemi à distance.
	on.	*He* HOLDS ON, Il continue.
	out.	*He* HOLDS OUT *his hand*, Il tend la main.
	up.	*He* HOLDS UP *his head*, Il lève la tête.
	with.	*He* HOLDS WITH *you*, Il est de votre avis.
to hope	for.	*I* HOPE FOR *it*, Je l'espère.
to hunt	after.	*I* HUNT AFTER *you*, Je vous cherche.
	down.	*We* HUNTED DOWN *a hare*, Nous avons forcé un lièvre.
to hurry	away.	*He* HURRIES *me* AWAY, Il m'entraîne précipitamment.

VERBES.	PRÉPOSIT.	EXEMPLES.
To hurry	on.	*He* HURRIES *me* ON, Il me presse.
to impose	on, upon.	*You* IMPOSE ON *me*, Vous m'en imposez.
to impress	with.	*He is* IMPRESSED WITH *respect*, Il est pénétré de respect.
to inquire	about.	*I* INQUIRE ABOUT *that*, Je m'informe de cela.
	into.	*I* INQUIRE INTO *that*, Je fais des recherches là-dessus.
to intrude	on.	*He* INTRUDES ON *us*, Il nous interrompt mal à propos.
to jest	at.	*You* JEST AT *that*, Vous vous moquez de cela.
to jog	on.	*I* JOGGED ON, Je m'avançai lentement.
to jump	up.	*I* JUMP UP, Je monte en sautant. — Je me lève vite.
to keep	asunder.	*I* KEEP *them* ASUNDER, Je les tiens séparés.
	away.	*I* KEEP AWAY *from you*, Je me tiens éloigné de vous.
	back.	*He* KEEPS *me* BACK, Il me retient.
	down.	*You* KEEP *him* DOWN, Vous le tenez dans le respect.
	in.	KEEP *the fire* IN, Ne laissez pas s'éteindre le feu.
	in.	*The pupils are* KEPT IN, Les élèves sont mis en retenue.
	off.	*You* KEEP OFF *the enemy*, Vous tenez l'ennemi à distance.
	on.	KEEP ON, Continuez.
	out.	*I* KEEP OUT *the enemy*, Je tiens au loin l'ennemi.
	to.	*I* KEEP *it* TO *myself*, Je le garde pour moi.
	up.	*You* KEEP UP *the farce*, Vous continuez la farce.
	up.	KEEP UP *the fire*, Entretenez le feu.
	under.	*He* KEEPS *him* UNDER, Il le tient en bride.
	within.	*I* KEEP WITHIN *doors*, Je reste à la maison.
to kick	at.	*He* KICKS AT *him*, Il tâche de lui donner un coup de pied.

VERBES.	PRÉPOSIT.	EXEMPLES.
To kick	up.	*He* KICKS UP *a row,* Il fait du tapage.
to kneel	down to.	*He* KNEELS DOWN TO *her*, Il se met à genoux devant elle.
to knock	down.	*He* KNOCKS *every thing* DOWN, Il renverse tout.
	in.	*He* KNOCKS IN *a nail,* Il enfonce un clou.
	off.	*He* KNOCKS OFF *his chains,* Il secoue ses fers.
	on.	*They* KNOCK *him* ON *the head,* Ils l'assomment.
	under.	*He* KNOCKS UNDER, Il se rend.
	up.	*I am* KNOCKED UP, Je suis éreinté.
to laugh	at.	*I* LAUGH AT *you,* Je me moque de vous.
	out.	*He* LAUGHS OUT, Il éclate de rire.
to launch	forth.	*He* LAUNCHES FORTH *in your praise,* Il fait de grands éloges de vous,
to lay	about.	*I* LAY ABOUT, Je frappe de tous côtés.
	against.	*I* LAY *an information* AGAINST *you,* Je porte plainte contre vous.
	aside.	*I* LAY ASIDE *my money,* Je mets mon argent de côté.
	before.	*I* LAID *the matter* BEFORE *him,* Je lui ai soumis l'affaire.
	by.	*I* LAY BY *money,* Je mets de côté de l'argent.
	down.	*I* LAY DOWN *my arms,* Je mets bas les armes.
	in.	*I* LAY IN *a store,* Je fais une provision.
	on.	*I* LAY ON *him,* Je le bats.
	out.	*I* LAY OUT *my money,* Je dépense mon argent.
	to.	*I* LAY *that* TO *your charge,* Je vous accuse de cela.
	up.	*I* LAY UP *money,* Je mets de côté de l'argent.
	up.	*He is* LAID UP, Il est alité.

VERBES.	PRÉPOSIT.	EXEMPLES.
To let	down.	LET DOWN *this barrel of wine into the cellar,* Descendez cette pièce de vin à la cave.
	in, into.	*I* LET *you* IN, Je vous laisse entrer.
	off.	*You* LET OFF *a gun,* Vous déchargez un fusil.
	off.	*You* LET *him* OFF, Vous l'excusez.
	out.	*You* LET *him* OUT, Vous lui permettez de sortir.
	out.	*I* LET OUT *my horse,* Je loue mon cheval.
	out.	*You* LET *the fire* OUT, Vous laissez s'éteindre le feu.
	up.	LET *him* UP, Laissez-le monter.
to lie	about.	*Your books* LIE ABOUT, Vos livres traînent.
	down.	*I* LIE DOWN, Je me couche.
	in.	*She* LIES IN, Elle fait ses couches.
	out.	*He* LIES OUT, Il s'étend.
	over.	*The business* LIES OVER, L'affaire est en suspens.
to lift	up.	*I* LIFT UP *my head,* Je lève la tête.
to light	on, upon.	*I* LIGHT UPON *him,* Je le trouve par hasard.
	up.	*I* LIGHT UP *the fire,* J'allume le feu.
to listen	to.	*I* LISTEN TO *him,* Je l'écoute.
to lock	away.	*I have* LOCKED *it* AWAY, Je l'ai enfermé sous clef.
	in.	*I* LOCK IN *my dog,* J'enferme mon chien.
	out.	*He* LOCKS *me* OUT, Il me ferme la porte.
	up.	*He* LOCKS UP *the box,* Il ferme la boîte à clef.
to long	for.	*He* LONGS FOR *that,* Il soupire après cela.

VERBES.	PRÉPOSIT.	EXEMPLES.
	about.	*I* LOOK ABOUT, Je cherche partout.
	about.	LOOK ABOUT *you,* Prenez garde à vous.
	after.	LOOK AFTER *your book,* Cherchez votre livre.
	after.	LOOK AFTER *him,* Veillez à lui.
	at.	*I* LOOK AT *you,* Je vous regarde.
	down.	*He* LOOKED DOWN, Il baissa les yeux.
	down upon.	*He* LOOKS DOWN UPON *us,* Il nous regarde du haut de sa grandeur.
	for.	*I* LOOK FOR *you,* Je vous cherche.
	in.	LOOK IN *as you come back,* Passez chez moi en revenant.
	into.	*I* LOOK INTO *that,* J'examine cela.
	on.	*He* LOOKED ON, Il a vu faire.
To look	on.	*My window* LOOKS ON *the river,* Ma fenêtre donne sur la rivière.
	on.	*I* LOOK ON *him as an honest man,* Je le considère comme un honnête homme.
	out.	*I* LOOK OUT *of the window,* Je regarde par la fenêtre.
	out.	LOOK OUT, Ayez l'œil au guet.
	out for.	*I* LOOK OUT FOR *a house,* Je cherche une maison.
	over.	*I* LOOK OVER *the wall,* Je regarde par-dessus le mur.
	over.	*He is* LOOKING OVER *his lesson,* Il repasse sa leçon.
	to.	LOOK TO *that child,* Ayez l'œil sur cet enfant.
	up.	LOOK UP, Levez les yeux. — Relevez-vous.
	up.	LOOK UP *as you go by,* Montez chez moi en passant.
	up to.	*He* LOOKS UP TO *you,* Il vous considère comme son supérieur.
to make	away with.	*He* MADE AWAY WITH *himself,* Il se donna la mort.
	off.	*I* MAKE OFF, Je m'esquive.

VERBES.	PRÉPOSIT.	EXEMPLES.
	out.	*I* MAKE OUT *an account,* Je fais un compte.
	out.	*I can't* MAKE *it* OUT, Je ne le comprends pas.
	over.	*I* MAKE OVER *my fortune to you,* Je vous transmets ma fortune.
	up.	MAKE UP *this letter,* Pliez cette lettre.
To make	up.	*I* MAKE UP *an account,* Je clos un compte.
	up.	*I shall* MAKE UP *that sum,* Je compléterai cette somme.
	up.	*They* MADE *it* UP, Ils se sont réconciliés.
	up.	*I* MAKE UP *to him,* Je m'avance vers lui.
	up for.	*I* MAKE UP FOR *that,* Je supplée à cela.
to meddle	with.	*He* MEDDLES WITH *this affair,* Il se mêle de cette affaire.
to meditate	on, upon.	*I* MEDITATE UPON *that,* Je médite sur cela.
to mete	out.	*I* METE OUT, Je distribue.
to meet	with.	*I* MEET WITH *them often,* Je les rencontre souvent.
to melt	down.	*I* MELT DOWN *gold,* Je fonds de l'or.
	into.	*He* MELTED INTO *tears,* Il fondit en larmes.
to mix	up.	*I* MIX UP, Je mêle.
to nail	down.	*They* NAILED DOWN *the lid of the box,* Ils ont cloué le couvercle de la boîte.
	up.	*They* NAIL UP *the door,* Ils condamnent la porte.
to nibble	at.	*They* NIBBLE AT *it,* Ils mordent dessus.
to note	down.	*He* NOTES *it* DOWN, Il en prend note.
to originate	in.	*That* ORIGINATES *in idleness,* Cela provient de la paresse.
to pack	off.	*He* PACKED OFF, Il plia bagage.
	up.	*He* PACKED UP *his clothes,* Il empaqueta ses habits.
to pant.	for.	*He* PANTS FOR *breath,* Il est tout haletant.

VERBES.	PRÉPOSIT.	EXEMPLES.
To pant	for.	*He* PANTS FOR *glory*, Il soupire après la gloire.
to parcel	out.	*I* PARCEL OUT *your work*, Je divise votre ouvrage.
to part	with.	*I* PART WITH *you*, Je vous quitte.
to part	with.	*I* PART WITH *my horse*, Je me défais de mon cheval.
to partake	of.	*I* PARTAKE OF *your meal*, Je partage votre repas.
to pass	along.	*The hours* PASS ALONG, Les heures s'écoulent.
	away.	*The time* PASSES AWAY, Le temps se passe.
	by.	*I* PASS BY *the house*, Je passe devant la maison.
	by.	*He* PASSED *it* BY, Il l'omit.
	on.	PASS ON, Avancez.—Continuez.
	over.	*I* PASS OVER *a fault*, Je passe une faute.
	over.	*I have* PASSED *that* OVER, J'ai négligé cela.
to patch	up.	*I* PATCH *it* UP, Je le rapetasse.
to pay	away.	*I* PAY AWAY *large sums*, Je paye de fortes sommes.
	down.	*I* PAY DOWN *money*, Je paye argent comptant.
	for.	*I* PAY FOR *my house*, Je paye ma maison.
	off.	*I* PAY OFF *my servant*, Je renvoie mon domestique.
	off.	*I* PAY OFF *a bill*, Je paye un mémoire.
to peep	at.	*You* PEEP AT *me*, Vous me regardez.
	in.	*You* PEEP IN, Vous regardez dedans.
	out.	*You* PEEP OUT, Vous regardez dehors.
	over.	*You* PEEP OVER, Vous regardez par-dessus.
	up.	*You* PEEP UP, Vous regardez en haut.
to pen	down.	*I have* PENNED *that* DOWN, J'ai mis cela par écrit.

VERBES.	PRÉPOSIT.	EXEMPLES.
To pen	up.	*I* PEN UP *my sheep,* Je parque mes moutons.
to pick	up.	*I* PICK UP *this pen,* Je ramasse cette plume.
to piece	up.	*You* PIECE UP *your coat,* Vous rapetassez votre habit.
to pin	down.	*He is* PINNED DOWN *to his desk,* Il est cloué à son pupitre.
	up.	*You* PIN UP *your gown,* Vous troussez votre robe.
to pinch	off.	*You* PINCH OFF *something,* Vous arrachez quelque chose.
to pine	away.	*He* PINES AWAY, Il dépérit.
	for.	*You* PINE FOR *a place,* Vous soupirez après une place.
to pique	upon.	*I* PIQUE *myself* UPON *that quality,* Je me pique de cette qualité.
to pitch	upon, on.	*We* PITCH UPON *this one,* Nous choisissons celui-ci.
to plaster	over.	*He* PLASTERS OVER *the affair,* Il plâtre l'affaire.
	up.	*I* PLASTER UP *a hole in the wall,* Je bouche un trou au mur.
to play	on.	*He* PLAYS ON *the fiddle,* Il joue du violon.
to please	....	*He* PLEASES *me,* Il me plaît.
to pluck	off.	*You* PLUCK OFF *the feathers,* Vous enlevez les plumes.
	out.	*They* PLUCK OUT *his eyes,* Ils lui arrachent les yeux.
	up.	*You* PLUCK UP *the plant,* Vous déracinez la plante.
to point	at.	*He* POINTS AT *you,* Il vous montre au doigt.
	out.	*He* POINTS OUT *the man,* Il indique l'homme.
	to.	*He* POINTS TO *the window,* Il désigne du doigt la fenêtre.
to pop	down.	*He* POPPED DOWN, Il descendit subitement.
	in.	*He* POPS IN, Il entre subitement.
	off, away.	*He* POPPED OFF, Il s'esquiva.
	out.	*He* POPPED OUT, Il sortit subitement.

VERBES.	PRÉPOSIT.	EXEMPLES.
To pop	up.	*He* POPPED UP, Il se leva.—Il monta subitement.
to portion	out.	*I* PORTION OUT *the money,* Je distribue l'argent.
to post	up.	*He* POSTS UP *a paper,* Il affiche un papier.
to pour	down.	*The rain* POURS DOWN, La pluie tombe à verse.
	forth.	*He poured forth blessings,* Il répandit des bénédictions.
	out.	*He* POURS OUT *the wine,* Il verse le vin.
to preach	up.	*He* PREACHES UP *his constancy,* Il prône sa constance.
to present	with.	*I* PRESENTED *him* WITH *a book,* Je lui présentai un livre.
to preside	over.	*He* PRESIDES OVER *an assembly,* Il préside à une assemblée.
to press	on, upon.	*I* PRESSED *it* UPON *him,* Je le lui fis sentir.
to presume	on, upon.	*He* PRESUMES ON *his merit,* Il présume trop de son mérite.
to prevail	against.	*I* PREVAILED AGAINST *him,* Je l'emportai sur lui.
	on, upon.	*I* PREVAILED ON *him to come,* Je lui persuadai de venir.
	over.	*I* PREVAILED OVER *him,* Je l'emportai sur lui.
	with.	*I* PREVAILED WITH *him to drink,* Je l'ai entraîné à boire.
to prick	up.	*The dog* PRICKS UP *his ears,* Le chien dresse les oreilles.
to profit	by.	*He* PROFITS BY *my error,* Il profite de mon erreur.
to puff	up.	*He is* PUFFED UP *with pride,* Il est bouffi d'orgueil.
to pull	away.	*He* PULLED *it* AWAY *from me,* Il me l'arracha.
	down.	*He* PULLS DOWN *the church,* Il démolit l'église.
	in.	*He* PULLS IN *his hand,* Il retire sa main.
	off.	*He* PULLS OFF *his boots,* Il tire ses bottes.
	off.	*He* PULLS OFF *his hat,* Il ôte son chapeau.
	up.	*He* PULLS UP *a tree,* Il déracine un arbre.

VERBES.	PRÉPOSIT.	EXEMPLES.
To pump	out of.	*You have* PUMPED *the secret* OUT OF *him,* Vous lui avez tiré le secret.
	up.	*We* PUMP UP *water,* Nous pompons de l'eau.
to punish	with.	*He was* PUNISHED WITH *death,* Il fut puni de mort.
to purse	up.	*She* PURSES UP *her mouth,* Elle fait la petite bouche.
to push	on.	*I* PUSH *him* ON, Je le pousse.—Je l'avance.
to put	about.	PUT ABOUT *the glass,* Faites boire à la ronde.
	away.	PUT AWAY *your books,* Serrez vos livres.
	by.	*He* PUTS BY *what he earns,* Il met de côté ce qu'il gagne.
	down.	*I* PUT DOWN *my gun,* Je mets mon fusil à terre.
	down.	*I* PUT *it* DOWN *in writing,* Je l'ai couché par écrit.
	down.	*I* PUT *him* DOWN, Je l'humilie.
	forth.	*The trees* PUT FORTH *leaves,* Les arbres poussent des feuilles.
	forth.	*He* PUTS FORTH *a proposal,* Il fait une proposition.
	in.	*I* PUT IN *my part,* J'y mets ma quote-part.
	into.	*I* PUT INTO *the port,* J'entrai dans le port.
	off.	*We* PUT OFF *from the land,* Nous nous éloignâmes de terre.
	off.	*The meeting was* PUT OFF, La réunion fut ajournée.
	on.	*I* PUT ON *my hat,* Je mets mon chapeau.
	out.	*He* PUTS OUT *his money,* Il place son argent.
	out.	PUT HIM OUT, Mettez-le à la porte.
	out.	*They* PUT OUT *his eyes,* Ils lui arrachent les yeux.
	out.	PUT OUT *the candle,* Soufflez, éteignez la chandelle.
	to.	PUT *the horses* TO, Attelez les chevaux.
	to.	PUT *the door* TO, Poussez la porte.

VERBES.	PRÉPOSIT.	EXEMPLES.
	to.	*I* PUT *him* TO *it*, Je lui ai donné du fil à retordre.
	to.	*I am* PUT TO *it*, Je suis embarrassé.
	up.	*He* PUTS UP *his goods for sale*, Il expose ses marchandises en vente.
	up.	*He* PUTS UP *the game*, Il fait lever le gibier.
	up.	PUT UP *your sword*, Rengainez votre épée.
To put	up.	*We* PUT UP *at a small inn*, Nous descendîmes à une petite auberge.
	up for.	*He* PUTS UP FOR *that situation*, Il se met sur les rangs pour cette place.
	up to.	*I* PUT *him* UP TO *it*, Je lui ai donné le mot.
	up—with.	*I* PUT UP WITH *your conduct*, Je tolère votre conduite.
	upon.	*He* PUTS UPON *him*, Il l'exploite.
to quake	at.	*I* QUAKED AT *that*, Cela me fit trembler.
	with, for.	*I* QUAKED WITH *fear*, Je tremblai de peur.
to raffle	for.	*They* RAFFLE FOR *a hat*, Ils jouent un chapeau à la loterie.
to rail	against.	*He* RAILS AGAINST *me*, Il m'injurie.
	at.	*He* RAILS AT *me*, Il m'outrage.
to rap.	at.	*He* RAPS AT *the door*, Il frappe à la porte.
	out.	*He* RAPS OUT *an oath*, Il laisse échapper un jurement.
to ravish	with.	*I am* RAVISHED WITH *that*, J'en suis ravi.
to reach	out—after.	*He* REACHES OUT *his arm* AFTER *my stick*, Il étend le bras pour avoir mon bâton.
	on.	*We* READ ON, Nous continuons de lire.
	out.	READ OUT, Lisez à haute voix.
to read	over.	*We* READ OVER *the paper*, Nous avons parcouru le journal.
	over and over.	*I have* READ *that book* OVER AND OVER, J'ai lu et relu ce livre.
	through.	*We have* READ *the book* THROUGH, Nous avons lu tout le livre.

VERBES.	PRÉPOSIT.	EXEMPLES.
To reckon	on, upon.	*I* reckon upon *his arrival,* Je compte sur son arrivée.
	up.	*I* reckon up *what i have gained,* Je fais le calcul de ce que j'ai gagné.
to rejoice	at.	*He* rejoices at *your good fortune,* Il se réjouit de votre bonne fortune.
to rely	on.	*I* rely on *your word,* Je compte sur votre parole.
to ride	on.	*He* rides on *horseback,* Il monte à cheval.
to rig	out.	*I* rig out *a ship,* J'équipe un navire.
to rip	up.	*She* ripped up *her gown,* Elle a déchiré sa robe.
to rise	up.	*They* rise up, · Ils s'élèvent.
to root	up.	*They* root up *a tree,* Ils déracinent un arbre.
	up, out.	*They* root up *every thing,* Ils extirpent tout.
to rouse	up.	*I* rouse up *the sluggards,* J'éveille les dormeurs.
to rub	away.	Rub away *the dirt,* Enlevez la boue.
	down.	*You* rub down *the horse,* Vous bouchonnez le cheval.
	off.	*I* rub off *the rust,* J'ôte la rouille.
	on.	*He* rubs on, Il fait son chemin.
	out.	Rub out *that spot,* Effacez cette tache.
	up.	*I* rub up *my buckles,* Je polis mes boucles.
	up.	*I* rub up *his memory,* Je lui rafraîchis la mémoire.
to rule	over.	*He* rules over *us,* Il nous commande.—Il nous gouverne.
to run	away.	*He* runs away, Il s'enfuit.
	away with.	*He* runs away with *my money,* Il emporte mon argent.
	down.	*He* runs *him* down, Il médit de lui.
	into.	*He* runs into *the field,* Il entre en courant dans le champ.
	into.	*He* runs into *debt,* Il contracte des dettes.

VERBES.	PRÉPOSIT.	EXEMPLES.
	off.	*He* RUNS OFF, Il se sauve.
	on.	*He* RUNS ON, Il parle à tort et à travers.
	on.	*The conversation* RAN ON *that subject,* La conversation roulait sur ce sujet.
	out.	*The barrel* RUNS OUT, Le baril coule.
	out of.	*He* RAN OUT OF *his fortune,* Il a mangé sa fortune.
To run	over.	*I* RUN OVER *to him,* Je passe de son côté.
	over.	*I* RUN OVER *the book,* Je parcours le livre.
	over.	*The bottle* RUNS OVER, La bouteille déborde.
	up.	*His account* RUNS UP, Son compte monte bien haut.
	up.	*He* RUNS UP *my account,* Il augmente mon compte.
	with.	*The sword* RAN WITH *blood,* L'épée dégouttait de sang.
	into.	*I* RUSHED INTO *the house,* Je me jetai dans la maison.
to rush	in—upon.	*I* RUSHED IN UPON *the enemy,* Je me précipitai sur l'ennemi.
	out.	*I* RUSHED OUT *of the house,* Je m'élançai hors de la maison.
	about.	*He* SAUNTERS ABOUT, Il flâne.
to saunter	away.	*He* SAUNTERS AWAY *his time,* Il passe son temps à flâner.
to scoff	at.	*He* SCOFFS AT *me,* Il se moque de moi.
to scold	at.	*He* SCOLDS AT *you,* Il crie après vous.
	off.	*He* SCRAPES OFF *the dirt,* Il ôte la boue.
	out.	*He* SCRAPES OUT *the mark,* Il efface la marque.
to scrap	up.	*He* SCRAPES UP *some money,* Il ramasse de l'argent.
	together.	*He* SCRAPED TOGETHER *a little money,* Il ramassa un peu d'argent.
	out.	*He* SCRATCHES OUT *a word,* Il efface un mot.
to scratch	out.	*He* SCRATCHES OUT *his eyes,* Il s'arrache les yeux.

28

VERBES.	PRÉPOSIT.	EXEMPLES.
To scruple	at.	*I* SCRUPLE AT *that*, Je m'en fais un scrupule.
to seal	up.	*I* SEAL UP *my letter*, Je cachette ma lettre.
to search	after.	*I* SEARCH AFTER *your brother*, Je cherche votre frère.
	out	*We will* SEARCH *it* OUT, Nous le découvrirons.
to seek	after.	*I* SEEK AFTER *you*, Je vous cherche.
	out.	SEEK *him* OUT, Cherchez-le.
to seize	upon.	*I* SEIZE UPON *him*, Je le saisis.
	upon.	*He* SEIZED UPON *my fortune*, Il s'empara de mon bien.
to send	away.	*I* SEND AWAY *the messenger*, Je renvoie le messager.
	for, after.	*You* SEND FOR *me*, Vous m'envoyez chercher.
to serve	out.	*He has* SERVED OUT *his time*, Il a achevé son temps.
	out.	*He has* SERVED OUT *the provisions*, Il a distribué les provisions.
	out.	*I* SERVED *him* OUT, Je lui ai donné son compte.
	up.	SERVE UP *the dinner*, Servez le dîner.
to set	about.	*I* SET ABOUT *it*, Je m'y mets.
	aside.	*That was* SET *aside*, Cela fut mis de côté.
	by.	*I* SET *it* BY, Je le mets de côté.
	down.	*I* SET *it* DOWN *in my book*, Je l'ai écrit dans mon livre.
	down.	*I* SET *it* DOWN *for a fact*, Je le regarde comme un fait.
	forward.	*I* SET FORWARD, Je pars.
	off, away.	*I* SET OFF, Je m'en vais.
	on.	*You* SET ON *the mob*, Vous excitez la populace.
	on.	*He* SET *the house* ON *fire*, Il mit le feu à la maison.
	on, upon.	*They* SET ON *us*, Ils nous attaquent.

VERBES.	PRÉPOSIT.	EXEMPLES.
	out.	*They* set out, Ils partent.
	out.	*I* set out *his land,* Je trace les bornes de sa terre.
To set	up.	*He* sets up *a cross,* Il élève une croix.
	up—for.	*He* sets up for *a professor,* Il se donne pour professeur.
	with.	*This garden is* set with *trees,* Ce jardin est planté d'arbres.
to shake	off.	*They* shake off *the yoke,* Ils secouent le joug.
	with.	*I* shake with *fear,* Je tremble de peur.
to shift	for.	*He* shifts for *himself,* Il se passe de toute aide.
	at.	*I* shoot at *him,* Je tire sur lui.
	forth.	*It* shoots forth, Il s'élance.
to shoot	out	*The trees* shoot out, Les arbres poussent.
	up.	*The child* shoots up, L'enfant croît à vue d'œil.
	away.	*He* shrinks away, Il se dérobe.
to shrink	from.	*He* shrinks from *danger,* Il recule devant le danger.
	in.	*He* shuts *me* in, Il m'enferme.
	out.	*He* shuts out *his servant,* Il ferme la porte sur son domestique.
to shut	up.	*He* shuts up *his house,* Il ferme sa maison.
	up.	*He* shuts *me* up, Il me renferme.
to single	out.	*He* singles *me* out, Il me choisit.—Il me distingue.
	down.	*I* sit down, Je m'assieds.
to sit.	up.	Sit up, Levez-vous.
	up.	*I* sit up. Je passe la nuit sans dormir.
	away.	*He* slinks away, Il s'échappe à la dérobée.
to slink	in.	*He* slunk in, Il est entré furtivement.

VERBES.	PRÉPOSIT.	EXEMPLES.
To slink	off.	*She* SLUNK OFF, Elle s'en alla secrétement.
	out.	*They* SLUNK OUT, Ils s'esquivèrent.
to slip	away.	*He* SLIPPED AWAY, Il s'en alla secrètement.
	down.	*He* SLIPS DOWN, Il se laisse tomber.
	into.	*She* SLIPPED INTO *the room,* Elle se glissa dans la chambre.
	off.	*She* SLIPS OFF, Elle s'en va à la dérobée.
	off.	*He* SLIPS OFF *his shoes,* Il ôte ses souliers.
	on.	*I* SLIP ON *my shoes,* Je mets mes souliers à la hâte.
	out.	*He* SLIPS OUT, Il sort à la dérobée.
to snap	at.	*The dog* SNAPS AT *it,* Le chien tâche de le mordre.
	up.	*He* SNAPS *me* UP, Il me brusque.
to snatch	at.	*They* SNATCH AT *it,* Ils tâchent de le saisir.
	away.	*He* SNATCHES *it* AWAY, Il l'arrache.
	off.	*I* SNATCHED *it* OFF, Je l'ai enlevé.
	up.	*He* SNATCHED *it* UP, Il le ramassa vivement.
to sneak	away, off.	*He* SNEAKS OFF, Il se dérobe lâchement.
to snuff	in.	*He* SNUFFS IN *the air,* Il aspire l'air.
	out.	*He* SNUFFS OUT *the candle,* Il éteint la chandelle en la mouchant.
to speak	out.	SPEAK OUT, Parlez haut.
	up.	SPEAK UP, Parlez hardiment.
to spin	out.	*You* SPIN OUT *the story,* Vous allongez l'histoire.
to spit	at.	*He* SPIT AT *them,* Il cracha sur eux.
	forth.	*The volcano* SPITS FORTH *flames,* Le volcan jette des flammes.
to sport	with.	*You* SPORT WITH *it,* Vous vous en faites un jeu.

VERBES.	PRÉPOSIT.	EXEMPLES.
To spring	up.	*The flowers* SPRING UP , Les fleurs poussent.
to spur	on.	*You* SPUR *him* ON, Vous le poussez.—Vous l'excitez.
to spurn	at.	*We* SPURN AT *that*, Nous rejetons cela avec dédain
to spy	out.	*He* SPIES OUT *my faults*, Il découvre mes fautes.
to squeeze	out.	*You* SQUEEZE OUT *the juice*, Vous exprimez le jus.
	against.	*They will not* STAND AGAINST *us*, Ils ne nous résisteront pas.
	back.	STAND BACK, Reculez.
	by.	STAND BY, *Sir*, Faites place, Monsieur.
	by.	*I* STOOD BY, J'étais présent.
	by.	*I* STAND BY *you*, Je vous soutiens.
	for.	*I* STAND FOR *a post*, Je brigue un emploi.
	for.	*A letter sometimes* STANDS FOR *a word*, Une lettre représente quelquefois un mot.
	for.	*I* STAND FOR *you*, Je tiens votre place.
	forth.	*Let him* STAND FORTH, Qu'il s'avance.
to stand	in.	*We* STAND IN *need of that*, Nous avons besoin de cela.
	in—for.	*We* STAND IN FOR *land*, Nous faisons voile pour la terre.
	off.	*We* STAND OFF, Nous gagnons le large.
	out.	*That part* STANDS OUT *too much*, Cette partie-là avance trop.
	out.	*The rock* STANDS OUT, Le rocher fait saillie.
	out—of.	*I* STAND OUT OF *your way*, Je m'ôte de votre chemin.
	to.	*We* STAND TO *the South*, Nous faisons voile au Sud.
	to.	*He* STANDS TO *it*, Il le soutient.
	upon.	*That* STANDS UPON *me*, Cela me concerne beaucoup.
	upon.	*I* STAND UPON *it*, Je m'y tiens.

VERBES.	PRÉPOSIT.	EXEMPLES.
To stand	with.	*That* STANDS WITH *my interest,* Cela s'accorde avec mon intérêt.
to stare	at.	*You* STARE AT *me,* Vous me regardez fixement.
to start	up.	*He* STARTS UP, Il se lève brusquement.
to stay	away.	*I shall* STAY AWAY *from here,* Je resterai éloigné d'ici.
	for.	*I* STAY FOR *you,* Je vous attends.
	on, upon.	*He* STAYS UPON *that,* Il met sa confiance en cela.
	up.	*She* STAYS UP *late,* Elle veille tard.
to steal	away.	*He* STEALS AWAY *my money,* Il vole mon argent.
	away, off.	*He* STEALS AWAY *from the company,* Il quitte la compagnie secrètement.
	on.	*They* STEAL ON, Ils s'avancent doucement.
	on, upon.	*They* STEAL UPON *us,* Ils nous surprennent.
to step	down.	*I* STEP DOWN, Je descends.
	in.	*I* STEP IN, J'entre.
	out.	*I* STEP OUT, Je sors.
	up.	*I* STEP UP, Je monte.
to stick	at.	*He* STICKS AT *that,* Il hésite sur cela.
	by.	*He* STICKS BY *me,* Il ne me quitte pas.
	out.	*This part of the rampart* STICKS OUT, Cette partie du rempart s'avance.
	out.	*I will not* STICK OUT, Je ne veux pas m'obstiner.
	to.	*We* STICK TO *it,* Nous y persévérons.
	up	*I* STICK UP *a paper,* J'affiche un papier.
to stir	out.	*You cannot* STIR OUT, Vous ne pouvez pas sortir.
	up.	*You* STIR UP *the mob,* Vous excitez la populace.
	up.	*You* STIR UP *the fire,* Vous remuez le feu.

VERBES.	PRÉPOSIT.	EXEMPLES.
To stock	with.	*I* STOCKED *it* WITH *provisions,* Je l'ai approvisionné de vivres.
	at.	*He* STOPS AT *that,* Cela l'arrête.
	for.	STOP FOR *me,* Attendez-moi.
to stop	from.	STOP *him* FROM *going there,* Empêchez-le d'y aller.
	out.	*You* STOP OUT *the mice,* Vous bouchez les trous des souris.
	up.	*You* STOP UP *the opening,* Vous bouchez l'ouverture.
to stretch	out.	*He* STRETCHES OUT *his arms,* Il étend les bras.
	at.	*He* STRIKES AT *me,* Il s'attaque à moi.
	down.	*He* STRUCK *him* DOWN, Il l'abattit.
	in.	*He* STRIKES IN, Il arrive tout à coup.
	in—with.	*I* STRIKE IN WITH *you,* Je me joins à vous.
to strike	out, off.	*I* STRIKE OUT *your name,* J'efface votre nom.
	through.	*They* STRIKE THROUGH *the wood,* Ils percent à travers le bois.
	up.	STRIKE UP *a tune,* Commencez un air.
	up.	*The fiddle* STRIKES UP, Le violon commence à jouer.
to strip	off.	*He* STRIPS OFF *his coat,* Il arrache son habit.
to struggle	with.	*He* STRUGGLES WITH *me,* Il lutte contre moi.
to stumble	upon.	*I* STUMBLED UPON *it,* Je l'ai rencontré par hasard.
	in.	*He* SUCKS IN *the juice,* Il suce le jus.
to suck	out of.	*He* SUCKS *the juice* OUT OF *the orange,* Il suce le jus de l'orange.
	up.	*The sponge* SUCKS UP *all the water,* L'éponge absorbe toute l'eau.
to sue	for.	*He* SUES FOR *an employment,* Il sollicite un emploi.
	up.	*I* SUM UP *the whole,* Je fais un résumé de tout.
to sum	up.	*I* SUM UP *the account,* Je fais l'addition du compte.

VERBES.	PRÉPOSIT.	EXEMPLES.
To sweep	away.	*They* SWEEP *all* AWAY, Ils emportent tout.
	along, with.	*I will* TAKE *you* ALONG *with me,* Je vous prendrai avec moi.
	away.	*You* TAKE AWAY *my life,* Vous m'ôtez la vie.
	away.	TAKE AWAY, Desservez.
	down.	*I* TAKE DOWN *a picture,* Je descends un tableau.
	down.	*I* TAKE DOWN *his pride,* Je rabats son orgueil.
	for.	*I* TOOK *you* FOR *my brother,* Je vous ai pris pour mon frère.
	in.	*He* TAKES IN *my brother,* Il fait entrer mon frère.
	in.	*He* TAKES IN *his coat,* Il rétrécit son habit.
	in.	*You have been* TAKEN IN, On vous a trompé.
	off.	*I* TAKE OFF *my glove,* J'ôte mon gant.
	off.	TAKE *yourself* OFF, Allez-vous-en. — Sauvez-vous. — Filez.
to take	on.	*He* TAKES ON, Il s'afflige beaucoup.
	out.	*I* TAKE OUT *something,* J'ôte quelque chose.
	to.	*I* TAKE *it* TO *pieces,* Je le démonte.
	to.	*He* TAKES TO *it,* Il y mord.
	to.	*You* TAKE TO *your heels,* Vous jouez des talons.
	up.	*You* TAKE UP *arms,* Vous prenez les armes.
	up.	*You* TAKE UP *a great deal of room,* Vous occupez beaucoup de place.
	up.	TAKE UP *the dinner,* Retirez le dîner du feu.
	up.	*You* TAKE UP *the child,* Vous levez l'enfant
	up.	*The thief was* TAKEN UP, Le voleur fut arrêté.
	up.	*He* TAKES *me* UP *short,* Il me coupe la parole.
	up.	*I* TAKE UP, Je ramasse.

VERBES.	PRÉPOSIT.	EXEMPLES.
to talk	about.	*I* TALK ABOUT *you,* Je parle de vous.
To tamper	with.	*You must not* TAMPER WITH *your disease,* Vous ne devez pas jouer avec votre maladie.
to tell	of.	*I* TELL *you* OF *it,* Je vous le dis.
to think	of, on, upon.	*I will* THINK OF *that,* Je penserai à cela.
to thirst	for, after.	*He* THIRSTS FOR *blood,* Il a soif de sang.
to threaten	with.	*I* THREATEN *him* WITH *punishment,* Je menace de le punir.
to throw	about.	*He* THROWS ABOUT *his papers,* Il jette ses papiers à droite et à gauche.
	aside.	*I* THREW *it* ASIDE, Je l'ai rejeté.
	at	*He* THREW *a stone* AT *me,* Il m'a jeté une pierre.
	away.	*I* THROW AWAY *money,* Je jette de l'argent.
	by.	*I* THROW BY *this coat,* J'écarte cet habit.
	down.	*I* THREW DOWN *my inkstand,* J'ai jeté mon encrier par terre.
	off.	*I* THROW OFF *your authority,* Je rejette votre autorité.
	out.	*I* THROW OUT *something,* Je jette quelque chose dehors.
	out.	*He* THROWS OUT *an aspersion on me,* Il me noircit.
	up.	*I* THROW UP *a stone,* Je jette une pierre en l'air.
	up.	*I* THROW UP *my functions,* Je me démets de mes fonctions.
	up.	*I* THROW UP *my right,* Je renonce à mon droit.
to thrust	away.	*He* THRUSTS AWAY *his friends,* Il repousse ses amis.
to touch	on, upon.	*I* TOUCH UPON *that,* Je touche à cela.
to trim	up.	*You* TRIM UP *your garden,* Vous arrangez votre jardin.
to trip	up.	*I* TRIP *him* UP, Je le renverse.
to turn	aside	*I* TURNED ASIDE, Je me suis détourné.
	away.	*I have* TURNED AWAY *my servant,* J'ai congédié mon domestique.

VERBES.	PRÉPOSIT.	EXEMPLES.
	away.	*I* TURNED AWAY *from him,* Je me suis détourné de lui.
	down.	TURN DOWN *the leaf,* Pliez la feuille.
	off.	*The road* TURNS OFF *to the left,* La route détourne à gauche.
	off.	*He* TURNED *it* OFF *with a laugh,* Il tourna la chose en plaisanterie
	off.	*I* TURN OFF, Je fais un détour.
To turn	out.	TURN *him* OUT, Mettez-le à la porte.
	out, up.	*That* TURNS OUT *well,* Cela arrive bien.
	over.	*I* TURN OVER *my goods to you,* Je vous remets mes marchandises.
	over.	*I* TURN OVER *the leaf,* Je tourne la feuille.
	to.	*I* TURN TO *you,* Je me tourne vers vous.
	up.	TURN *that* UP, Retournez cela.—Retroussez cela.
to venture	at, on, upon.	*I will* VENTURE AT *that,* J'entreprendrai cela.
	for.	*I* WAIT FOR *you,* Je vous attends.
to wait	on, upon.	*I will* WAIT ON *you,* Je passerai chez vous.
	on, upon.	*I* WAIT UPON *this gentleman,* Je sers monsieur.
to ward	off.	*I* WARD OFF *the blow,* Je pare le coup.
	away.	*That colour* WASHES OUT, Cette couleur se déteint.
to wash	out.	*That is* WASHED AWAY, Cela est emporté par l'eau.
to waste	with.	*He* WASTES WITH *care,* Il dépérit de chagrin.
	away.	*The mark* WEARS AWAY, La marque s'efface.
to wear	out.	*I* WEAR OUT *my clothes,* J'use mes habits.
to weather	out.	*I* WEATHERED *it* OUT, Je l'ai supporté jusqu'au bout.
to weigh	down.	*It* WEIGHS DOWN *the scale,* Cela fait pencher la balance.
to whip	down.	*He* WHIPPED DOWN, Il descendit promptement.

VERBES	PRÉPOSIT.	EXEMPLES.
To whip	off.	*I* WHIP OFF, Je m'en vais à la hâte.
	out.	*He* WHIPPED OUT *his sword*, Il tira vite son épée.
	up.	*I* WHIP UP, Je monte promptement.
to wind	up.	*I* WIND UP *my watch*, Je remonte ma montre.
to wonder	at.	*I* WONDER AT *it*, Je m'en étonne.
to work	off.	*You* WORK OFF *your debt*, Vous payez votre dette en travaillant.
	out.	*He* WORKS OUT *his deliverance*, Il opère sa délivrance.
	up.	*He* WORKED *himself* UP *to madness*, Il se monta jusqu'à la folie.
	up.	*He* WORKS *them* UP *to a rebellion*, Il les excite à une rébellion.
to write	down.	*I* WRITE DOWN *your words*, Je couche par écrit vos paroles.
	out.	*I* WRITE OUT *a copy*, Je prends une copie.
to yearn	to, after.	*My heart* YEARNS TO *you*, Mon cœur se porte vers vous.
to yield	up.	*I* YIELD *myself* UP *to you*, Je me livre à vous.

FIN.

ERRATA.

Page 53, ligne 25, au lieu de : *c'est le moindre que*, lisez : *c'est le moins que*, etc.

  — 59 — 8   —   *goodfather*, lisez : *godfather*.

  — 61, note 2   —   *which of you did, ti*, lisez : *which of you did it.*

  — 205, ligne 9   —   *il ne tendail qu'à*, lisez : *il ne tenait qu'à*, etc.

  — 280 — 14   —   *oer*, lisez : *o'er.*

  — 296 — 8   —   *je rends*, lisez : *je rends compte de cela*, etc.

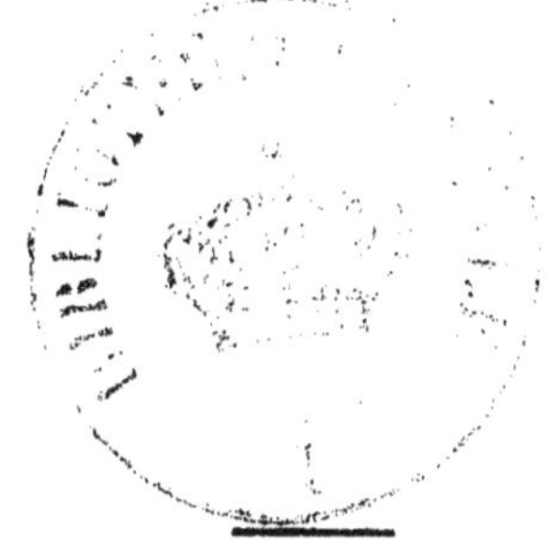